创办世界一流中学
做好受益终身的教育

成都金苹果锦城一中

二〇一八年春日　顾明远书

从这里，你将看到世界一流中学走向远方的理想、理念、情怀与行动……

GOING
THE DISTANCE

走向远方

成都金苹果锦城第一中学战略规划

◎主编　杨斌

四川教育出版社

图书在版编目（CIP）数据

走向远方：成都金苹果锦城第一中学战略规划／杨斌主编．—成都：四川教育出版社，2018.5
（“三全”书系）
ISBN 978-7-5408-6902-1

Ⅰ．①走…　Ⅱ．①杨…　Ⅲ．①中学－校园文化－建设－成都　Ⅳ．①G637

中国版本图书馆 CIP 数据核字（2018）第 078302 号

走向远方
——成都金苹果锦城第一中学战略规划

杨　斌　主编

策　　划　余　兰
责任编辑　张小娟
封面设计　黄　靖
版式设计　武　韵
责任印制　杨　军　陈　庆
出版发行　四川教育出版社
　　　　　地　　址　成都市槐树街2号
　　　　　邮政编码　610031
　　　　　网　　址　www.chuanjiaoshe.com
印　　刷　四川新华印刷有限责任公司
制　　作　四川胜翔数码印务设计有限公司
版　　次　2018年5月第1版
印　　次　2018年5月第1次印刷
成品规格　170mm×240mm
印　　张　23　　插页　26
书　　号　ISBN 978-7-5408-6902-1
定　　价　78.00元

GOING

THE DISTANCE

Golden Apple Jincheng No.1 Secondary School

letting the voice of Golden Apple
resonate across the world

让世界聆听金苹果的声音

走向远方

GOING THE DISTANCE

著名教育专家
深度引领

顾明远 先生

姚文忠 先生

石中英 先生

郭华 女士

滕珺 女士

王明宪 先生

陈明华 先生

张伟 先生

“三全”书系编委会

本书编委会

序

为“建设世界一流中学”而努力

2017 年 3 月 6 日，成都金苹果锦城第一中学在锦江宾馆与社会各界正式见面，拉开了高标准建设高品质中学的序幕。

在这次见面会上，成都金苹果锦城第一中学首任校长杨斌提出了“创办世界一流中学，做好受益终身的教育”的办学定位，并从理念和实践等层面勾画了发展蓝图，向社会各界展示了世界一流中学的美好图景和建设世界一流中学的理论与实践框架。在这个令人激动的日子里，杨斌校长充满激情的演说，让社会各界对金苹果锦城第一中学的美好未来充满了期待。

然而，世界一流中学建设是一项充满挑战的系统工程，既没有现成的思路可供参考，也没有系统化的经验可以移植，更没有在理论和实践等层面形成的系统化的改革成果，甚至不被个别专家所认同。但杨斌校长及其团队的所有成员都坚信：唯其艰难，才有改革的价值；唯其空缺，才有探索的必要。他们举出了“创办世界一流中学，做好受益终身的教育”这一旗帜后，便义无反顾地谋划和践行，其教育改革的魄力与决心体现在顶层设计和具体实践等多个方面，令人感佩和动容。半年多的办学实践及其取得的成效，足以证明杨斌校长在见面会上举出的旗帜，已经在金苹果锦城第一中学的上空高高飘扬，这高高飘扬的旗帜，不但引领着金苹果锦城第一中学的所有师生，也感召着越来越多的志同道合者一路前行。

事实上，建设世界一流中学是中国国际战略布局的应有之义，是建构人类命运共同体的内容之一，是中国走向世界的又一条通道。我国目前正着力于建设新时代的中国新形象，然而不少人把中国的中学教育与分数教育等同起来，影响了中国中学教育的形象，给中学教育走向世界造成了障碍。要改变中国中学教育的这一形象，必须集中外之精粹，强自身之品质，走出“为分数拼杀”的惨烈状态，只有这样，才能树立起中国中学教育的新形象，中国的中学教育在全球教育中的贡献力才能真正提高。

中国的中学教育要集中外之精粹，需要在世界舞台上磨炼自己的品质，要以中国为圆点，以世界为坐标确定自己发展的位置和方向，并持之以恒地去追求。要以世界为坐标，必须树立“全景”和“全息”的观念，以大视角、全景致和整体发展的思维格局谋划学校的未来，只有这样，才能在世界舞台上推进学校高品质的立体发展，使学校逐步具备世界一流中学的样态与内核，只有以此为基础，才能重塑中国中学教育的良好形象，提高中国中学教育的世界贡献力。

正是因为金苹果锦城第一中学有了这样的基本认识和办学格局，才提出了建设“全景德育”“全息课堂”和“全息课程”的主张。他们在进行反复论证的基础上，分工作领域制订了学校的战略发展规划，即“全景德育”规划、“全息课堂”规划和“全息课程”规划，这三份规划被学校简称为“三全”规划。为了形成全校师生的战略发展共识，并将这些共识落到实处，学校建立了校本教材和研究与实践改革成果的出版支持制度，以鼓励全校师生创造性地落实和发展战略规划，及时总结和分享执行规划的经验。为了实现这一目标，他们决定出版金苹果锦城第一中学的“三全”书系，这一书系主要包含四个方面的内容。

一是建设世界一流中学的顶层设计。好的学校始于好的顶层设计，好的顶层设计主要体现在价值文化体系、战略规划体系和制度体系的建设质量上。在这三个体系中，价值文化体系是根本，战略体系是引领，制度体系是保障。“三全”书系的顶层设计，是以建设世界一流中学为目标，以金苹果锦城第一中学为样本，以学校的主要工作板块为对象，对学校的文化理念、战略规划和具体制度等进行全方位设计，以整体推进学校的系统化变革。因此，有关学校顶层设计的著作主要从宏观和中观层面梳理高标准建设世界一流中学的理念与实践，既为本校高品质的持续发展奠定基础，也为其他学校提供整体谋划和系统推进学校高品质改革的战略框架与基本经验。

二是具有引领性和操作性的校本教材。中国的世界一流中学，既需要高质量地完成国家课程的校本化转换任务，也需要很好地建设适应本校学生成长需求和体现本校文化追求的校本课程及其配套的校本教材。校本教材建设的门类、理念、内容、呈现样态和实施水平，在一定程度上代表了一所学校的办学质量。为了建设世界一流中学，金苹果锦城第一中学将培育具有典型性和引领性的精品课程，并支持编写和出版具有先进理念和极强操作性的系列校本教材，既供本校和金苹果教育集团学校使用，也供与国内外其他学校共同分享和交流。

三是教育教学改革的理论与实践成果。要建设好世界一流中学，有一些理论性问题需要攻坚，更有很多实践性难题需要破解。为了落实学校的战略规划，金苹果教育集团和金苹果锦城第一中学都全力支持不同层面和不同侧面的研究与实践改革，鼓励每位老师在行动中研究、在研究中行动，及时总结成果，并以鲜活的案例呈现他们自己的思考与实践。这样的著作将会引发更多人从不同层面思考和探索世界一流中学的建设问题，能在更大范围内分享改革成果，帮助更多老师提高学术水平和实践改革经验。

四是学生的创造性成果。学校的最大成就是培养世界一流的学生，世界一流的学生通常具有很强的表达力，他们会以不同的形式表达自己的创新性成果。为了鼓励学生创造性地发展，金苹果锦城第一中学决定在“三全”书系中增设学生的创造性成果，给学生的“全人”发展提供更宽广的舞台。满载学生创造性成果的著作，一定会给老师、学生和其他教育工作者带来意想不到的收获。

“三全”书系是“三全”战略规划的延伸与深化。一所中学，以这样的魄力和刚性举措落实战略规划、支持每位师生的发展，不能不令人感动。一所学校能走多远，取决于师生的智慧行动；师生的智慧行动，取决于教师的学术能力和学校对教师发展学术能力的支持程度。只看到分数，看不到分数背后的学术支撑的学校，一定是难以长远发展的普通学校。学校品牌的学术含金量和学校教师的学术能力，既决定了这所学校全体学生的发展智慧与高度，也决定了这所学校在全球化浪潮中的发展潜力与位置。2017 年 3 月 6 日，杨斌校长在见面会上高举的旗帜，一定会在更大范围内焕发出夺目的光彩。

《走向远方——成都金苹果锦城第一中学战略规划》是学校的战略设计，属于第一个系列的著作。从 2016 年初开始，金苹果教育集团和金苹果锦城第一中学的管理团队就开始对学校的整体发展进行精心谋划，对发展愿景和办学定位进行了反复研讨，就办一所怎样的学校，怎样才能办好一所回归教育本质、具有教育改革引领价值的学校等问题达成了共识，并将这种共识落实到学校文化、德育、课程、课堂和教师队伍建设等多个方面，形成了系统化的、全方位的学校战略规划。从 2017 年 3 月 1 日开始，各个规划成为全校教师的培训教材，全体教师认真研读，并就如何实践战略规划制订了系列方案；学校正式开办后，这一系列战略规划逐步得到了落实，取得了明显成效。这本书既回顾了战略规划的制订过程，更全文呈现了各个战略规划，还简要地展示了学校的部分实践。第一章是学校战略规划的制订依据——学校文化，本章对学校的文化追求与价值文化的形成过程、原因等进行了说明，这一部分是全书的总纲，后面的战略规划就是对这一总纲的实践，所以第一章没有“实践掠影”；后面四章则分别从德育、课堂、课程、团队等工作板块入手，对战略规划及其实践进行了系统化呈现，是第一章的具体展开。新学校如何制订战略规划，如何突破常规的战略规划思维与模版，如何创办世界一流中学，本书从理论与实践等多层面给出了体系化的答案，值得细读和借鉴。

期待“三全”书系源源不断的精彩与惊喜！

前　言

把握基础教育本质　创办世界一流中学

当我离开工作了二十四年的公办中学岗位，接过金苹果教育集团的聘书时，顿感沉甸甸的责任和肩负的教育新使命。责任来自于集团的信任、高标准的学校建设，使命则来自于民办学校人才培养模式的转型和教育变革新趋势对我们提出的新要求。

一、责任与使命

我感受到的责任与使命主要来自于四个方面。一是高标准的学校建设。成都金苹果锦城第一中学以巨额的投入、一流的建筑设计、一流的工程建设、一流的建筑材质、一流的技术设备、一流的生活与办公条件，创建出了一流的学校硬件与学习空间。如此众多的“一流”，让我倍感责任重大！如何以一流的办学品质和一流的办学业绩回报一流的办学条件，这是我不得不面对和回答的第一个问题。

二是高平台的教育基础。除了高标准的学校建设外，金苹果教育集团庞大的优质婴幼儿教育团队和高端家长群，声名鹊起的龙江路小学南区和金苹果公学，在国内外都有了极好的口碑和较大的影响力。金苹果教育集团高平台的学前教育和小学教育，也增大了我的压力。金苹果锦城第一中学是金苹果学前教育和小学教育的向前延伸，如果不能以一流的中学教育回应一流的学前与小学教育，我们就难以匹配现有的教育基础。因此，如何以优秀的答卷回应高平台的金苹果学前和小学教育，这是我们不得不面对和回答的第二个问题。

三是高关注度的专业团队。在我受聘金苹果教育集团后，全国知名的成都七中校长、我的老领导王志坚，答应出任金苹果锦城第一中学的名誉校长，成都七中初中学校分管教学科研工作的副校长张新民、成都七中育才学校水井坊校区执行校长何刚、成都七中初中学校学生工作处主任雷国亮等优秀管理者和名师辞去原有职务，汇聚到我们学校。这些成都顶级学校的知名校长、教师和国内外多所著名高校的毕业生的到来，又让我压力陡增，如果办不出一流学校，又怎能面对这些关注度极高的管理者与教师？

这里还需要特别提出的是，年近九旬的“中国比较教育之父”顾明远教授，答应出任学校专家指导委员会主席，全国著名教育专家、北京师范大学教育学部石中英教授、郭华教授，北京师范大学国际与比较教育研究院副院长滕珺教授，还有长期指导和关怀我们的教育专家姚文忠教授、王明宪校长、陈明华教授、张伟教授等，都愿意深度参与我们学校的建设与发展工作，如果不能交出满意的答卷，又怎能对得起令我们尊敬和景仰的各位专家？

除此之外，我们还有数量丰富的校外导师团队。我们聘请的校外导师有国内外顶级大学的就读经历，在自己从事的行业内成绩斐然，是真正的引领行业的精英。他们非常珍惜自己的声誉，但他们毫不犹豫地答应做我们学生的导师，并承诺一定将他们的学习、生活与职业经历、体验、人生智慧等毫无保留地与我们的学生一同分享，这是金苹果锦城第一中学莫大的荣幸。如何才能不辜负他们的厚望，培养出令他们骄傲的学生，这是我感到的又一责任和使命。

四是高要求的民办教育。2016 年 12 月 29 日，国务院发布了《关于鼓励社会力量兴办教育促进民办教育健康发展的若干意见》，《意见》明确指出：“鼓励支持高水平有特色民办学校培育优质学科、专业、课程、师资、管理，整体提升教育教学质量，着力打造一批具有国际影响力和竞争力的民办教育品牌。”打造具有国际影响力和竞争力的民办教育品牌，对民办教育提出了很高的要求。因为只有办出具有世界一流水准的学校，才可能具有国际影响力和竞争力。从公办学校的建设看，人大附中近期提出的人才培养目标是：培养“具备人文和科技相交融的跨界创新型全球公民，具备世界眼光且德才兼备的中国脊梁”；他们提出的办学目标是：“树立世界基础教育的中国标杆，创建中国脊梁、世界领先的未来教育”。这种胆识和魄力让我如芒在背，成都七中、成都七中初中学校、成都石室中学、成都市教育局对我的培养和给我的教育智慧，如何在民办教育中得以传承和发展，以人大附中那样的魄力，办出世界一流的学校（我们暂且不敢说“世界领先”），既回应国家教育的宏观战略，也不辜负成都七中、成都七中初中学校、石室中学和成都市教育局的培养之恩，这是我不得不面对的又一压力、使命与责任。

二、理想与愿景

沉甸甸的责任与必须担负的使命，迫使我们认真思考：我们的办学理想是什么？我们如何描绘学校的发展愿景？

高标准的学校建设、高平台的教育基础、高关注度的专业团队、高要求的民办教育，迫使我们站在高平台上思考办学理想与发展愿景。那就是以世界一流中学为标杆，向着世界一流中学的理想目标迈进，最后创办成具有世界影响力和竞争力的一流中学。以“一流中学”回应“四高”的责任与使命，才能不辜负各位专家、领导、同人和朋友的厚爱，才能有力地回应民办教育改革的要求。

但是，中学教育处于基础教育阶段，一流中学的建设必须把握基础教育的本质，符合基础教育的特点。我们认为，基础教育必须为孩子打下有价值的基础，有价值的基础是受益终身的基础。为此，我们提出了我们的办学理想与发展愿景，那就是——创办世界一流的中学，做好受益终身的教育。

三、特征与设计

提出这一办学理想和学校发展的愿景后，我们首先思考的问题是：何为世界一流中学？世界一流中学有怎样的特征？我们如何根据这些特征进行学校发展的高位设计？如果不能很好地回答和解决这些问题，“世界一流中学”就只能成为一个用来炒作的概念。金苹果锦城第一中学绝不能办成“做概念”和“玩概念”的学校，而是要做在整合先进教育理念的基础上，让前沿理念和概念落地的学校。

我们在专家的指导下反复讨论后认为，世界一流中学首先应有世界知名度，这种知名度可能来自于它的办学思想、办学模式、知名教师或知名学生。其次是影响和引领未来的能力，世界一流中学具有面向未来的洞察力，培养的学生和创造的社会价值具有促进和引领未来发展的意义。只有在空间上囊括世界，在时间上指向未来，才可能创办出世界一流中学。根据世界一流中学的“时空”特征，我们把“创办世界一流中学，做好受益终身的教育”的愿景细化为“联结世界，引领未来”的办学定位，并以此确立了“涵养创造未来的智慧，沉淀行走全球的品格”的学生成长目标。要促进学生和学校在时、空两个维度中获得发展，教师需要有“博明厚德，业精知人”的能力与品质，根据世界一流中学的“时空”特点，我们确定了学校、学生和教师的发展定位。

世界一流中学除了具有上述的“时空”特点外，还有一种心系苍生的情怀和包容世界的胸怀，一流中学的师生既流淌着本民族的血液，具有本民族的鲜明特征，也关注着世界的发展，体现了世界发展的共同要求。这种精神既撑起了世界一流学校，也撑起了学校师生的宏大格局与辉煌人生。

为了体现世界一流中学的这种精神特质，我们借用了张载的一句话作为我们的学校精神与校训，那就是“为天地立心，为生民立命，为往圣继绝学，为万世开太平”。

这一学校精神和校训，既有联结世界的指向，也有“为万世开太平”的引领未来的诉求；既体现了中华民族的特征，又兼具了包容世界的胸怀。

为了落实这一学校精神和校训，我们在学生成长理念中提出了“发现世界”的要求，在教师的发展理念中突出了“兼容并包”的特点。

除此之外，世界一流中学还在卓越精神的引领下，形成了自己的人才培养模式。分析众多的有影响力的世界一流中学，我们发现了它们的共同特征，那就是以“发现”为核心建构人才培养模式，它们在发现学生和发现教师潜能的过程中，培养学生的自主学习、积极探索和主动发现的意识、能力与品质，在发现中求变，在发现中发展，所以造就了无数的成功学生和世界知名的校友。根据这一发现，我们提出了“在发现世界中发展自己”的学生成长理念和“自立自强，求知求变”的成长风采，同时把“兼容并包，革故鼎新”作为教师的发展风貌，以保障学生在发现式的育人模式中提高创新意识与发展潜能。

我们还发现，世界一流中学特别注重学校空间的育人含金量，它们精心打理着学校的每一个角落，在它们的校园里，处处散发着育人的力量。据此，我们提出了“让每一个角落都成为师生成功的阶梯”的校园建设追求。

四、难点与措施

面对“四高”的责任与使命，我们萌发了创办世界一流中学的想法；根据世界一流中学的主要特征，我们进行了“高大上”的理念设计。但是，如何才能避免把“高大上”的理念变为“假大空”的说辞，还需要我们分析实践中的难点与破解之策。于是我们开始研讨如下两个问题：一是如何才能创办出世界一流中学？二是创办世界一流中学需要哪些保障条件？

对于第一个问题，我们认为有四个实践难点需要破解。

一是世界一流中学在指导学生成长的内容上和一般中学有什么区别，即教育内容有何不同。为了解决这一实践难点问题，我们确立了金苹果锦城第一中学的学生成长核心要素框架，即立品立德、立学立业、立身立心、立艺立美，八个“立”字形成的学生成长核心要素框架，勾画出了我们学校教育内容的整体面貌。目前我们已经细化了每一个板块的内容，这些内容既有利于完成义务教育阶段规定的学生教育任务，也能体现出我校“联结世界，引领未来”的办学定位和“涵养创造未来的智慧，沉淀行走全球的品格”的立人目标要求，更是学生形成“为天地立心，为生民立命，为往圣继绝学，为万世开太平”这一学校精神的核心基础，具有共性也具有我校的个性。

第二个实践难点是用怎样的课程落实“八立”的教育内容，把上述高位设计落到实处。我们根据前面的高位设计和“八立”的教育内容，开始了学校的课程体系设计。

我们提出了金苹果锦城第一中学课程体系的十二字特征，即“宽基础、活模块、多通道、双适应”。“宽基础”，是指通过课程设置培养学生宽厚而有价值的基础，以体现基础教育的本质。我们的基础模块课程包括文化、身心、语言、技术、气质五个板块，在国家规定的课程模块上有所增加，这既是为了落实国家义务教育的基本要求，也是为学生打好更为宽厚的有价值的基础，以落实“做好受益终身的基础教育”的办学理想。“活模块”，是指通过灵活的模块设置与学生的自主选择，动态调控和优化课程模块。主要包括学校灵活设置课程模块、学生自主选择与灵活搭配模块、师生有创意地高质量实施课程和促进学生灵动发展的课程评价四个方面。“多通道”，是指通过课程设置满足升学或创业需要的不同学生。我们在七、八年级重点完成规定的学习任务，九年级采取国内升学通道、国外深造通道和自主成长通道并行的教学组织方式，以满足不同学生的不同需求。“双适应”，是指建构的课程既要适应学生的发展现状与未来需要，也要适应世界发展对人才的需求，以实现“联结世界，引领未来”的学校发展目标与“涵养创造未来的智慧，沉淀行走全球的品格”的育人目标。

为了体现这一特点，我们建构了学校的课程框架，既兼顾了“世界”和“未来”两个要素，也体现了学校精神和以“发现”为核心的育人模式，同时把“八立”内容融入其中。为了把这一课程框架落到实处，我们对每一模块进行了细化，形成了课程内容体系。目前我们已经确定了较为具体的课程内容，使用课程落实高位设计有了条件。

我们面临的第三个实践难点是：这么多的课程能够在学校开设吗？开设这么多的课程是否会影响学生的考试分数，降低学生的升学竞争力？如何才能实现学习成绩的提升与核心素养的发展？为了破解这一实践难题，我们开始思考如何改变传统的学程设计与课堂教学，力求通过学程设计和课堂改革提高学生在校时间的利用效率，在提高效率的过程中挤出更多的时间开设更加丰富的课程。我们准备进行三项变革：一是学期设计变为学程设计，实现“一期四学程”的转变，对不同学程赋予不同功能，实现不同的课程目标；二是变“单一形态课堂”为“多元形态课堂”，即采用“1+1+1”的课堂形态设置课堂结构，这就是我们在课程框架中所说的“学习分型”，每一种课堂形态采用不同的方式推进，实现不同的课堂功能，最后形成课堂教学合力与高效益；三是推进“四力共生课堂”的改革，着力发展学生的学习内生力、自主学习力、资源整合力和学习表达力，以效益提分数，用效益换时间，减少课堂上的时间浪费，增加个性发展的体验课程，在课堂上为学生打下有价值的基础。

在设计上述改革的过程中，我们感受到了实践推进的第四个难点，那就是以怎样的评价模型引领和推动上述改革，让上述改革务实落地、彻底推进。为了破解这一难题，我们对学校的评价模型进行了设计。在这一评价模型中，我们以“关注点滴进步，促进自我反思”为立足点，通过多种评价方式，运用多种评价手段，定期形成学生的发展建议书，引导和帮助学生根据发展建议书的建议自我反思、持续调整，以充分发挥评价的发展功能。

以上只是我们进行学校顶层设计时着力破解的难题，在具体实施的过程中，我们还会遇到更多的难题。我们深知，在创办世界一流中学的道路上，我们还需要跨过无数障碍，迈过无数沟坎，这就需要我们做强保障体系，保证创建世界一流中学的高位设计与办学举措持续落地、持续深化、持续超越。除了高标准的学校建设外，我们还将采取如下三项保障措施。一是无止境地提升团队的专业品质。尽管目前我们已经拥有了较高品质的专业团队，但我们还会通过五大行动无止境地提升团队的专业品质。这五大行动是：

◎一整套教师专业发展与能力评估标准；

◎一系列教师培养规划书与全方位、持续性的实施举措；

◎一整套与中外名校教师团队、社会名流协同育人的运行机制；

◎一系列教学、教研、科研、课程建设、学生辅导等操作指南；

◎一份有针对性的阶梯式的教师阅读清单。

二是多领域专家全程护航。除教育专家外，我们还将聘请不同领域的优秀专家为师生发展全程护航。

三是多平台助力师生成长。我们将为师生搭建更多的世界级平台，以平台为资源，以平台为动力，以平台为试金石，以平台为助推器，助力师生有价值的成长与发展。

我们在这里庄严承诺：金苹果锦城第一中学作为成都市教育大家庭中的一员，我们全体教职员工将满怀激情，倾心尽力，以高尚的教育情怀追逐理想的中学教育，以立人的教育本质开启学生的美好未来，以敏锐的教育改革破解创办世界一流中学的难题，以坚定不移的信念披荆斩棘、一路向前，用世界一流的理想教育回报国家、社会、家长和所有关心、支持金苹果锦城第一中学的人们！

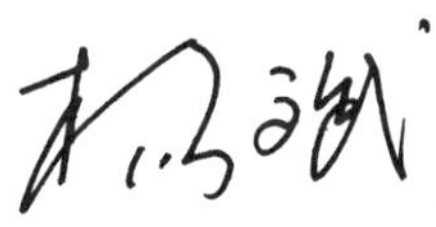

2017年3月6日于成都

目录

01

学校战略规划的文化基因

XUEXIAO
ZHANLUE GUIHUA DE
WENHUA JIYIN

凡事豫则立，不豫则废。言前定则不跲，事前定则不困，行前定则不疚，道前定则不穷。

——《中庸》

学校战略规划是学校实施战略管理的前提，“战略管理是一种通用的、强有力的工具”①，“是指导和影响行为的工具，也就是说，如果一个组织能够确保其战略被执行，战略就会变成现实”②。一些优质学校为了赢得发展先机，多采用战略管理的理念和思路架构学校的管理模式，通过战略的确定、战略规划的编制、战略规划的执行和对执行效果进行评估等方式，确保学校管理始终看得清方向、把握得住大局，而不会因为杂事琐事分散了注意力，迷失了发展的方向，错失了发展的良机。要实施战略管理，必须进行有效的顶层设计，顶层设计的直接成果就是学校的战略规划。有专家认为，优质的顶层设计和战略规划应该包括以下内容：“第一，为什么要做这件事？其目的和动机是什么？了解所做事的要求有哪些？且这些要求通过努力能否达到？第二，要做的是什么事？其具体内容是什么？其重点和难点有哪些？且这些重点和难点通过努力能否得到解决？为把事情做得更好，应该具备怎样的正确态度？第三，如何去做？要做好这件事，应该采取哪些有效的步骤和方法？第四，在完成工作的过程中，如何充分发挥做事者的主观因素和利用好客观因素？第五，在做事过程中，应该如何搞好学习和总结检查等工作？”③ 换句话说，优质的顶层设计和战略规划应该包括做什么、为什么做、怎么做、靠什么力量和条件去做、如何评估做的效果等。但是如果只完成这几项任务，是难以使战略规划达到最高水平的。学校战略规划的制订是一个复杂的过程，学校战略规划文本的表达有着特殊的要求，如果不能把握学校战略规划制订的关键，编制出来的战略规划文本就难以发挥应有的效用。成都金苹果锦城第一中学为了有效实施战略管理，编制出优质的战略规划，不是就战略谈战略，就规划说规划，而是先确定学校的价值文化体系，把学校价值文化植入学校工作的主要板块，渗透到德育、课

① （英）保罗·乔伊斯．公共服务战略管理［M］．张文礼，王达梅，译．北京：清华大学出版社，2008：2.

② （英）保罗·乔伊斯．公共服务战略管理［M］．张文礼，王达梅，译．北京：清华大学出版社，2008：3.

③ 闻邦椿．顶层设计原理、方法、应用［M］．北京：机械工业出版社，2014：1.

堂、课程和教师发展等工作中，以价值文化为基因，不断生长出学校德育改革战略规划、课堂改革战略规划、课程改革战略规划、教师发展战略规划和教育科研战略规划等，以推动学校的整体改革，促进学校的持续发展。为了实现这一目标，我们首先讨论和解决了“学校战略规划是什么”“学校战略规划和学校价值文化的关系是什么”“如何建设具有‘基因’功能的学校价值文化”等问题，在达成如下共识的基础上开始设计金苹果锦城第一中学的价值文化框架。

一、学校战略规划是什么

这是很多专家在很多著作中都解答过的问题，我们在研读了诸多文献之后，发现缺少一个一线教师看得懂、能操作的定义，于是尝试自己定义学校战略规划这一概念。我们认为，学校战略规划是在学校文化引领下制定未来发展愿景、前行思路、主要任务和实践路径的谋划活动及其形成的文本。《中庸》说：“凡事豫则立，不豫则废。言前定则不跲，事前定则不困，行前定则不疚，道前定则不穷。”要办出一所好学校，首先要有好的战略规划；优秀的办学者，必然具有很强的战略意识。办学者的战略意识，是指办学者对社会发展及其对教育的新要求具有洞见能力，并能将其转化为办学的目标、理念与行动框架，然后持之以恒地去追求；学校的战略意识，是指在传承学校发展血脉的基础上，面向未来确立具有未来适应性和引领力的理想发展状态，然后根据理想的发展状态确定今天的行动，用今天的坚实步伐走向美好的明天的态度与意识。这种理想发展状态，不仅符合未来社会和教育改革的要求，更符合儿童发展的规律和教育的本质追求。因此，战略意识的本质是未来发展的意识，是站在未来的高度上审视今天的行动，勾勒出未来发展的状态；战略规划的本质意义，是在今天的出发地修筑一条通向未来的宽阔道路。

学校战略规划主要包括两个方面。一是规划的过程。这一过程是学校相关人员对学校发展蓝图的勾勒，对发展思路的商定，对主要任务的确立，对实践框架的认证等。这一过程，既是办学者就办什么样的学、怎样办学、怎样保障办学等问题达成共识的过程，也是梳理和明确办学难点、办学使命和办学责任的过程。缺少了这一扎实的过程，办学者就会对战略规划缺少感同身受的认识，就形不成执行战略规划的使命感与责任感，就会在实践过程中忽略规划的制约与引领作用，制订出的战略规划就会成为一纸空文，或作为应景摆设，起不到实质性作用。二是制订出的规划文本。首先，规划文本是以静态的文字表述学校鲜活发展过程的学校公约，是所有师生需要始终遵循的共同约定，尽管在执行过程中需要适时调整，但在做出调整前，都是学校所有人需要执行的共同约定。因此，学校战略规划文本的“公约”特点，要求学校的所有人都要熟悉、理解和执行规划文本，遵守大家的约定和信守自己的承诺。其次，战略规划文本还是办学者不断走向远方的凭借。因为任何一份战略规划都需要回答五个基本问题：发展愿景是什么？以什么思路走向愿景？用什么举措落实这些思路？如何保障这些举措能够逐步实施？用什么方式表达上述想法？战略规划文本把这些问题固定下来，就成了学校指挥部的“施工图纸”，只有按图施工，才能保证学校发展不会偏离轨道，在正确的方向上向着理想的目标迈进。战略规划文本也是一份宣言书，向师生、家长和社会庄严宣告：我们会办怎样的学校，怎样办出这样的学校。既让家长和社会更好地了解学校，也请家长和社会监督、指导和帮助学校实现办学理想。战略规划文本还是师生的黏合剂。众人划桨撑大船，要让大船在风浪中快速而安全地向前，众人划桨的方向、力度与频度必须保持高度一致。然而，师生是鲜活的个体，人人有自己的主张，个个有自己的做法，要让他们心往一处想，劲往一处使，必须形成聚焦点，只有将所有目光凝聚在一个点上，才能把所有力量黏合在一起。学校的战略规划文本就是学校师生目光的聚焦点，具有黏合所有师生力量的作用。因此，规划文本不能只是领导拥有，而应是师生人人有份；解读学校战略规划文本，不能只是学校领导的“专利”，而应成为每位师生的责任；完善战略规划文本，不只是学校领导的任务，而是全体师生不断深化改革、不断推进学校发展的必然诉求。只有人人理解规划文本的实质，人人踩准规划实施和完善的节点，才能发挥规划文本的功效。同时规划文本还隐含着师生的灵魂和生动发展的生命气息。学校战略规划虽然以静态的文字呈现，但字里行间渗透着师生生命的旋律，跃动着师生的灵魂。围绕规划制订的实施方案，就是把师生的具体发展过程与结果纳入战略规划的框架之中，只有让战略规划“动”起来、“活”起来，学校和师生才能跟随着战略规划走向远方。只有把规划的过程和形成的规划文本作为一个整体来安排，让规划过程和规划文本都“活”起来，才能提高学校战略规划设计与实施的效益。

二、学校战略规划与学校价值文化的关系是什么

学校战略规划虽然包括两个方面，但必须遵循一个总纲，那就是学校的价值文化。“学校文化的表象是学校中大多数人在组织中表现出来的做事方式和处世态度，其核心是这些做事方式和处世态度的‘内隐规矩’和‘内隐概念’。”[①] 文化是一种“内隐规矩”和“内隐概念”，也必然内隐于战略规划之中，特别是学校的价值文化，更应该具有内隐性和生长性。所以，学校价值文化是学校战略规划的“DNA”，学校战略规划是学校价值文化的沉淀路径，是学校文化生长的实践性图谱。离开了学校价值文化的战略规划，就会因为缺少具有生长性的“基因”而逐步枯萎和凋零；没有战略规划做支撑的学校价值文化，就等于没有躯体的灵魂，虽然有文字符号在处处标示，却迈不动双腿，无法走向远方，不能让师生感受到它的气息与活力。因此，学校价值文化与学校战略规划具有大脑与躯体、灵魂与肉身的关系，谁也离不开谁，一旦彼此分离，就无法健全生存，创办高品质学校的目标就会有始无终。

要让学校价值文化成为学校战略规划的文化基因，需要在制订战略规划的过程中树立文化意识，渗透文化思想，在讨论和确认愿景、思路、行动框架、保障措施时有机落实价值文化的基本追求；在规划文本的表述上，要充分体现学校价值文化的基本元素，让学校战略规划与学校价值文化相互呼应、有机整合。

从制订规划的过程看，一份成熟而有质量的战略规划往往要经历如下流程。首先是成立规划小组，健全规划组织。在选择规划小组成员时，要充分考虑和吸收参与过学校价值文化建设的人员，请他们分享学校价值文化的形成过程与原始动机，这样表述价值文化的真正用意是什么等，让规划小组的所有成员读懂学校价值文化的背后追求，成为学校价值文化的真正知音，并从心底里爱上和支持学校的价值文化。其次是分析现状，明确规划基础。对于较为成熟的学校，分析现状时，要从文化视角审视学校的发展状况，追问并明确如下问题：学校形成了明确的价值文化吗？这些价值文化成为全体师生的共识了吗？如果达成了共识，目前的办学行动是否很好地体现了学校的价值文化？如果体

① 季苹. 学校文化自我诊断［M］. 北京：教育科学出版社，2004：13.

现了学校的价值文化，哪些方面需要进一步强化？哪些方面需要进一步丰富和发展？如果没有完全体现学校的价值文化，差距在哪里？短板是什么？有何攻坚性挑战？需要怎样去克服……换句话说，高质量的学校战略规划，需要从文化视角分析学校发展现状和战略规划的基础。对于新办学校，只需要瞄准未来，在“白纸”上描绘未来的美好蓝图，不一定非要经历现状分析这一流程。第三是编制战略规划框架。编制战略规划框架时，要从文化的展开和落地等角度，在愿景、思路和实践层面上考虑价值文化的实施载体、表现形式与成效体现等，只有这样，编制出来的战略规划框架才具有“文化味”。第四是战略规划的论证评估。战略规划的论证评估包括制订前的论证评估、规划中的论证评估和规划完成后的论证评估。规划前的论证评估主要包括三方面内容：分析现实基础或把握未来形势的方法和结论是否科学；对关键问题的把握是否准确；基本战略构想是否符合学校价值文化的基本追求等。规划中的论证评估，主要考察愿景和行动框架是否与价值文化的基本追求一致；制订出的规划是否具有引领未来、黏合力量等功能；是否有更多的师生参与了规划的讨论与制订等。规划完成后的论证评估，主要考察和讨论其可行性与落实规划的攻坚点，并再一次在更大范围内形成师生的共识，为把战略规划变成全校师生的“公约”做铺垫。

从规划文本的表达看，对现状分析的表述，要内外兼顾、突出特点，特别要重点体现学校的文化精神；对总体战略的表述要综合凝练、概述具化，既要根据价值文化的追求高度概括学校的办学追求、目标定位等，也要明晰清楚地表述做什么、怎么做，才能让学校的价值文化真正落地；对改革路径的表述要突出重点、强化制度，具有可行性，只有具有可行性的制度才能为学校的价值文化在不同领域落地护航；对改革保障的表述，要立足学校的综合改革和整体转型，强化文化“落地”的保障措施。

因此，优质的学校战略规划与学校价值文化相辅相成，学校的价值文化应渗透到战略规划制订的全过程。只有像这样处理学校价值文化与学校战略规划的关系，才能确保学校战略规划的质量。因此，金苹果锦城第一中学在制订学校战略规划前，首先建构的是学校的价值文化体系。

三、如何定位和表达具有“基因”功能的学校价值文化

“学校文化可以理解为教师、学生和校长所持有的共同信念，这些信念支配着他们的行为方式。”[①] 因此，在制订学校战略规划以前，需要首先明确学校的文化追求，因为没有共同信念的战略规划，既难以编制也难以实施。学校的文化追求，是学校对文化是什么、要建设怎样的文化、要培养出具有何种文化气质的师生等问题的一一回答，并通过极其简练的语言传达出来，成为师生自觉行动的过程与解释系统。

（一）学校价值文化的四个要素

哈佛大学社会学教授、哲学教授丹尼尔·贝尔在《资本主义的文化矛盾》一书中说：“文化本身是为人类生命过程提供解释系统，帮助他们对付生存困境的一种努力。”[②] 在他看来，任何一种文化都应包含四个要素，即生命过程、生存困境、超越性努力和解释系统。学校的文化追求也应着力考虑这四个要素，符合生命过程、生存困境、超越性努力和解释系统的基本要求。学校价值文化的建设，要以生命过程为基点，优化师生生命过程的意识、能力与质量，形成为师生生命成长服务的鲜明取向，以师生的生命发展为内核，建构学校发展的行动纲领；要以生存困境为节点，对师生的生命困境进行透析、回应与引领，把师生面临的每一次生存困境作为师生生命成长过程的一个节点，为师生冲出生存困境提供精神力量、行动方向与智慧策略；要以超越性努力为境界，给师生注入积极向上的精神力量，帮助师生形成永不懈怠、不断超越、努力进取的状态；要以解释系统的优化为辅助手段，让全体师生理解、传递和传播学校的价值文化。[③] 为实现这一目标，我们在学校价值文化建设的过程中追问了如下四个问题。

我们在建设和审视学校价值文化的过程中，追问的第一个问题是：我们建设的学校价值文化关注师生生命发展的全过程了吗？生命发展的全过程，包括

① 徐书业．学校文化建设研究［M］．桂林：广西师范大学出版社，2008：13.

② （美）丹尼尔·贝尔．资本主义的文化矛盾［M］．赵一凡等，译．北京：三联书店，1992：24.

③ 张伟．名校文化的区域生长与学校品牌的集群发展［J］．教育科学论坛，2015（2）：5～8.

时间主线上的过去、现在、未来和空间维度上的家庭、学校、社区、社会、世界等广阔范围。我们建设的学校价值文化能够涵盖师生发展的“全时空”吗？如果不能涵盖“全时空”，我们对师生生命过程的关注是不是会落空呢？除了关注所有师生生命发展的“全时空”，还需要关注不同师生发展的不同“全时空”，实现对群体生命过程与个体生命过程的同时观照。如果我们建设的或看到的学校文化，已经关注了师生群体和个体生命发展的“全时空”，哪些需要继续强调？哪些需要继续丰富呢？如果没有观照师生群体或师生个体生命发展的“全时空”，应该怎么完善呢？

我们追问的第二个问题是：我们建设的学校文化直面师生的生存困境了吗？师生发展的过程，就是不断面临困境与冲破困境的过程。事实上，师生在每一个发展阶段都有发展的烦恼，都会面临不同的困境，我们给师生注入了冲破困境的文化力量了吗？文化的力量，是让人在困境中依然能看到远方亮光的力量；文化的力量，是让人在绝望中准备放弃而终究站了起来的力量；文化的力量，是让人在重重迷雾中能找到正确出口的力量。只有这样的文化，才是具有发展力量的文化。在价值文化建设中，哪些词句对学生直面生存困境有提示、指引的作用？如果我们在建设学校文化的过程中，忽略了学校文化应对生存困境的功能，也就失去了学校文化建设的重要价值。

我们追问的第三个问题是：我们的价值文化有激励学生不断进行超越性努力的作用吗？超越性努力，是向前走、不停步的姿态，是跨越沟坎、寻觅坦途的执着，是永不言败、执着追求的精神，是愈挫愈勇、愈败愈战的豪情，是超越自我、勇往直前的信念。没有超越性努力，就没有实质性发展。学校价值文化建设关照生命过程、直面生存困境的最终目的，是要激活所有师生不断进行超越性努力的意识与行动。我们的文化建设能达到这一目标吗？

我们追问的第四个问题是：我们的解释系统具有表达力吗？优秀的学校文化解释系统，具有生命过程特征和直面生存困境的引导特征，能激发师生进行超越性努力的热情；文辞通俗易懂，具有感召力和吸引力。从丹尼尔的四要素文化定义看，生命是文化的核心要素，优秀的学校文化阐释系统，隐含着师生的激情，看得到师生对待生命的态度和追求有意义人生的情怀，应该能够触摸到师生生命的独特性，能感受到师生在进行超越性努力时的勇气、决心与智慧。同时优秀学校文化的阐释系统，具有方向引领的作用，具有开放延展的空间，具有大气恢宏的格局。只有植入这样的文化基因，才能把阐释系统与生命发展有机结合起来，成为具有生命力的学校价值文化。

（二）学校价值文化建设要处理好的四对关系

学校价值文化要体现四个要素，成为学校战略规划的“DNA”，需要处理好传统文化与当代价值、现实发展与未来需求、中国特色与全球共同利益、长远战略规划与短期战略规划的关系。

要处理好传统文化与当代价值的关系。正如习近平总书记所说：“文化是一个国家、一个民族的灵魂。历史和现实都表明，一个抛弃了或背叛了自己历史文化的民族，不仅不可能发展起来，而且很可能上演一幕幕历史悲剧。”①因此，学校的价值文化要有中国文化的自信，“文化自信，是更基础、更广泛、更深厚的自信，是更基本、更深沉、更持久的力量。坚定文化自信，是事关国运兴衰、事关文化安全、事关民族精神独立性的大问题”②。高质量的学校价值文化，要从优秀传统文化中寻找办学的“定海神针”，构筑起引领师生发展的具有民族特点的精神脊梁。但是，“传统文化在其形成和发展过程中，不可避免会受到当时人们的认识水平、时代条件、社会制度的局限性的制约和影响，因而也不可避免会存在陈旧过时或已成为糟粕性的东西。这就要求人们在学习、研究、应用传统文化时坚持古为今用、推陈出新，结合新的实践和时代要求进行正确取舍而不能一股脑儿都拿到今天来照搬套用。要坚持古为今用、以古鉴今，坚持有鉴别的对待、有扬弃的继承，而不能搞厚古薄今、以古非今，努力实现传统文化的创造性转化、创新性发展，使之与现实文化相融相通，共同服务以文化人的时代任务”③。只有实现了传统文化的当代价值转换，以优秀传统文化为依托的学校价值文化，才具有引领时代和未来的力量。

要处理好现实发展与未来需求的关系。教育是面向未来的活动，教育展开的过程，就是引领学生一步步走向未来的过程。只让学生活在当下，而不引领他们思考未来，直面未来可能面临的生存困境，学生就可能被未来的风浪毫不留情地吞没。只有现在没有未来的学校价值文化，无法观照师生生命发展过程的“全时空”。同样，只有未来没有现在，师生的发展就会飘离地面，成为在

① 习近平．习近平谈治国理政（第二卷）[M]．北京：外文出版社，2017：349.

② 习近平．习近平谈治国理政（第二卷）[M]．北京：外文出版社，2017：349.

③ 习近平．习近平谈治国理政（第二卷）[M]．北京：外文出版社，2017：313.

空中行走的不可捉摸的“悬空人”，无法从今天开始，一步一个脚印地走向未来。因此，优质的学校价值文化，既有现实的影子，更有对未来的关切；既是立足现在考察未来的结果，更是站在未来审视现在之后做出的超越性努力。

要处理好中国特色与全球共同利益的关系。学校的价值文化应具有引领师生面向世界的功能，要充分关注和体现全球共同利益。联合国教科文组织在2015年发布了《反思教育：向“全球共同利益”的理念转变?》报告，《报告》认为，“当前的种种变化影响到了教育，表明新的全球学习格局正在形成”①。“从这个角度来看，‘共同利益’概念或许可以成为具有建设性的替代品。可以将‘共同利益’定义为：人类在本质上共享并且互相交流的各种善意，例如价值观、公民美德和正义感’，它是‘人们的紧密联合，而不仅仅是个人美德的简单累计’。这是一种社会群体的善意，‘在相互关系中实现善行，人类也正是通过这种关系实现自身的幸福’。由此可见，共同利益是通过集体努力紧密团结的社会成员关系中的固有因素……共同利益的概念超越了公共利益的辅助性概念……从‘共同利益’的角度看，重要的不仅是个人的‘好日子’，人类共同拥有美好生活也很重要。”② 学校的价值文化建设，既要考虑师生个体的生命发展与美德养成，也要关注全人类对美好生活的追求与全球公认的美德养成，同时还要保持中国自身的文化特色和中国学校的价值取向，在关注人类共同利益的同时，彰显中国特色，促进全球发展的文化多样性，因为“文化多样性是激发人类创造力和实现财富的最大源泉，这就需要以多种方式来看待世界”③。学校价值文化建设和沉淀的过程，就是不断优化师生以中国立场看待世界的思维方式的过程，只有建构中国立场、体现中国特色，以此为基础面向世界，才能培育出面向世界和走向世界的中国师生。

最后，要处理好长远战略规划与短期战略规划的关系。学校长远战略规划，是对学校发展愿景、思路、途径、举措等进行理想化的勾勒，呈现在师生面前的是一种发展愿景和前进方向，不需要具体的量化指标和过细的措施。短

① 联合国教科文组织. 反思教育：向“全球共同利益”的理念转变?［M］. 联合国教科文组织总部中文科，译. 北京：教育科学出版社，2017：8.

② 联合国教科文组织. 反思教育：向“全球共同利益”的理念转变?［M］. 联合国教科文组织总部中文科，译. 北京：教育科学出版社，2017：69～70.

③ 联合国教科文组织. 反思教育：向“全球共同利益”的理念转变?［M］. 联合国教科文组织总部中文科，译. 北京：教育科学出版社，2017：21.

期战略规划一般以五年为限，是根据长远战略规划做出的阶段性规划，需要明确五年内的奋斗目标和需要采取的举措，由于时间较短，发展目标需要细化和量化，发展措施需要具体、明确，要兼具引领性和操作性。本书中的所有规划都属于长远规划，主要是对发展愿景、思路和主要举措进行理想化描述，突显的是学校的整体追求，加之学校是一所新办学校，所以没有对现状进行科学分析，也没有对发展目标进行量化。

四、成都金苹果锦城第一中学的价值文化框架

为了强化学校价值文化的“基因”功能，并为制订学校战略规划做准备，成都金苹果锦城第一中学会集学校班子、学校教师、部分家长和专家，在筹建学校之前，便对学校价值文化进行了定位和建构，形成了学校的价值文化框架。根据学校的价值文化框架，学校规划小组对德育、课堂、课程、教师发展、教育科学研究等进行了全方位的长远战略规划，形成了基于学校价值文化的战略规划文本体系。为了让学校价值文化“顶天立地”，既有长远的引领能力和发展空间，也有可操作性和实现目标的可能，学校在建构价值文化框架时重点思考和解决了如下问题。

一是如何确定新学校价值文化的支撑点。学校价值文化的支撑点即建构学校价值文化的现实起点与历史源流。任何一所学校的价值文化都不能凭空产生，都需要经历“寻根”的过程。在这一过程中寻找学校文化建设的支撑点，以此明确学校价值文化和办学定位，是“寻根”时必须完成的任务。金苹果锦城第一中学作为一所全新的学校，既要明确到哪儿去，更要明确我们此刻站在哪里，从哪儿出发。虽然金苹果锦城第一中学没有办学历史，但它依托的金苹果教育集团已走过了25年的历程。25年来，金苹果教育集团的学前教育规模不断壮大，从中国走向了世界，在国内外都获得了很好的口碑；小学在茁壮成长，金苹果公学和龙江路小学南区声名鹊起，教学质量日益攀升。中学作为学前教育和小学教育的向前延伸，需要保持世界格局和高质量发展态势。因此，站在世界发展的高度定位学校的发展格局，站在未来的时空里思考今天的出发点，是金苹果锦城第一中学确立价值文化必须首先坚守的立场与高度。除了金苹果教育集团的现实起点外，新办学校还必须关注所在区域和国家的社会发展战略与教育改革走向，促进几者结合，找准新学校的现实起点与价值文化建设

的支撑点。金苹果锦城第一中学地处成都高新区，所在区域主要研发影响和改变未来的高科技产品，“直面未来、影响未来、创造未来”是所在区域的关键词；从国家层面看，习近平总书记发出了“构建人类命运共同体”的倡议，得到了全世界的认同，教育如何从中国走向世界，中学教育如何提高全球贡献力，如何实现基础教育强国的目标，应是中国教育的改革走向。因此，“中国”“世界”“全球”应是目前国家教育改革的关键词。基于对现实起点的这一分析，学校确定了“厚植中华民族的文化基因，体现教育改革的中国气派，做优学校发展的世界格局，点燃师生行走的未来智慧”的价值文化定位，根据这一价值定位，确定了“联结世界，引领未来”的办学定位。

二是如何处理好传统文化与当代价值的关系。如何在传承中国优秀传统文化的基础上，立足具有当代价值的中国传统文化，建构学校精神和校训？定位了学校价值文化和办学目标以后，需要凝练一种学校精神来引领和支撑价值文化与办学实践。学校精神，是学校所有师生沉潜于内心、外化于行为的积极追求的心理状态和判断是非的价值标准，是待人处事的情感倾向与基本态度，是学习和工作时所持的价值观；学校精神，是学校价值文化定位和办学定位的进一步凝练与体现，是学校开展其他工作的基本准绳与力量源泉。由于在价值文化的定位中明确要求“厚植中华民族的文化基因，体现教育改革的中国气派”，学校开始了传统文化的“淘宝”之旅，从张载的“为天地立心，为生民立命，为往圣继绝学，为万世开太平”中找到了学校精神文化的依托。这一著名的“横渠四句”，在中国乃至世界广为流传，以它来作为学校精神，容易引起大家的共鸣。这四句话蕴含的精神具有当代价值，在今天，时代赋予了它新的意义，它既是中国和中国人的理想追求，也是“人类命运共同体”的中国表达，具有世界格局；同时“为万世开太平”，立足现在，谋划“万世”之后，具有“引领未来”的内涵。从不同角度分析，这四句话都体现了学校价值文化和办学目标的定位要求。在反复论证后，学校决定用“横渠四句”作为所有师生的精神追求。为了强化学校精神，学校把它作为校训，让所有师生铭记、理解、传诵和践行。

三是如何体现学校价值文化的四个要素。在确立了学校精神和校训以后，如何在学生成长观和教师发展观中体现生命过程、生存困境和超越性努力等关键要素，是建构学校价值文化体系必须解决的又一问题。学生的生命过程和生存困境，是走向未来和走向世界的发展过程与困境，要在走向未来和走向世界

Golden Apple Jincheng No.1 Secondary School

Golden Apple Jincheng No.1 Secondary School

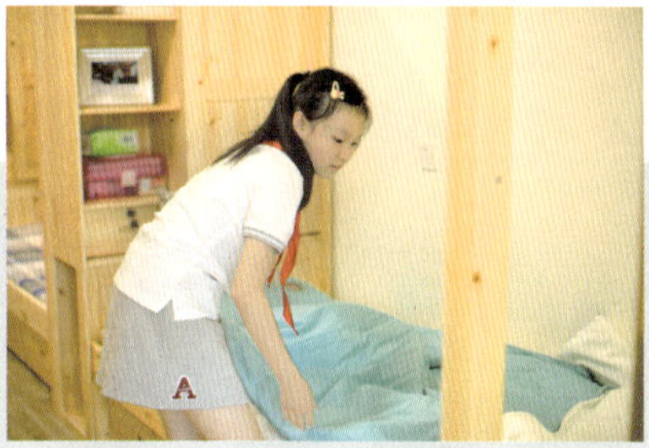

“Ten Major Actions” to accompany student growth

“十大行动”陪伴学生成长

CHENGDU EDUCATION WEEKLY

成都教育周刊

成都日报

2017年3月8日

一粒种子在沃土里发芽
小苗在热土滋养中长大
沐浴着改革的春风启程
伴随创新的号角又出发

锦城一中瞄准"世界一流"目标

从"金苹果"看成都教育发展

担当：服务城市的发展

追求："中国范式"的名校

Golden Apple Jincheng No.1 Secondary School

的过程中冲破这些生存困境，实现不断超越，需要涵养创造未来的智慧，沉淀行走全球的品格。为此，学校确立了“涵养创造未来的智慧，沉淀行走全球的品格”的学生成长目标。要真正涵养创造未来的智慧和沉淀行走全球的品格，需要树立“发现”的意识，培养“发现”的能力。这一“发现”不是在小范围内的“发现”，而是在“发现世界”的过程中体验生命过程，冲破生存困境，在不断丰富体验的过程中，积累智慧，沉淀品格，为持续不断的超越性努力创造条件。基于这一思考，学校确立了“在发现世界中发展自己”的成长理念。要在发现世界的生命过程中发展自己，要在走向未来和走向世界的过程中丰富冲破生存困境的体验，并为之不断地努力，需要学生呈现出自立自强、求知求变的精神风貌。据此，学校把“自立自强，求知求变”确定为学生成长的应有风采。教师要帮助学生走向未来和走向世界，要引导学生预测和应对发展过程中可能遇到的生存困境，既需要具备渊博的学识、开明的态度、高尚的德性和奉献的精神，也需要扎实的专业功底、精湛的专业水平和因材施教的能力。根据这一分析，学校确定了“博明厚德，业精知人”的教师发展目标。要实现这一目标，教师首先要修炼自己，实现“学高为师，身正为范”的追求；在此基础上树立团队意识，既为团队的发展贡献力量，也以团队的智慧发展自己，提高引领学生冲破生存困境的能力；同时还要精心施教，珍视自己的专业，忠诚于自己的岗位，以此为基础提高教育教学的智慧和艺术水平，帮助学生更好地“涵养创造未来的智慧，沉淀行走全球的品格”。正是因为学生成长的这些需要，学校确立了“修身乐群，敬业精艺”的教师发展理念。要实现上述成长目标，落实上述发展理念，需要所有教师具备开放的态度和海纳百川的胸怀，以改革创新的精神不断冲破教育教学困境，在超越性努力中引领学生不断向前，形成“兼容并包，革故鼎新”的职业风貌。

金苹果锦城第一中学价值文化框架

学校价值观

▶学校精神

箴言　为天地立心　为生民立命　为往圣继绝学　为万世开太平

内涵　探寻天地万物之“大美”，培育天人合一之境界，为世界和谐运行负责；

珍视每一个鲜活的生命，理解每一个生命的独特价值，为每一个生命的和谐成长负责；

传承文化精粹，把握圣人精髓，弘扬先贤精神，为民族和世界文化的持续发展负责；

着眼未来发展，化育社会民心，为社会和国家的美好未来负责。

▶办学定位

箴言　联结世界　引领未来

内涵　以做强中国学校优势、体现民族特色为前提，整合世界资源做优学校的世界格局，培育师生行走全球的品格；

根据未来社会的发展走向，立足未来社会对人才素质的基本要求，开设应对未来挑战的学校课程，培养能够引领未来的师生；

根据未来教育的发展走向，立足未来教育对中学的办学要求，谋划学校的发展战略和办学实践的创新框架，创办能够引领未来发展的学校。

▶校园风貌

箴言　让每一个角落都成为师生成功的阶梯

内涵　把教育做得精致，让每一个行为都能彰显教育的力量；
把环境做得精美，让每一个角落都能陶冶学生的心灵；
把细节做到极致，让校园的点点滴滴都能成为学生的幸福记忆。

金苹果锦城第一中学价值文化框架
学生成长观

▶成长目标

箴言　涵养创造未来的智慧　沉淀行走全球的品格

内涵　放飞畅想未来的梦想，树立挑战未来的志向，涵养创造未来的智慧；
夯实民族根基，沉淀行走神州大地的意识与能力基础；
涵养世界格局，沉淀行走全球的情意、胸襟与能力基础。

▶成长理念

箴言　在发现世界中发展自己

内涵　让孩子自己去发现世界；
让包容世界的胸襟托起孩子的未来；
让世界上的大智慧开启孩子的幸福人生。

▶成长风采

箴言　自立自强　求知求变

内涵　独立自主，立己立人；
自强不息，达己达人；
乐于求知，读书树魂；
勇于求变，变中出新。

金苹果锦城第一中学价值文化框架

教师发展观

▶发展目标

箴言　博明厚德　业精知人

内涵　知识广博，视野开阔；
晓事明理，聪慧圆融；
厚德载物，爱生树人；
学高业精，教艺超群；
因材施教，读懂学生。

▶发展理念

箴言　修身乐群　敬业精艺

内涵　修炼自我，立身立心；
借智借力，团队共生；
敬业乐业，精益求精。

▶职业风貌

箴言　兼容并包　革故鼎新

内涵　海纳百川，包容天下；
革除积弊，不断创新。

五、成都金苹果锦城第一中学价值文化解读

为了把学校价值文化变为学校战略规划的真正“基因”，提高战略规划的文化建设价值，我们编制了金苹果锦城第一中学学校文化读本，对上述文化框架进行了解读，并作为校本教材供师生和家长阅读、理解、讨论和运用。

在解读价值文化时，我们首先对其内涵进行了阐释，并对传统文化进行了现代转化，用学生“看得懂”“悟得透”的语句进行阐释。如对“学校精神”和“校训”的整体含义进行了如下解读：

在“责任”的文化大旗上生长“四为”精神

“四为”——为天地立心，为生民立命，为往圣继绝学，为万世开太平。

“四为”精神，是这四个“为”字句所体现出的非凡气度、人生境界、发展格局、社会理想和济世救民的情怀。

宋明理学的主要奠基人张载提出这四句话后，被后世奉为儒家圣贤的修身准则，广为传播和称颂。张载是凤翔郿县（今陕西眉县）横渠镇人，世称横渠先生，这四个“为”字句，也被称为“横渠四句”。

“四为”精神，是“锦一”（书中以下所指“锦一”，均为金苹果锦城第一中学的简称）人表达责任心的最高境界与理想追求，是“锦一”人履行责任的方向与品格，是“锦一”人在世界一流中学中培养出一流师生的豪迈誓言与坚定决心。

涵养“四为”精神，需要在“责任”的文化大旗上生长出对“天地、生民、往圣、万世”负责任的精神：

◇为天地立心——涵养天地正气，培育“君子”品性；

◇为生民立命——心系万民福祉，成就优质生命；

◇为往圣继绝学——光大圣贤学统，修炼生命智慧；

◇为万世开太平——奠定万代基业，共创“大同”世界。

涵养天地正气，培育“君子”品性，做“有德性”的人，这是负责任的前提，也是“锦一”范儿的根本。

心系万民福祉，成就优质生命，做“有奉献精神”的人，这是负责任的关键，也是“锦一”范儿的格局与气度。

光大圣贤学统，修炼生命智慧，做“有智慧”的人，这是负责任的凭借，也是“锦一”范儿的修炼条件与保障。

奠定万代基业，共创“大同”世界，做“有境界”的人，这是负责任的升华，也是“锦一”范儿的修炼理想与品质。

有德性，有奉献，有智慧，有境界，是“四为”精神在我们身上的体现，是“锦一”范儿的具体阐释。

“四为”精神，是“锦一”人在“责任”的文化大旗上生长出来的学校精神，让我们铭记并践行：

涵养天地正气，为社会重建精神价值；

心系万民福祉，为民众开掘生命意义；

光大圣贤学统，为民族延续文化血脉；

奠定万代基业，为万世创建“大同”社会。

让我们努力成为：

有德性的人；

有奉献精神的人；

有智慧的人；

有境界的人。

为了深入理解“四为”精神，我们还对每一个“为”字句进行阐释，并且把“为”字句隐含的精神转化为学生应该坚守的信念和修炼的言行，把价值文化进行了操作性转换。如对“为生民立命”进行了如下解读：

“为生民立命”——心系万民福祉，成就优质生命

“为天地立心”，是“锦一”人的责任；“为生民立命”，是“锦一”人的担当。

既要守护天道的阴与阳，也要呵护地道的柔与刚，更要坚守人道的仁与

义，这是“锦一”人的终身使命。天地人，浑然一体，生生不息，万民立于其间，鸟兽食于其林，百花艳于四季，草木荣于山川。天地间的生命原野，欣欣向荣。

“为生民立命”，就是帮助天地间的万物各得其所、各立其身、各安其命，经历生命的过程，畅享生命的乐趣，发掘生命的意义，在生命的原野上绽放不一样的优质生命。

“为生民立命”，要提升我们自己的生命意义。“有的人活着，他已经死了”，因为他的生命没有成长、没有意义；“有的人死了，他还活着”，因为他能影响别人，并能给别人带来“好处”。为自己“立命”，就是要通过学习、工作与生活，找到适合自己的位置，让自己的生命变得有意义。有意义，就是有成长、有发展、有奉献，能给别人以“好处”。

“为生民立命”，要善待和我们一样的其他人：珍视他人生命，尊重他人存在，关爱他人疾苦，乐他人之乐，苦他人之苦，为他人的福祉贡献自己的力量。孟子说：“乐民之乐者，民亦乐其乐；忧民之忧者，民亦忧其忧。乐以天下，忧以天下，然而不王者，未之有也。”在孟子看来，以人民的快乐为快乐的人，人民也一定会以他的快乐为快乐；以人民的忧虑为忧虑的人，人民也一定会以他的忧虑为忧虑。乐与天下人民同乐，忧与天下人民同忧，做到了这些，还不能统一天下的人，是决不会有的。“锦一”人心系天下苍生，以人类的幸福为己任，爱满天下，造福人类，这就是“锦一”精神和“锦一”范儿。

“为生民立命”，要善待非人类的天下万物：珍视一草一木，笑对鸟兽虫鱼，为植物的繁荣生长而欣喜，为动物的神奇世界而喝彩……

“为生民立命”，要和其他生命携手前行，直面生命困境，探索生命奥秘，创造生命意义，让天下万物在各得其所中活出更好的自己。

要“为生民立命”，相信自己一定能做到：

◎我很珍惜自己的生命，无论处境多么艰难，也会坚强而阳光地笑对生活。

◎我会珍惜每一种生命，不给其他生命带来痛苦。

◎我能善待他人，尊重他人的差异。

◎我能为他人的特长和优势而喝彩。

◎我不会嘲笑别人的不足与弱点。

◎我能帮助他人克服生活中的困难。

◎他人快乐我也快乐，他人痛苦我也痛苦。

◎我决不会倚强凌弱、以大欺小。

◎我能和他人一起让彼此的生命更精彩。

◎我能善待校内外的一草一木、一花一果。

◎我知道宇宙中的任何一种生命都有它独特的价值，我不会轻贱宇宙中的任何一种生命。

每一朵花，都只能享受属于它的季节和生命；每一朵花，都弥足珍贵。鲁迅先生说："只要能培一朵花，就不妨做做会朽的腐草。""锦一"人的"为生民立命"，就是以做"腐草"的心态，去催生每一朵花的璀璨绽放。

爱默生告诫我们："一个伟大的灵魂，会强化思想和生命。""为生民立命"，就是让每一种生命自由地驰骋在天地间，散发出思想的芬芳，闪耀着生命的光芒，"在闪耀中现出绚烂，在平凡中现出真实"（伯克语）。

在解读学校价值文化时，我们有意识地引导学生利用学校形成的价值文化来发展自己，站在学校的价值高地上思考自己的未来，涵养自己的智慧，培育自己的形象。如在引导学生利用学校的愿景与目标定位等价值文化时，我们对学校的愿景和办学定位进行了如下解读：

在"锦一"的文化高地上涵养"四为"精神

好风凭借力，助我凌云志。正如荀子所说："君子性非异也，善假于物也。"君子的本性和其他人并没有什么不同，只不过他们善于利用和借助外力罢了。君子如此，我们亦如此。

走进"锦一"，凭借"锦一"扬起的"好风"，涵养"四为"精神，助我们成就有德性、有奉献精神、有智慧、有境界的卓越人生。

"锦一"，是所有"锦一"人共同谱写的华章，是代代"锦一"人用智慧和汗水造就的学校品牌，用责任和"四为"精神构筑的文化高地。

高高耸立的文化高地，提升了我们的高度，拓宽了我们的视野，凭借这样的文化高地前行、飞翔，定能创造出我们的卓越人生。

“锦一”文化高地的第一个凭借——“创办世界一流中学，做好受益终身的教育”的学校愿景

“锦一”的办学愿景是：创办世界一流中学，做好受益终身的教育。

这一办学愿景要求我们：以世界一流中学为标杆，向着世界一流中学的理想目标迈进，把学校办成具有世界影响力和竞争力的一流中学，为每位“锦一”人打好受益终身的有价值的基础，为每一位学生的卓越发展创造一流条件。

创办世界一流中学，要具有世界格局和全球视野，“联结世界”是“锦一”的学校特征；做好受益终身的教育，需要站在未来成功的高度思考和谋划今天的教育，“引领未来”是“锦一”的责任和担当。“联结世界，引领未来”，是实现办学愿景的必然要求，是我们涵养“四为”精神的重要凭借。

联结世界——站在世界文化的平台上涵养“四为”精神

“联结世界”的学校特点，“创办世界一流中学”的发展决心，需要我们走出校园，走向世界，在世界的舞台上涵养“四为”精神，创造卓越人生。

厚植中华文化，夯实民族根基，从民族走向世界。周恩来说：“中国是古老的民族，也是勇敢的民族。中华民族有两大优点：勇敢，勤劳。这样的民族多么可爱，我们爱我们的民族，这是我们自信心的泉源。”要自信地走向世界，必须融入伟大的中华民族，为祖先的智慧而自豪，为民族的文化而骄傲，为继承“往圣”的“绝学”而努力。只有民族的，才是世界的，只有从民族之林中自豪地走出来，才能“为往圣继绝学，为万世开太平”。记住邓小平爷爷满怀深情的一句话：“我荣幸地以中华民族一员的资格，而成为世界公民。我是中国人民的儿子。我深情地爱着我的祖国和人民。”

热爱世界，走向世界。泰戈尔说：“我们在热爱世界时，便生活在这世界上。”只有对世界充满热爱之情，以新奇的眼光发现世界之美，以尊重的态度理解世界上的不同文化，以包容的胸怀接纳不同的世界文化，才能“为天地立心”“为生民立命”“为万世开太平”。

发展自己，走向世界。“世界是本精美的书，但对读不懂它的人来说，却丝毫没有用处。”（哥尔多尼语）要走向世界，必须首先读懂世界，这就需要我们发展读懂世界的能力。兰姆说：“世界从不迁就任何人。”拉尔夫·英也说：“世界属于那些和世界一起思索，一起行动，并且触摸到它的脉搏的人。”我们要触摸世界的脉搏，就要凭借“锦一”的平台，潜心学习，努力钻研，思索世界上的问题，探究世界上的难题，让自己与世界同行，在“联结世界”的行动中涵养“四为”精神。

以世界格局“为天地立心”，以世界胸怀“为生民立命”，以全球视野“为往圣继绝学”，以天下大同“为万世开太平”，这就是“锦一”人站在世界舞台上涵养的“四为”精神。

站在世界文化的平台上涵养“四为”精神，我们一定能做到：

◎我能认真学习和理解民族文化。

◎我为拥有中华民族文化而自豪。

◎我喜欢关注和讨论世界时事。

◎我会至少了解10个国家的不同风俗。

◎我会读5本以上的外国名著。

◎我会看5部以上的外国电影。

◎我至少能用一种语言和外国人进行日常交流。

◎我能专心学习，为今后走向世界做好知识上的准备。

◎我能关心和爱护全世界的生灵，发掘他们的生命意义。

◎我能学习全世界的优秀传统与博大智慧。

◎我能关注、评论全世界的和谐发展问题和维护世界的和谐发展。

引领未来——为了更加美好的未来涵养“四为”精神

“锦一”的教育是为未来做准备的教育。“锦一”的精彩，是既能给“锦一”人的现在创造更多更好的成功机会，也能给“锦一”人的未来创造卓越发展的条件。

席勒告诉我们：“时间的步伐有三种：未来姗姗来迟，现在像箭一般飞逝，过去永远静立不动。”箭一般飞逝的现在，把我们快速地送到了未来，我们今天的奋斗，是为了将来更好地活着。今天学习与生活的旋律，如果踩不上未来的节奏，未来的人生就会很痛苦，卓越的梦想就会被现实的铁蹄踏得粉碎。“真正的智慧不仅在于能明察眼前，而且还能预见未来。”（忒壬斯语）“预见未来”是为了更好地“引领未来”，“锦一”“引领未来”的办学定位，就是让我们树立预见未来的意识，发展创造未来和引领未来的能力。

未来不是用来等待的，而是用来创造的。要创造未来，就要学得主动，没有主动就没有创造；就要学得灵活，僵化机械的学习无法滋养出创造的灵性；就要学得有自己的创建，不能在学习中收获自己的发现，创造的可能性就只能为零。雨果意味深长地告诫我们："未来将属于两种人：思想的人和劳动的人。实际上这两种人是一种人，因为思想也是劳动。"有思想地劳动，在劳动中产生思想，这就是在创造未来。

要引领未来，就要想象未来"天地""生民""绝学""太平"的模样。未来的天地需要"立什么心"，仅是儒家的"仁、义、礼、智、信"就能解决未来面临的社会秩序问题吗？如果不能，还需要增加什么？如果增加了这些，我们面临的挑战是什么？我们将要学习什么和怎样学习才能应对这样的挑战？诸多的问题需要我们去破解，只有破解了这些问题，才能为未来的"天地""立心"。

未来的"生民"将是一种怎样的生活状态？高速发展的技术、急剧变革的交往方式与生存技巧，将给未来时空下的"生民"带来怎样的生存困境？面对这样的生存困境，我们自己如何超越？我们如何帮助别人找到安身立命之所？我们自己和他人如何才能活出精彩的生命？我们需要思考，更需要在今天不懈的努力中去寻求答案，去铺垫基础，只有这样，才能为未来的"生民""立命"。

未来的"绝学"需要拓展哪些内容？未来的经典和传统的经典如何契合、如何演变，才能支撑起未来的天空？斯蒂文生说："只有知道了通往今天的路，我们才能清楚而明智地规划未来。"我们只有明白了流传到今天的经典，学习了已有的"绝学"，才能在未来之路上明智地承担"为往圣继绝学"的使命。

未来的"太平"还有新的含义吗？开创未来的"太平"还需要哪些新的手段？我们在今天应做好怎样的准备？只有用自己的行动回答了这些问题，才能"为万世开太平"奠基。

活出当下的精彩，创造未来的辉煌，这是所有"锦一"人的生命姿态与智慧

在"锦一"的文化高地里，我们要为更加美好的未来涵养"四为"精神，相信我们一定能做到：

◎我能主动学习，提高自主学习能力。

◎我既能脚踏实地，也能灵活机智地学习。

◎我能在学习中形成自己的想法。

◎我会关注未来社会可能面临的挑战。

◎我会为赢得未来的挑战做准备。

◎我会关注未来的自己和其他人面临的生存困境。

◎我会为破解自己和他人的困境而努力学习。

◎我会全力以赴学好多种知识。

◎我会关注未来社会需要怎样的智慧做支撑。

◎我会根据未来需要的智慧继承和发展已有的智慧。

◎我会关注确保未来社会的太平需要哪些条件。

◎我会为维护未来社会的太平做准备。

让我们一起记住巴尔扎克的一句话："丧失未来的幸福，比丧失已有的幸福更痛苦。"

为了更加美好的未来涵养天地正气、心系万民福祉、光大圣贤学统、奠定万代基业，是"锦一"人在"锦一"的文化高地里修炼出来的"引领未来"的品质与决心，也是我们走向美好未来的凭借。

为了帮助师生学会转化和运用学校价值文化，我们还在文化解读中加上了"拓展阅读"专栏，引导师生在阅读案例的过程中，学习运用价值文化的方法。如在"在'锦一'的文化高地上涵养'四为'精神"这一部分，我们的目的是引导学生学会利用"锦一"营造的文化氛围发展自己，要善于借助"锦一"的平台提升自己，在解读了相关内容后，我们引导学生阅读了以下故事：

英国大英图书馆是世界上著名的图书馆，藏书非常丰富。有一次，图书馆要从旧馆搬到新馆，搬运费要几百万。为了节约这笔开支，图书馆在报上登了一个广告：从即日起，每个市民可以免费从大英图书馆借 10 本书，归还图书的地点是新馆。许多市民蜂拥而至，没几天就把图书馆的书借光了，图书馆借用大家的力量搬了一次家，节约了几百万元的搬馆费用。

我们认为，具有"基因"功能的学校价值文化，只有逐步被师生理解和接受，并化为成长的灵魂，才可能变为学校战略规划的"基因"，生长出具有学校文化特质的具有引领力的学校战略规划。除了让师生理解和践行学校的价值文化外，我们还邀请家长和孩子一起阅读"锦一"文化读本《"锦一"范儿的五项修炼》。不少家长阅读后，纷纷发出感言，表示对学校的价值文化有了更深的理解，并表示要以身作则，支持学校的文化建设。下面附录几则家长感言。

部分家长阅读“锦一”学校文化读本后的感言

怀着景仰的心情认真读完了《“锦一”范儿的五项修炼》，感觉书中的每一个字、每一个词、每一个句子都体现出“锦一”的深远文化和博大胸怀。书中引经据典，从日常行为的责任修炼到“四为”精神的大气魄，从借力高平台文化到在发现中发展，最后落实到行动的修炼上，无一不展现着“锦一”人的优秀品质：志存高远而脚踏实地，敢于担当而优雅自信，气度非凡而卓越奋进，富有智慧而无私奉献……一个个优秀的“锦一”人跃然纸上，傲然地带领我们的孩子去描绘未来的美丽蓝图。

——雷欣潼家长

《“锦一”范儿的五项修炼》从小到大，让我们了解了从负责做起，从小树立远大目标，通过借力在发现中发展、通过行动成就精彩人生的修炼之路该如何行走。从先贤的思考中寻找人生的意义，从一个个小故事里了解做人的道理。对孩子们来说，是人生成长的指南；对我们来说，也是一面总结自己的镜子。

——马蕴彦家长

“上下同欲者胜，风雨同舟者兴。”我们高度赞同“锦一”的教育理念和精神价值观。从孩子登上“锦一”这艘航船开始，就注定了我们与“锦一”是休戚与共的命运共同体。我们期待“锦一”成功，盼望孩子在“锦一”的精心教育和栽培下成才，也渴望成为一名成功的家长。我们也坚信，拥有责任担当和奋斗精神的“锦一”必定会成功！我们的孩子一定会成才！我们一定能成为成功的家长！“千里之行，始于足下”，我们愿意从做合格的父母开始，携手“锦一”，伴随孩子的成长，成为成功的家长！

——覃易家长

《"锦一"范儿的五项修炼》这本书，是我行动的准则，也是我生活中的一面镜子，时时刻刻鞭策着我，让我们记住"锦一"人的使命与责任，不断提升、修炼自己，让自己不断成长得更加优秀！让孩子们在爱的环境里茁壮成长！虽然做起来并不是一件容易的事，但作为父母的我们必须做好榜样，我们都必须尽力做事。尽力做事也许并不能让我们的未来无忧无虑，但是会让我们的明天无怨无悔！孩子，我们会和你一起成长，共同进步！在"锦一"范儿里熏陶自己！三年后，让我们和孩子可以一起自豪地说——我们是"锦一"人，我们有"锦一"范儿！我们就是幸福的"锦一"人！

——唐瑞涵家长

02

学校教育的根本：立品立德

XUEXIAO JIAOYU
DE GENBEN：
LIPIN LIDE

传曰：政有三端：父子不亲，则致其爱慈；大臣不和，则敬顺其礼；百姓不安，则力其孝弟。孝弟者，所以安百姓也。力者，勉行之身以化之。天地之数，不能独以寒暑成岁，必有春夏秋冬。圣人之道，不能独以威势成政，必有教化。故曰：先之以博爱，教以仁也；难得者，君子不贵，教以义也；虽天子必有尊也，教以孝也；必有先也，教以弟也。此威势之不足独恃，而教化之功不大乎！

——《春秋繁露·为人者天》

子以四教：文、行、忠、信。[①]

孔子认为教育学生需要强化四件事：一是引导学生学习文化知识，二是规范学生的道德行为，三是培育学生的一颗忠心，四是涵育学生的诚信品质。道德行为、忠心、诚信，属于"德"的范畴。在孔子看来，教育需要两条腿走路：一条腿是文化知识，另一条腿是道德品质，只有两条腿协调运行，才能培养出圣贤君子。但从总体上看，孔子对社会道德的退化更为忧虑，《论语·述而》说："子曰：德之不修，学之不讲，闻义不能徙，不善不能改，是吾忧也。"孔子面对不少人忽略品德的培养，听到了应该做的符合道义的事而不去做，有错误而不改正等社会现象时，显得忧心忡忡。这位"至圣先师"对道德滑坡的忧虑，从另一侧面说明了学校德育工作的重要性。

为学之本，莫先乎德，立德是立学立业的根基。因此，立品立德是学校教育的根本，只有抓住这一根本，才能培养出对社会有用的人才。《群书治要·傅子》（卷四十九）记录了傅玄对立德的主张，他认为："立德之本，莫尚乎正心。心正而后身正，身正而后左右正，左右正而后朝廷正，朝廷正而后国家正，国家正而后天下正。""立德"在于"正心"，"正心""正身"才能"正国家"和"正天下"，才能"为天地立心，为生民立命，为往圣继绝学，为万世开太平"。

正是基于德育的重要性，成都金苹果锦城第一中学于 2016 年 10 月就把"立德"作为立校之本，于 2017 年 3 月确定了以培育"全人"为追求的宗旨，系统地建构了"全景德育"的战略发展框架，于 2017 年 3 月 6 日在媒体见面会上发布了学校"全景德育"的主要举措。我们的"全景"追求"天、地、人"的整体"立人"效应，符合"为天地立心"的文化诉求；"全景"涉及过去、现在、未来和中外等"全时空"，符合"为往圣继绝学，为万世开太平"的文化精神；"全景"关注人的整体生命，有利于培养出"为生民立命"的"全人"。"全人"是生活中鲜活的生命，高举"全人"旗帜，有利于在德育过程中帮助学生体验生命过程、直面生命困境，并始终如一地进行超越性努力。

因此，"全景德育"战略规划既植入了学校价值文化这一基因，也紧扣学校文化的四个要素，具有生长性和引领性。

---

① 《论语·述而》

战略规划

建设现代德育生态　打造“全景德育”品牌

——成都金苹果锦城第一中学德育品牌建设战略规划

（试行）

根据“创办世界一流中学，做好受益终身的教育”的办学愿景，结合“为天地立心，为生民立命，为往圣继绝学，为万世开太平”的学校精神和“涵养创造未来的智慧，沉淀行走全球的品格”的学生成长目标，在学校“全息课堂”和“全息课程”品牌建设的同时，制订“全景德育”品牌建设战略规划。

第一部分　战略篇

一、建设愿景：在现代德育生态的建设中为每位孩子的卓越人生奠基

针对不少学校存在的德育价值弱化、信仰缺乏、目标平庸、内容散乱、方式单一、学生逆反、实效不高等问题，结合“创办世界一流中学，做好受益终身的教育”的办学愿景，形成成都金苹果锦城第一中学的德育工作与品牌建设愿景：建设学校现代德育生态，培育学生世界一流的精神品质与人格风范，为每位学生的卓越发展与幸福人生奠基。

（一）建设学校现代德育生态

根据学生发展和现代德育的基本要求，以“文化底蕴、未来意识、时代强音、立体发展”四个关键词为核心，建设学校现代德育生态。“文化底蕴”，是通过知识学习、习惯培养、能力提升、文化涵泳等方式，培育有知识素质和文化修养的现代人；“未来意识”，是根据学生在未来世界中可能面临的道德问题，思考今天应该做什么，我们能够做什么，以此确定德育的重要内容与方式，培育具有未来适应性的现代人；“时代强音”，是打破学校围墙，走进现实生活，把握时代脉搏，以时代所需人才品质的最强音确定德育内容和方式，培育理解时代和改变时代的现代人；“立体发展”，是以“全人”发展的思路，系统考虑影响学生精神品质与人格发展的各个要素，从不同角度以不同方式形成德育合力，促进学生和谐发展和全面发展，培育生动鲜活、具有立体感的现代人。

在这四个关键词中，“文化底蕴”是基础，“锦一”学生的精神品格与人格风范是用文化滋养出来的，“锦一”德育是用文化护航的德育；“未来意识”是方向，“锦一”学生具有面对未来、创造未来的品格，“锦一”德育是面向未来的德育；“时代强音”是载体，“锦一”学生具有直面现实和超越现实的精神，“锦一”德育是以时代生活为载体的德育；“立体发展”是保障和结果，以立体推进的思路设计和实施德育活动，促进学生的立体发展。

（二）培育学生世界一流的精神品质与人格风范

以“中国脊梁、世界担当、坚韧自强、卓越发展”四个关键词为核心，建构学校德育的内容、方法、课程和评价等体系。“中国脊梁”，以培育“四为”精神为切入点，传承民族文化，涵育民族精神，铸炼中国风骨，为学生成为杰出的中国人奠基；“世界担当”，以“培养行走全球的品格”为切入点，帮助学生胸怀世界、了解世界、走向世界、奉献世界，为学生成为具有全球胜任力的世界人奠基；“坚韧自强”，以“自立自强，求知求变”“兼容并包，革故鼎新”为切入点，帮助学生学会自立，应对挑战，持之以恒，求知求变，自强不息，努力超越，为学生成为坚韧奋进、不断超越的优秀学习者奠基；“卓越发展”，以“创办世界一流中学”和“在发现世界中发展自己”为切入点，帮助学生志存高远、追求卓越，在艰苦而幸福的学习与生活中走向卓越，为学生成为世界级的优秀人才奠基。

在这四个关键词中，“中国脊梁”是“锦一”学生的灵魂与底色，“世界担当”是“锦一”学生的格局与气度，“坚韧自强”是“锦一”学生的动力与意志，“卓越发展”是“锦一”学生的状态与结果。

（三）为每位学生的卓越发展与幸福人生奠基

在建设学校现代德育生态，培育学生世界一流的精神品质与人格风范的基础上，以“契合成长阶段，体验成长快乐，促进最佳发展”为关键要素，为每位学生的卓越发展与幸福人生奠基。“契合成长阶段”，是根据学生在中学阶段的认知、思维与德性发展等特征，选择和确定德育内容与方式，建构适合中学生的现代德育生态；“体验成长快乐”，是以推进体验式德育为重点，丰富德育活动形态、载体和途径，拓展学生的德性体验空间，引导学生在不同的道德情境中体验成长的快乐，收获成长的幸福，在“锦一”的天地里快乐生活、幸福成长，建构具有幸福体验功能的现代德育生态；“促进最佳发展”，是引导学生根据自己的现有水平和发展潜力实现自己最大限度的发展，既不做大量力所不能及的事，也不做浪费自己天赋与潜力的事，而是积极进取，竭尽全力，实现属于自己的最好发展，建构促进学生实现自我最好发展的现代德育生态。

在这三个关键要素中，“契合成长阶段”是基本原则，“锦一”的德育是符合学生身心发展规律的德育；“体验成长快乐”是基本要求，“锦一”的德育是学生能体验到成长幸福的德育；“促进最佳发展”是重要目的，“锦一”的德育是能调动所有学生开发自身最大潜能的德育。

“锦一”建构现代德育体系的主要目的，是为学生的卓越发展与幸福成长奠基。“文化底蕴、未来意识、时代强音、立体发展”与“中国脊梁，世界担当，坚韧自强，卓越发展”相互支撑，共同构建和优化学校的现代德育生态。“文化底蕴”是为了更好地支撑“中国脊梁”和“世界担当”的发展品质；“未来意识”是为了更好地提升学生的“世界担当”和“卓越发展”品质；“时代强音”有利于学生“卓越发展”，成为“中国脊梁”；“立体发展”既有利于学生在真实的生活情境中培养“坚韧自强”的品质，也有利于学生成为“中国脊梁”，树立“世界担当”意识，提高“世界担当”能力。

表 2.1　金苹果锦城第一中学德育品牌建设愿景

德育品牌建设愿景	德育品牌建设关键词	德育品牌建设目标
建设学校现代德育生态	◎文化底蕴 ◎未来意识 ◎时代强音 ◎立体发展	◎培育具有知识素质和文化修养的现代人 ◎培育具有未来适应性的现代人 ◎培育理解时代和改变时代的现代人 ◎培育生动鲜活、具有立体感的现代人
培育学生世界一流的精神品质与人格风范	◎中国脊梁 ◎世界担当 ◎坚韧自强 ◎卓越发展	◎为学生成为杰出的中国人奠基 ◎为学生成为具有全球胜任力的世界人奠基 ◎为学生成为坚韧奋进、不断超越的优秀学习者奠基 ◎为学生成为世界级的优秀人才奠基
为每位学生的卓越发展与幸福人生奠基	◎契合成长阶段 ◎体验成长快乐 ◎促进最佳发展	◎建构适合中学生的现代德育生态 ◎建构具有幸福体验功能的现代德育生态 ◎建构促进学生实现自我最好发展的现代德育生态

二、德育旗帜：在“全景德育”的品牌建设中优化现代德育生态

为了建设“锦一”的现代德育生态，把“锦一”学子培育成具有世界一流精神品质与人格风范的卓越学生，学校将高举“全景德育”旗帜，在“全景德育”品牌的建设中优化德育生态。

“全景德育”，是以促进“全人”发展为基本目的建构的学校现代德育生态。“全景”原是摄影、绘画领域中的术语，其主要内容是通过把握场景的超大视角，展示周围区域的全部画景，以此强化摄影或绘画作品的整体概貌、真实情境、复杂层次、多元要素和立体美感等。把全景概念引入德育领域，其主要目的是突破学校德育的“象牙塔”困境，正视学校德育的现实性、复杂性与艰巨性，以超大视角建构学校的大德育体系，在大德育体系中优化“锦一”的现代德育生态，提高“锦一”德育的真实性、整体感和立体感，在生动鲜活的情境中提高学生的道德素养。要成功高举“锦一”的“全景德育”旗帜，需要

把握促进“全人”发展、建构全景场域、优化德育生态三个关键。

（一）以促进“全人”发展为宗旨

学生的发展不是支离破碎的发展，而是整体的“全人”式的发展。心理学研究表明，在儿童时代的任何一件事情或任何一点进步，都可能对这个人的其他方面或今后的发展带来一定甚至较大的影响；一个人的局部发展或衰退，可能影响整个人的发展速度与质量。因此，学生的有效发展和有价值的发展，应是“全人”式的发展，打造“全景德育”品牌，应以促进“全人”发展为宗旨。

在中国文化中，“全人”首先是指完整的人，即身心健全的人；其次是指德、智、体、美、劳等全面发展的人；再次是懂得和遵守天地规律，为人处世符合人心向背的人。在西方文化中，“全人”多指个体价值与社会价值完美结合的人，也指全面发展与和谐发展的人。

“锦一”的“全人”，是指身心、智识、品格、思想、境界等和谐发展与完整发展的人。“锦一”的“全人”有三级发展阶梯：一级是身心健全发展的合格“全人”，二级是迎难而上、不断超越的优秀“全人”，三级是知行合一、成果丰硕的卓越“全人”。三级阶梯的“锦一”“全人”的发展标准见表 2.2。

表 2.2　金苹果锦城第一中学“全人”的发展阶梯与判断标准

“全人”发展阶梯	不同阶段“全人”发展的主要标准
合格“全人”	◎身心健全 ◎习惯良好 ◎学习认真 ◎有责任心 ◎课程选修符合要求 ◎了解“四为”精神等学校文化 ◎能当好“锦一”的东道主

续表

“全人”发展阶梯	不同阶段“全人”发展的主要标准
优秀“全人”	在合格“全人”的基础上具备以下特征： ◎身心和谐，积极向上 ◎能理解他人，帮助他人 ◎敢于应对挑战，能迎难而上，抗挫折能力强 ◎能以自己的好习惯影响别人 ◎具有很强的责任心 ◎校内校外都具有积极向上的形象 ◎能合理选择自己的学习层次与班级类型 ◎能合理选择适合自己的课程，积极主动地参与课程学习，收获较大 ◎能积极主动地发展学习内生力、自主学习力、资源整合力和成果表达力 ◎学习有方法、有策略 ◎能在日常行动中体现“四为”精神，能借力发展 ◎能为学校的发展出谋划策 ◎自己的成长令自己满意
卓越“全人”	在优秀“全人”的基础上具备以下特征： ◎积极阳光，充满朝气 ◎富有爱心和奉献精神 ◎知、情、意、行合一 ◎必修课程学习成绩优异 ◎选修课程成果丰硕，质量高，有影响力 ◎积极策划和参与学校活动，活动质量高 ◎中国根基深厚，具有世界视野 ◎自己的作品或参与的活动在国内外获得奖励，产生了较好影响 ◎为学校或他人的发展做出了较大贡献

上述三个阶段的发展标准不是截然分开，而是彼此渗透，不断丰富的，它们共同形成不同发展水平的“全人”。推进以促进“全人”发展为宗旨的“锦一”德育，需要强调以下三个方面。

1. 促进学生分阶段发展或循序渐进地发展

根据合格“全人”、优秀“全人”、卓越“全人”的层级要求，引导学生以现有基础为起点，选择适合自己的发展阶梯，一步一个脚印前行，既不操之过急，拔苗助长，也不无所作为，进步缓慢，而是以适合学生发展的速度，促进学生向卓越“全人”迈进。

2. 促进学生的整合发展

帮助学生在智力与情感、精神与物质、个体与社会、实物与艺术、科学与人文、传承与创造、现实能力与潜在能力等方面实现整合发展的目标。引导学生发展有情感的智力，丰富有知识含量与思想含量的情感；既关注精神的发展，也满足基本物质的需求；既体现个体价值，也彰显社会价值，实现个体价值和社会价值的协调发展；既看重实物，也重视艺术；既提高科学素养，也提高人文素养；既传承已有知识，也鼓励学生不断开拓，努力创新；既重视已有能力的提升，也强化潜能的开发，从多方面促进学生的协调发展。不偏废，不极端，将学生培养成立体发展、整合发展的鲜活的人，是以“全人”发展为德育宗旨的应有之义。

3. 以“四为”精神引领每个学生提升生命意义

理想的“全人”具有高度的责任心，能“为天地立心，为生民立命，为往圣继绝学，为万世开太平”。“锦一”的理想“全人”，应是具有高度责任感和“四为”精神的人。以促进“全人”发展为宗旨的“锦一”德育，应引领学生具有社会意识、国家责任、生命意识、开创精神和政治理想等，帮助学生在履行社会责任的过程中发展自我，在中学阶段形成发展的大格局、大思路和大境界，以此提升自己的生命意义，并为今后的卓越发展打下基础。

“锦一”以促进“全人”发展为宗旨的德育，是促进每位学生有序发展、整合发展和有意义发展的德育，“有序”“整合”“有意义”，是“锦一”“全景德育”的重要特征。

（二）以建构全景场域为手段

“锦一”德育的全景场域，是以建构有利于促进“锦一”“全人”成长的立体空间和超大视角为主要任务，不断优化形成的具有“锦一”特色和“锦一”文化底蕴的师生道德品质与人格风范的发展场域。“锦一”的德育场域，是影响“锦一”人道德品质与人格发展的各要素构成的关系网络及其存在的影响力。一个场域就是一个相对独立的德育空间，这个空间内存在着有形无形的道德与人格影响力。“锦一”的“全景德育”，就是以建构德育的全景场域为重要手段，形成全方位、全过程、全覆盖、全渗透的德育体系，做到人人参与、个个担当、处处渗透、德润无声，帮助学生一路成长、一路欢歌，一路风景、一路收获。

1. 以学生的成长阶段为依据建构德育的时间全景场域

以学生的过去、现在和未来为时间节点，发展学生的现在，兼顾学生的过去和未来，从过去、现在和未来的全景视角，思考学生的现实发展，建构德育的时间全景场域。为此，“锦一”的德育，既要分析学生过去的发展情况，关注学生过去的发展轨迹，提炼出学生的发展速度、特征、潜力与资源，以此为依据，确定学生个体的德育方案，做到德育的因材施教；也要以未来引领现在，把握学生的兴趣和未来的基本打算，明确未来社会的基本特征，根据学生和社会的未来发展需求，确定德育的基本内容和学生现在的发展标准，涵养学生创造未来的智慧，落实德育愿景中的未来意识。同时学校精神中的“为往圣继绝学”和“为万世开太平”，要求“锦一”德育必须建构时间全景场域，因为“往圣”是过去，“继绝学”囊括了过去、现在和未来；“万世”直指未来。

2. 以学生的成长空间为依据建构德育的空间全景场域

在“四位一体”中建构空间全景场域。学校、家庭、社会和虚拟世界构成了学生成长的全景空间，建构“锦一”的空间全景场域，需要建构学校、家庭、社会和虚拟世界的全景图，将学生成长的每一个维度整合起来，形成学生整体发展和综合发展的“四位一体”空间，每一个维度的空间相互呼应，形成道德品质与人格发展的正向影响力。

拓展学生的成长空间，放大全景场域的空间视角。引导学生从家庭到家乡，从家乡到国家，从国家到天下，从天下到宇宙、自然，从宇宙、自然持续美好发展的大视角，建构“锦一”德育的空间全景场域，引导学生思考天下、国家、家乡、家庭、自己和他人应具备的道德品质与人格风范，只有这样，才能逐步养成“为天地立心，为生民立命，为往圣继绝学，为万世开太平”的精神与品格，只有这样，才能“涵养天地正气，培育君子品性；心系万民福祉，成就优质生命；光大圣贤学统，修炼生命智慧；奠定万代基业，共创大同世界”。

3. 以学生的成长事件为依据建构德育的内容全景场域

以学生成长面临的真实问题和生存困境为德育情境，以学生在不同时空中的成长事件为德育素材，从学生成长的不同维度选取有代表性的德育难题和具有一定冲突性的德育事件，以学生的不同角度和不同层次的成长事件为依据，建构德育内容的全景场域。以超大视角发现、筛选和组织学生的成长事件，建构“锦一”的德育内容体系，引导学生在系统化地解决现实的、未来的，生活场景中的、虚拟场景中的问题的过程中，持续提高道德认知能力和解决道德问题的实际能力，以此提高道德品质与人格水平。

4. 以学生的成长路径为依据建构德育的策略全景场域

课堂、课程、活动、生活、作息等，是学生道德成长的基本阵地和主要渠道，“锦一”落实德育内容，推进德育工作的基本方式，是在学生成长的各个渠道中建构德育策略，把德育策略和德育内容统一在学生的成长事件与成长路径中，以此建构覆盖学生各种成长方式和途径的策略全景场域。如课堂上的学科德育、各类课程的浸润式德育、各种活动的体验式德育、各类生活场景的感悟式德育、各类作息要求的历练式德育等，对不同成长方式和途径采用不同的德育策略，形成“锦一”一以贯之的丰富的德育策略，建构“锦一”的全景策略体系。

5. 以学生的成长目标为依据建构德育的评价全景场域

根据“锦一”的“全人”发展要求，以立品立德、立学立业、立身立心、立艺立美为核心内容，以思想品德、学业成就、身心健康、艺术修养、社会实践等为主要板块，建构“锦一”学生的评价全景场域，从多方面引导学生不断发展，避免“唯分数”的评价弊端。

时间、空间、内容、策略和评价的整体设计，有利于形成“锦一”德育的全景场域，从多方面促进学生的立体发展和卓越发展。“锦一”德育的全景场域建设框架见表 2.3。

（三）以优化德育生态为主要保障

要在“全景德育”的引领下，建构德育的全景场域，促进“锦一”的“全人”发展，需要不断优化学校的德育生态，以此为保障促进学校“全景德育”的品牌建设。

“锦一”的德育生态，是以“全人”发展为核心，以全景场域的建设思路，在德育时空、内容、策略、评价、资源等方面形成的和谐关系网络。在这一和谐关系网络中，要重点处理好四对关系。

1. 处理好学生与环境的关系

既引导学生适应环境，也鼓励学生改造环境，让学生在协调自己与真实或虚拟环境关系的过程中学会做人、处事、求知、创新，在学会做人、处事、求知、创新的过程中提升道德素质和人格品质，以形成学生与环境互动共生的发展生态。

2. 处理好共性与个性的关系

既强调社会对所有人的道德素质要求，也鼓励学生保持自己的创造力，在社会规范允许的范围内形成自己的个性，以形成百花齐放的学生发展生态。

3. 处理好平衡与失衡的关系

既让学生在一定时间内保持心理、道德认知、人格发展水平的平衡，也在新的生活情境内引发学生的道德认知冲突与道德能力的不胜任感，促进学生调整和发展自己的道德认知，提升道德素质与人格品质，形成动态发展的德育生态。

4. 处理好竞争与共生的关系

在德育过程中，既要建立一定的竞争机制，引导学生在道德情感、道德认知、道德表现等方面积极发展，力争上游；也要强化团队意识，引导学生互帮互助，共同进步，形成积极互动的德育生态。

“锦一”要举好“全景德育”旗帜，需要处理好“全人”发展、全景场域、德育生态三者之间的关系。其中，“全人”发展是圆心，全景场域是载体，德育生态是保障，其关系如图 2.1。

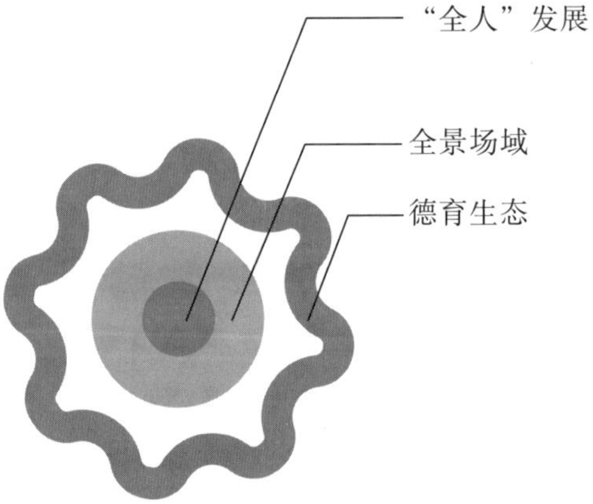

图 2.1 “全人”发展、全景场域、德育生态关系图

“锦一”要举好“全景德育”旗帜，除处理好“全人”发展、全景场域、德育生态等关系外，还需要抓住三个方面的核心要素（表 2.3），理清各要素之间的关系，系统思考“全景德育”的品牌问题。

表 2.3 “全景德育”的主要维度与核心内容

主要维度	基本要求	内容要点
促进“全人”发展	促进学生循序渐进发展	◎合格“全人” ◎优秀“全人” ◎卓越“全人”
	促进学生整合发展	◎智力与情感 ◎精神与物质 ◎个体与社会 ◎实物与艺术 ◎科学与人文 ◎传承与创造 ◎现实能力与潜在能力
	提升生命意义	◎责任心 ◎“四为”精神 ◎大格局 ◎大思路 ◎大境界
建构全景场域	以学生的成长阶段为依据建构德育的时间全景场域	◎过去 ◎现在 ◎未来
	以学生的成长空间为依据建构德育的空间全景场域	◎在“四位一体”中建构空间全景场域 ◎拓展学生的成长空间，放大全景场域的空间视角
	以学生的成长事件为依据建构德育的内容全景场域	◎真实问题（生存困境） ◎成长事件
	以学生的成长路径为依据建构德育的策略全景场域	◎课堂 ◎课程 ◎活动 ◎生活 ◎作息 ……
	以学生的成长目标为依据建构德育的评价全景场域	◎立品立德 ◎立学立业 ◎立身立心 ◎立艺立美

续表

主要维度	基本要求	内容要点
优化德育生态	处理好学生与环境的关系	形成学生与环境互动共生的发展生态
	处理好共性与个性的关系	形成百花齐放的学生发展生态
	处理好平衡与失衡的关系	形成动态发展的德育生态
	处理好竞争与共生的关系	形成积极互动的德育生态

“全景德育”和“全息课堂”“全息课程”都以促进“全人”发展为核心，都注重培养学生的“四为”精神，都致力于引导学生“涵养创造未来的智慧，沉淀行走全球的品格”，都强调整体育人和全面发展，三者共同构成了学校的育人生态，其关系如图 2.2。

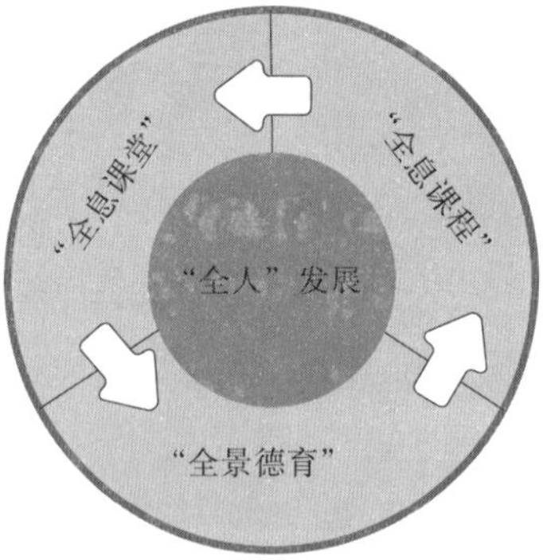

图 2.2 “全景德育”“全息课堂”与“全息课程”关系图

三、德育主张：在大视野、全景致的德育场域中优化学生的成长过程

为落实“促进‘全人’发展”的德育宗旨，构建德育的全景场域，优化“锦一”的现代德育生态，“锦一”德育将坚守和落实在大视野、全景致的德育场域中优化学生成长过程的主张。

（一）以培育“四为”精神的大视野定位学生的成长航标

以“四为”精神促进“全人”发展，培育具有“四为”精神的“全人”，是“锦一”德育的重要使命。要完成这一使命，需要坚守和落实三个方面的理念。

1. 以人的全景发展定位学生的成长航标

根据学生发展的健全性、完整性、充分性、差异性、终身性等要求，勾画学生的成长蓝图，确立学生的成长方向，以此建构学生的评价指标和“锦一”学生的全景式综合素质评价系统。

2. 以“四为”精神引领学生的全景发展

将“为天地立心，为生民立命，为往圣继绝学，为万世开太平”的精神追求落实到德育的各领域、各环节，把“天地”“生民”“圣贤”“万世”“开太平”等隐含的德育要素，渗透到学生成长事件和学校德育事件中，把是否具备“四为”精神作为衡量学生健全性、完整性、充分性、差异性、终身性的标准，引导学生在更高的平台上，“涵养天地正气，培育君子品性；心系万民福祉，成就优质生命；光大圣贤学统，修炼生命智慧；奠定万代基业，共创大同世界”。

3. 站在人类总体发展的高度优化成长航标

以“联结世界，引领未来”的格局，把握和预测人类的全景发展特征与要求，站在人类发展的广度、高度上，在把握人类发展总体走向的基础上，优化和细化“锦一”“全人”的发展航标与目标。

（二）以“创造未来”“行走世界”的全景致开拓学生的成长路径

“未来”牵动时间全景，“世界”牵动空间全景，只有时间和空间立体交织，才能形成学生发展的全景致。只有在全景致中开拓和丰富德育路径，才能形成学生发展的立体网络，才能为优化学校的德育生态创造良好条件。在全景致中开拓学生的成长路径，需要重点关注四个方面。

1. 把每一个“锦一”人变为精美的景致

“锦一”的全景致是全体学生构成的美好景致，把“锦一”的每位学生都当成潜力无尽的宝库，把每位学生都培育成看不尽、说不完的美好景致，是“锦一”德育坚守的理念。在“锦一”的德育园地里，每一个“锦一”人都是校园内外一道亮丽的风景线，都能用优雅的一言一行映照出高水准的学生素养和公民素养，都能用良好的精、气、神折射出较高的精神境界，都能用自己的特长诉说自己的最优成长。在“锦一”的校园里没有失败者，只有更好的自己，“锦一”德育的重要任务，就是引导学生发现自己的独特之处，发展自己的优势领域，以优势领域带动其他领域的发展，使自己成为现在和未来、中国和世界的一道精美景致。

2. 所有“锦一”人共创精美景致

“各美其美、美人之美、美美与共”（费孝通语），在“锦一”的校园里没有配角，每个人都是校园的主人，从我做起，志存高远，追求卓越。学会与人合作，在交流、分享和创造中“涵养创造未来的智慧，沉淀行走全球的品格”，在每一个“锦一”人的共同努力中，创造出世界一流中学的美好景致。

3. 在每一条道路上留下最美的成长风景

人生处处皆风景，一切经历都是财富，每位“锦一”人所迈出的每一步，都应成为人生路上的成长风景，不同路上的成长风景连缀起来，就能构成“锦一”人道德品质与人格发展的全景致。住校生活的独立成长体验、课堂上积极思考的收获、选修课中不一样的风景、课外活动绽放的活力、社团活动的集体攻关、项目学习中应对挑战的艰难与快乐……都是滋养学生德性的肥沃土壤与甘泉玉露，都能帮助每位学生绽放美德的花朵，结出人格的硕果。“锦一”德育的任务之一，就是引导学生在不同的成长路径上积累创造未来的智慧，提升行走世界的品质，以此磨砺自己的品性，滋养自己的灵魂，丰盈自己的生命，建构自己发展的全景图。

4. 在“未来”和“世界”中创造美好景致

“锦一”德育不仅要引导学生立足当下创造精彩的看得见的“近景”，还要引导学生立足未来创造更精彩的“远景”，胸怀“联结世界，引领未来”的宏远目标，帮助学生把好行为转化为好习惯，把好习惯转化为好品质，把好品质转化为好人格。“一生幸福，一生美景”，是“锦一”“全景德育”不变的追求。

（三）以“在发现世界中发展自己”的大思路丰富学生的成长经历

“锦一”推进“全景德育”的过程，就是引领学生不断发现，并在发现中不断发展的过程。

1. 学校在“发现”中建构德育场域

首先是发现家长的优势和优点，把家长的优势和优点开发为学校的德育资源。其次是发现和利用社会上的德育资源，既把“往圣”的“绝学”变为德育资源，也把社会事件转化为德育资源；既立足中国寻找德育资源，也放眼世界优化德育资源；既立足现实生成德育主题，也着眼未来丰富德育内容，在中外古今的德育沃土上发现有利于“锦一”的德育因素，以建构更大视角的有利于“在发现中发展学生”的德育场域。

2. 教师在“发现”中生成德育智慧

首先是发现学生的优点和潜力，生成利用学生优点和潜力进行德育的智慧。其次是发现德育资源，在学科教学、选修课程、课外活动、社团活动等不同领域发现德育资源，生成有效利用这些德育资源的智慧。第三是在班级事件中发现德育契机，生成及时发现和利用班级事件进行德育的智慧。

3. 学生在“发现”中滋养美好德性

首先引导学生自己发现自己的优点和潜力，帮助学生有效利用自己的优点和潜力发展自己。其次是引导学生发现自己的不足，探究改进不足的方法，在发现和改进不足的过程中发展自己。第三是引导学生发现同学、师长、朋友的闪光点，探究将别人的闪光点变为自我成长养料的方法，在发现和利用别人优点的过程中发展自己。第四是引导学生发现人类已有智慧对自我成长的帮助，运用人类已有智慧滋养自己高品质的德性。第五是引导学生关注未来，在发现未来世界和未来自我的过程中调整自我，在发现和应对未来的过程中发展自己。

上述三个方面的“发现”不是彼此割裂，而是相互关联的，它们共同构成“锦一”德育的大思路。

（四）以“从外源到内生”的新思维改变学生德性的滋养方式

建构全景致的德育场域，是为了从更大视角和更高层面构筑学生道德滋养的良田沃土，改变“碎片式德育”“灌输式德育”“浅表性德育”“外源性德育”等现状，从外源式德育走向内生式德育，引导学生在全景致的德育场域中体验、感悟、内化、改变，帮助学生从心底生长出美好的德性，在不经意的言行中流露出高尚的人格，实现道德品质与人格风范的内生发展与持续成长。为此，“锦一”的“全景德育”将重点采用如下思路。

1. 树立和落实主体性德育思想

把学生作为德性生长的主体，树立“外在灌输的德性只能保留一时，难以终其一生；只有从心底萌芽并不断生长的德性，才能成为人格底色，才能变为行走世界的力量”的观念；“在战斗中学会战斗”，在道德认知冲突的化解中认知道德，在道德难题的解决中感悟道德，在跨越道德沟坎的过程中提升德性水平，是“全景德育”的要义。要抓住“全景德育”的要义，就应把学生作为真正的道德主体，唤醒学生内在的道德力量，而不是盲目灌输道德教条；让他们自己行走在德性生长的路上，而不是抱着他们快速前行，让每一位学生成为德性生长的主人翁而不是旁观者。

2. 以道德责任培育道德主体

“锦一”学生的道德责任，是在全景致的德育场域中，对善恶、美丑、真假等形成的辨别、认同能力以及承担的相应责任。自觉承担道德责任是学生成为道德主体的重要标志。“锦一”的“全景德育”，是在全景致的德育场域中，让学生感受真实的生活与社会，在真实的社会生活中承担和履行道德责任，在履行道德责任的过程中直面问题、化解困境，在应对问题和化解困境的过程中提升道德认知水平和解决道德问题的能力。“全景德育”中的道德责任，是一种大视角的道德责任，包括对自己的生命和发展负责，对父母、师长的爱心与帮助负责，对同学、朋友的信赖与关心负责，对家庭、学校、社会、国家、世界和自然的培育与养育负责等。“锦一”学生还肩负着“为天地立心，为生民立命，为往圣继绝学，为万世开太平”的责任，“锦一”的“全景德育”，应引导学生形成为天地间社会伦理与正常秩序负责的使命感；为天下万物各得其所，活出生命精彩而负责的仁爱之心；为继承文化传统，涵养生命智慧而负责的宏伟志向；为国家和世界的持续美好发展而负责的政治抱负等。

3. 以德性内生强化道德责任

道德责任是一种较为虚化的责任，难以用一种量化的标准衡量所有道德责任的履行水平，只有内生了道德责任，才能自觉地、高质量地履行道德责任。要内生道德责任，需要转换德育思维方式，即由“道德规训”的德育思维方式向“主体内生”的德育思维方式转变，减少和改变德育的封闭性、外在性、强制灌输性等规训方式，强调全景致德育场域中学生内在的道德主体性和创造性，从外在灌输向内在生长转型，从“授—受”方式向道德建构转型。在新的德育思维方式的指引下，“锦一”的“全景德育”，应是学生在既定的成长航标的指引下，在不同的成长路径上丰富成长经历，激活德性内生的能力。如在不同类型的学习中，引导学生自主地进行大量的克服无知的个体或合作活动，帮

引领未来
Steering forward with a brighter future
联结世
联结世界

清华大学彭林教授讲座——礼乐文明与中国文化精神

四川师范大学李凯教授讲座——张载及“横渠四句”

中国航空研究院副院长杨伟讲座——少年应有凌云志，敢为砥柱立中流

电子科技大学周涛教授讲座——如何才能不被未来遗弃

校外成长导师与学生面对面

走向远方

GOING
THE DISTANCE

Embeds deep roots in Chinese culture
Embodies educational reform with Chinese style
Aspires to become a world class school
Inspires teachers and students' intelligence for the future

厚植中华民族的文化基因　　体现教育改革的中国气派
做优学校发展的世界格局　　点燃师生行走的未来智慧

Golden Apple Jincheng No.1 Secondary School

助他们在和谐的、创造的、愉悦的学习中，把仁爱、友善、合群转化为自身成长的“本性”；再如，在文化的、创造的、诗意的课堂中，让学生向真、向善、向美的天性得到张扬，以良好的学习状态、精神面貌和对真善美的高度敏感性，形成积极向上的道德心态与道德责任等。

4. 以知行合一促进道德内生

道德教育的重要任务，是帮助受教育者持久地进行道德实践。只有道德信念的实践和不断实践的道德信念，才能使道德的“知”与道德的“行”相伴而生。让道德认知在日常的一言一行中内化，让日常的一言一行在道德认知的引领下更有理性，更符合道德责任的要求，这样点滴践行，坚持不懈，就能在内心深处生长出美好的德性，进而转化为人格风范。因此，“锦一”的“全景德育”，是在知行合一中促进道德内生的德育。

“锦一”的孩子都是好孩子，让“锦一”的孩子在优质的学习与生活中自己成为好孩子，是“锦一”“全景德育”始终坚守的思维方式。

四、战略任务：在德育体系的建设中打造“全景德育”品牌

要实现上述愿景，落实上述主张，持续打造“全景德育”品牌，必须真正克服德育价值模糊化、德育内容简单化、德育过程形式化等弊端。为此，学校将通过 3～6 年的努力，完成以下战略任务。

（一）以“锦一”文化为引领建构“锦一”人的道德信仰体系

道德信仰，是人们认同并坚守的最高道德目标与境界，是对善、对真、对美的虔信、敬畏与奉行。缺失道德信仰的德育，是浅层次的无法持续的德育。“锦一”的“全景德育”，是有道德信仰的德育，以“锦一”文化为引领建构“锦一”人的道德信仰体系，是“全景德育”品牌建设的战略任务之一。

“锦一”人的道德信仰体系建设，除了强调对善、对真、对美无限虔敬与奉行之外，还应根据“为天地立心，为生民立命，为往圣继绝学，为万世开太平”的学校精神和“涵养创造未来的智慧，沉淀行走全球的品格”的学生成长目标，建构道德信仰体系，以帮助学生持之以恒地养成学校精神，实现成长目标。

（二）以道德意志的养成为核心建构“锦一”的德育内容体系

道德意志，是道德发展的方向、理想，以及在现实生活中坚守这一方向、理想的恒心与毅力。坚守和践行道德信仰，需要具备一定的道德意志，“锦一”的理想“全人”，是具有道德信仰和道德意志的人。

为了培养“锦一”人坚守道德信仰的决心，提升“锦一”人的道德意志，需要建构以道德意志养成为核心的“锦一”德育内容体系。既要根据“全人”发展需要的道德意志建构德育内容体系，也要根据德育场域隐含的道德意志的养成要素建构德育内容体系，还要根据道德意志的养成规律与特征建构德育内容体系，并将这些内容分布到德育课程、德育活动、德育项目和班会内容中，在不同的德育路径上强化道德信仰和道德意志，只有这样，才能从多方面涵养“全人”发展的主心骨，促进学生的全面发展和持续发展。

（三）以全景整合为原则建构“锦一”的德育策略体系

全景整合，是指整合“锦一”德育全景场域中的不同要素，形成立体推进德育工作，促进学生整体发展的思路与策略。以全景整合建构的“锦一”全景德育策略体系，要兼顾“全人”发展的基本要素，要符合儿童德性生长的特征，以学校的主要活动形式为载体，建构丰富多样的策略，以多样化的策略形成“全景德育”的策略体系。

（四）建立、完善和用好学生综合素质评价体系

“全人”发展的实质是学生的综合素质得到了有效发展，德育是促进学生综合素质发展的重要方式。综合素质评价既能检验学生道德素质与人格发展的状况，也有利于引导学生根据评价结果调整自己，以实现更好的发展。“全景德育”品牌的建设，需要在使用国家有关学生综合素质评价体系的基础上，补充和细化能体现“全人”发展和“全景德育”的评价指标，以更好地引导学生实现“全人”发展的目标。

（五）建立和使用“全景德育”资源库

根据“全人”发展和“全景德育”的要求，以道德信仰、道德意志或课程、课堂、活动、班会、社团等为主要分类标准，建设“全景德育”资源库，并逐步提高资源库的使用率。

第二部分　实践篇

根据上述德育愿景、德育主张、德育旗帜和战略任务，“锦一”的“全景德育”将在以下方面着力推进实践改革。

一、“全景德育”的实践思路

以“文化引领，过程整合，知行合一”为实践思路，推进“全景德育”的实践改革。

（一）文化引领：在多层级、多维度文化的引领下建构“全景德育”场域

文化是德性的根基，只有有文化的德性才具有道德内生力，才能真正形成道德信仰，提高道德意志。“锦一”的“全景德育”，是用多层级、多维度的文化滋养出的德育。要建构“锦一”的“全景德育”场域，需要建设不同层级和不同维度的学校文化，只有这样，才能在德育的过程中发挥文化引领的作用。

不同层级的文化，主要指学校文化、年级文化和班级文化，只有三个层级的文化相互呼应，层层落实，才能形成具有正向引领力的文化氛围。

多维度的文化，是指在德育、教学、生活三个维度上建立的“全景德育”文化、“全息”学习文化和积极生活文化，多种维度的文化相互呼应，共同构成学生的“全景德育”场域。

（二）过程整合：在横向和纵向的整合中提高德育的过程质量

把德育的过程变为学生成长的独特景致，把学生成长的独特景致汇聚为“全景德育”的大风景，这是“锦一”德育的过程追求。要实现这一追求，需要在德育过程中遵循“在横向和纵向的整合中提高德育的过程质量”这一

思路。

1. 纵向整合德育过程，形成纵向发展的德育景致

纵向整合德育内容，形成中学阶段的阶梯式德育内容体系。整体规划中学的德育内容，在充分了解学生道德素质发展状况的基础上，形成七年级至九年级的梯度发展内容，引导学生在阶梯式的德育内容中一步一个脚印，把每一个脚印变为道德素质发展的一个节点，将这些节点串起来形成生命的发展轨迹。在学生工作部的整体规划下，逐步形成学生发展指导序列、班会课序列、德育活动序列、学科德育序列、项目研究序列等，不同序列相互呼应，逐层深化、螺旋式发展，实现德育内容的序列化，促进德育内容的纵向整合。

纵向整合德育策略，形成阶梯式发展的德育策略体系。根据学生的认知发展规律和德性养成的阶段特点，建构与阶段德育内容相匹配的阶段德育策略，七年级以活动体验为重点建构德育策略，八年级以道德认知和道德体验并重的思路建构德育策略，九年级以道德体验和道德自律为重点建构德育策略，高中以此为基础，围绕道德责任、道德信仰等建构德育策略，以此促进德育策略的纵向整合。

纵向整合德育评价标准，形成阶梯式的德育评价体系。与阶梯式的德育内容和德育策略相匹配，根据“全人”的阶段发展要求，建构阶梯式的综合素质评价标准，促进德育评价标准的纵向整合。

2. 横向整合德育过程，形成横向优化的德育景致

横向整合，是指不同德育路径相互呼应、彼此补充，形成合力促进学生发展的德育场域。

一是课堂整合。包括同一学科在不同课堂上的德育整合，同一学科在不同层次的课堂上的德育整合，不同学科课堂的德育整合等。学科课堂的德育整合，主要以“全息课堂”中的“目标分解表”为依据，在“目标分解表”上体现本学科或不同学科德育目标的定位以及具体分布，并在学习单的设计与使用中落实德育目标。

二是课程整合。以“全息课程”为总纲，在遵循“全息课程”的有关理念与要求的基础上，整合相关课程，把德育课程、学科必修课程、学科选修课程、跨学科课程等整合起来，形成整合性的德育课程阵地，以提高课程多方面的发展力。长期以来，不少老师习惯于分科教学，按照学科自身内在的逻辑组织教学内容，但现实生活中的问题往往是复杂的、综合的、立体的，要解决道

德问题，化解道德冲突，需要学生具备综合运用知识解决问题的意识和能力。如讨论朝鲜半岛危机问题，涉及地理位置、自然环境、社会环境、历史渊源、地缘政治、国际局势等多种因素，可以整合历史、地理、生物、道德与法治等学科，形成跨学科的有深度的教育专题，促进学生调动多学科知识解决现实问题，提升自己的道德判断力与化解道德冲突的能力。又如七年级上期的道德与法治、心理、班会等，可以大胆整合，使不同板块的学习更深透、更全面、更系统。

三是活动整合。正如顾明远先生所说："教书育人在细节处，学生成长在活动中。""活动"犹如德育中一颗颗闪亮的明珠，为提高德育活动的实效性，需要将这些明珠有机地串联起来，将活动系列化、主题化、结构化，充分发挥每一个活动的育人功能，实现活动全面育人功能的整合。"锦一"的德育活动不是作秀，"锦一"有专门的德育活动，有依托社团开展的活动，有在项目学习中开展的活动，有在选修课程中参与的活动，更有课堂学习中的活动，只有将各种活动整合起来，共同发挥德育功效，才能提高活动的德育价值。如让德育活动扎根课堂，让活动彰显课堂学习成果，学生在课堂学习中习得技能，人人拥有参与活动的机会，人人具备取得佳绩的能力。再如艺术节中的班级画展，就是学生优秀的美术作业的作品展；班级合唱比赛，就是音乐课的成果展；诗歌朗诵，就是语文早读成果汇报等。学科老师将相关德育活动的内容纳入学科教学计划，让学生不仅学习知识，还能有属于自己的高水平的作品，这就能激发学生的学习兴趣，让学生体验成功的愉悦，获得相应的发展。

四是德育与心育整合。以"学生发展指导"为统领，促进德育与心育整合。德育与心育既有区别，又相互联系，相互作用，共同培养学生健全的人格。人格包括品德（信仰、公德、法制）和性情（兴趣、性格、情绪）。国内外的研究表明，只有心育与德育共同作用，才能培养出自我、本我、超我相互协调，品德、性情皆佳的健全人格。无论是学科教师还是班主任，都要在自己的"阵地"上把德育和心育整合起来，促进学生人格的健全发展。

五是整合学校德育与家庭德育。学校的德育工作离不开良好的家庭教育，怎样让家长成为学校教育的同盟军，而不是教育的阻力，这是"锦一""全景德育"必须解决的问题。学校将采取办好家长学校、建立家校互动平台、开办家长沙龙、增设家长开放日等方式，通过系列化的课程学习、实践指导、学生实际发展状况反馈，颁发"锦城一中荣誉家长"证书等办法，提高家长的德育水平，逐步加大学校德育与家庭德育的整合力度，提高家校整合育人水平。

六是学生综合素质发展评价的整合。有效的评价不是给学生一个等级或分数，而是让学生通过评价认识自己。“锦一”将运用一套科学的评价工具，全面立体地评价学生的技能、知识、能力、态度和视野，力求在以下四个维度上实现整合。首先是实践活动。主要评价班级内学生组织开展的各类班级活动和以班级为单位参与的学校与社会活动的实际质量，其评价主体往往是班主任、年级主任、学校领导、社会人士等等。例如班级值周、担任班委干部、校园大型活动等，均有极其丰富的活动资源和评价资源，“锦一”的学生综合素质评价和团队德育工作的评价，要充分利用并整合不同活动中的评价资源。其次是日常观察。无论是学生自己，还是老师，都可以借助日常观察，形成丰富的发展评价信息。将相关评价日常化，通过师生记录作业、课堂表现，当日做的好人好事等，呈现学生每天的成长点滴，最后形成学生个人成长的轨迹。这种记录和评价，既有利于老师在日常生活中研究学生，将对学生的理解转化为新的教育设计的起点，又有利于学生及时反省自查，自我鼓励或鞭策，使其不断变成更好的自己。第三是学生作品。在班级建设中，学生的“作品”渗透在全部的班级生活内容中，如班级里的岗位工作质量、班级内社团的运行状态，班级报纸、教室外墙、板报等，相关班级活动的方案与成果、学生创造的班级的相关标识等，都是学生的作品。这些作品是学生的行为方式、思维方式、精神内涵、学习状态等的综合体现；作品本身的发展轨迹，更能显示出学生的发展历程。“锦一”的综合素质评价，将高度重视不同领域内的学生日常作品，通过整合学生的日常作品，对学生的发展状况进行综合判定。第四是行为、思维、精神、境界的整合。“锦一”的评价关注学生行为方式的培养，包括策划、践行、反思与重建；注重学生思维方式的优化；促成学生的精神发育，包括学生体验的丰富、情感的发展、道德与信仰的形成等；注重提升学生的学习境界，包括学会学习、享受学习等方面。“锦一”对学生综合素质的评价要力求促进这四个方面的整合。

七是资源整合。“全景德育”要广泛调动和整合社会资源，以更加开放的视野、多元的思维，充分挖掘和利用社会资源的德育价值。“锦一”将整合和利用场馆资源，如博物馆、科技馆、图书馆、展览馆等，并对其进行深度开发和利用；整合和利用高校的人才、图书馆、实验场馆等资源；整合和利用校外导师资源，充分利用金苹果教育集团的优势，引入社会精英担任学生成长导师，并据此整合和利用他们的资源；整合和利用家长资源，发掘来自各行各业的成功家长资源等，通过不同层次和不同方面的资源整合，形成“锦一”的“全景德育”资源。

3. 整合纵向和横向内容，建构纵横交织的有操作性的“全景德育”体系

根据学生成长的需要，把“全景德育”“全息课堂”和“全息课程”的纵向内容与横向内容整合起来，形成纵横交织的德育内容、策略、评价与资源体系，在立体的德育场域中促进学生有序而全面地发展。

（三）知行合一：促进道德信仰、道德责任、道德意志和日常行为的互动生长

“锦一”的德育过程，是促进学生的道德认知、道德情感、道德信仰、道德责任、道德意志与道德行为协同发展、互动发展的过程。

1. 提高学生的道德认知水平

在德育专题活动、学科教学、选修课教学中，依托活动、课堂和课程丰富学生的道德认知，明确“锦一”的道德信仰和道德责任。让学生明确道德是什么，有道德的人应该做什么，如何用道德的视角审视和评论社会现象，如何用道德的方式化解矛盾冲突等，以此发展学生的道德认知能力。

2. 在道德体验中改善日常行为

“锦一”的德育过程，是组织学生进行社会活动与交往的过程，“锦一”的“全景德育”具有广泛的社会性和很强的实践性。在做中学，在体验中悟，在评价中省，在反思中化，是“锦一”“全景德育”的主要特征。在体验中学习，是学生在课程学习中必经的途径，“锦一”的德育将在提升学生道德认知水平的同时，引导学生把道德认知转化为实际行为，用行为的变化体现道德认知水平的发展。

3. 在管理与评价的改革中促进知行合一、知行互动

关注细节、抓住关键、强化管理、落实评价、促进反思，通过系列措施促进学生知行合一，真正提高学生的道德素质与人格水准。

二、“全景德育”的实践策略

为落实上述实践思路，切实有效地创建“全景德育”品牌，学校将在3～6年内建构和完善以下策略。

（一）确立“锦一”的道德信仰体系，提高“锦一”文化的引领能力

1. 建构道德信仰体系，让“锦一”人成为有道德信仰的人

“锦一”的道德信仰体系，主要从坚守“四为”精神的道德信仰、“创造未来”的道德信仰和“行走全球”的道德信仰三个方面形成基本框架，并根据这一框架不断细化，形成“锦一”“全景德育”中的道德信仰教育总纲，这是“全景德育”的灵魂和德育内容、策略、评价、资源的建设依据。“锦一”道德信仰的基本框架如图 2.3。

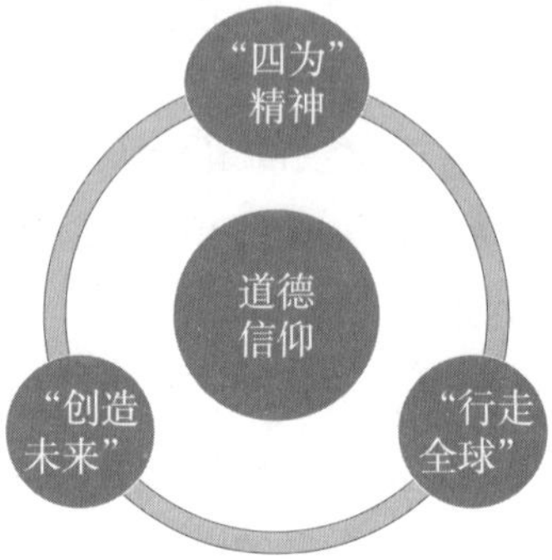

图 2.3 “锦一”道德信仰框架图

（1）建构落实“四为”精神的道德信仰体系

建构“为天地立心”的道德信仰体系。“为天地立心”的核心是“涵养天地正气，培育君子品性”，“天地正气”和“君子品性”体现在不同层次中，可根据不同层次建构不同范围内的道德信仰内容。首先是回答有关“家庭正气”与“君子品性”的道德信仰是什么的问题，并以此为依据建构“为家庭立心”的道德信仰体系；其次是回答有关“学校正气”与“君子品性”的道德信仰是什么的问题，并以此为依据建构“为学校立心”的道德信仰体系；第三是回答有关“社会正气”与“君子品性”的道德信仰是什么的问题，并以此为依据建构“为社会立心”的道德信仰体系；第四是回答有关“国家正气”与“君子品性”的道德信仰是什么的问题，并以此为依据建构“为国家立心”的道德信仰体系；第五是回答有关“世界正气”与“君子品性”的道德信仰是什么的问题，并以此为依据建构“为世界立心”的道德信仰体系；第六是回答有关“自然正气”与“君子品性”的道德信仰是什么的问题，并以为依据建构“为自然立心”的道德信仰体系等，这些方面的道德信仰共同构成了“为天地立心”的道德信仰体系。

建构“为生民立命”的道德信仰体系。“为生民立命”的核心是“心系万民福祉，成就优质生命”，“万民”和“生命”均具有较为广阔的空间和丰富多样的对象，针对不同范围的对象应形成不同的道德信仰，并据此建构“为生民立命”的道德信仰体系。首先是回答“心系自己福祉，成就自己的优质生命”需要怎样的道德信仰的问题，并以此为依据建构“为自己立命”的道德信仰体系；其次是回答“心系亲朋福祉，成就亲朋的优质生命”需要怎样的道德信仰的问题，并以此为依据建构“为亲朋立命”的道德信仰体系；第三是回答“心系弱势群体福祉，成就弱势群体的优质生命”需要怎样的道德信仰的问题，并以此为依据建构“为弱势群体立命”的道德信仰体系；第四是回答“心系动植物福祉，成就动植物的优质生命”需要怎样的道德信仰的问题，并以此为依据建构“为动植物立命”的道德信仰体系等。

建构“为往圣继绝学”的道德信仰体系。“为往圣继绝学”的核心是“光大圣贤学统，修炼生命智慧”。“学统”和“道统”相连，“光大圣贤学统”，既要光大圣贤学统，也要光大圣贤道统；生命智慧，是直面生存困境并努力超越的智慧，包括面对生存困境的智慧和超越生存困境的智慧。“圣贤”和“生命”也具有不同范围，也应建立不同的道德信仰体系。首先是回答如何“光大中国圣贤学统，修炼具有中国根基和社会主义核心价值观的生命智慧”的问题，并以此为依据建构“为中国往圣继绝学”的道德信仰体系；其次是回答如何“光大世界圣贤学统，修炼包容世界、行走全球的生命智慧”的问题，并以此为依据建构“为世界往圣继绝学”的道德信仰体系。如果从科学、人文、艺术来划分，还可以将“中国往圣”和“世界往圣”的“绝学”进一步划分，建构“为科学继绝学”“为人文继绝学”“为艺术继绝学”的道德信仰体系等。

建构“为万世开太平”的道德信仰体系。“为万世开太平”的核心是“奠定万代基业，共创大同世界”，“万世”隐含着历史、现在和将来，建构“为万世开太平”的道德信仰体系也包含三个方面的内容。一是回答如何看待历史上的太平与不太平的问题，因为没有历史就没有今天，没有历史也没有未来，并回答历史上的“开太平”为今天和将来的“开太平”留下了什么的问题，以此为依据建构看待和运用历史上的“开太平”的道德信仰体系；二是回答如何看待和维护今天的“太平”的问题，以此为依据建构为当代“开太平”的道德信仰体系；三是回答如何为将来“开太平”的问题，以此为依据建构为将来“开太平”的道德信仰体系。

（2）建构“创造未来”的道德信仰体系

“创造未来”的道德信仰体系主要包含相信未来、应对未来和创造未来三方面内容。一是建构“相信未来”的道德信仰体系，相信自己、社会和国家的未来是美好的，我们在这样的美好未来中，一定能积极乐观地生活，只有具备这样的道德信仰，才能激发自己多方面的潜能为未来服务。二是建构“应对未来”的道德信仰体系。如何才能具备积极应对未来挑战的勇气和态度？如何才能提高分析和预测未来的能力？如何才能激活自己的潜能，把自己的水平发挥到极致，为未来奠定更好的基础？如何学会选择，将注意力集中在适应未来发展的事情上？这些构成了“应对未来”的道德信仰的重要内容。三是建构“创造未来”的道德信仰体系。未来不是用来等待的，而是用来创造的，要创造未来，应具备怎样的态度和信仰？这是“全景德育”需要建构的内容。

（3）建构“行走全球”的道德信仰体系

“联结世界”“沉淀行走全球的品格”，既是“锦一”文化的要求，也是“锦一”“全景德育”的建设任务。要完成这一任务，需要建构“行走全球”的道德信仰体系。一是建构“热爱世界，走向世界”的道德信仰体系。对世界抱有信心，对世界心怀善意，满含走向世界的热情，坚持行走全球的决心，这是建构“热爱世界，拥抱世界，走向世界”的道德信仰体系的重要内容。二是建构“胸怀全球”“爱满天下”的道德信仰体系，引导学生海纳百川，情系世界，树立“为世界的和平、美好做出自己的贡献”的意识，并为行走全球做好道德与人格上的准备。

2. 沉淀育人文化，让“锦一”成为拥有世界一流文化的学生成长园地

（1）建设纵向支撑的育人文化，形成学校的纵向文化全景

建设和沉淀学校文化。着力细化和具化“锦一”文化，让“锦一”文化成为“锦一”人德性滋养和卓越成长的总纲。以“创办世界一流中学，做好受益终身的教育”的办学愿景，“联结世界，引领未来”的办学目标，“为天地立心，为生民立命，为往圣继绝学，为万世开太平”的学校精神，“涵养创造未来的智慧，沉淀行走全球的品格”的学生成长目标，“在发现世界中发展自己”的学生成长理念等建构学校文化。建设校园“硬文化”，营造现代与古典结合、科技与人文共生的校园文化环境；普及校训、校徽、校歌等“软文化”，让学校的精神成为师生的共同追求。树立“读书育人”的观念，大兴读书之风，利用每周一节的全校阅读课，为学生搭建走进经典的桥梁，丰富学生的知识，开阔学生的视野，充实学生的精神世界，帮助学生实现“读书人生、文化人生、成功人生、幸福人生”的追求。通过“锦一”文化的引领，建构“锦一”的

“全景德育”场域，促进“锦一”学子实现“全人”发展的目标。

建设年级文化，打造年级发展的积极风貌。以“高位求进、协作攻关、不忘初心、精致服务、积极阳光、坚守卓越”为关键词，细化和具化学校文化，形成各具特色的年级文化，以年级文化振奋年级师生的精、气、神。“高位求进”，是以“创办世界一流中学，做好受益终身的教育”为年级文化建设的起点，在此基础上思考和创新年级工作和德育策略；“协作攻关”，是指建立有利于班主任协作攻关、班主任和学科教师协同攻关、分层教学协作攻关、行政班主任和学科班主任协同攻关的制度与文化，形成协同攻关、共渡难关、共创辉煌的年级文化氛围；“不忘初心”，是指在年级建设中始终牢记高远的志向和推进改革的决心，并持之以恒地落实学校文化和学校的战略规划。“精致服务”，是指树立“把想法落到实处，把细节做到极致”的意识，营造精致服务的文化氛围；“积极阳光”，是指营造“正向思考，发现优点，积极建设，乐观期待”的年级文化，让阴暗心理和负能量无立足之地；“坚守卓越”，是指营造不放松自己、不将就做事的氛围，始终以高标准要求自己的学习与工作，营造年级持之以恒追求卓越的奋斗氛围。通过年级公约、年级攻关项目、年级风貌评比等多种方式促进年级文化的建设与践行。

建设积极健康的班级文化。根据学校文化和年级文化的总体追求，建设体现各班特色的班级文化，在班级文化的建设中引导学生提高德性修养和发展能力。通过班风建设、教室设计、开展班级文化活动以及教师的言传身教等，学生能在潜移默化中受到熏陶与感染，形成积极的道德情感，并将道德认识内化，升华为道德信念和道德信仰。学校将通过开展教室美化大赛、班徽班旗设计大赛、班级外墙评比等将教室布置得美观、整洁，让每一面墙壁、每一扇窗户都变为德育的阵地，让学生在班级中感受文化的熏陶。

（2）建设横向呼应的育人文化，形成学校的横向文化全景

建设“锦一”的“全景德育”文化。“锦一”的“全景德育”文化，以“大视角聚焦、全景致选择、生活化体验、精神性成长、细节处优化”为关键词，细化文化内容与浸润方式。“大视角聚焦”，是在家庭、学校、现实社会、虚拟世界等全方位的观照与审视中，聚焦儿童成长和学生发展，合理引进与整合家庭事件、学校事件、现实社会事件、虚拟世界事件等，使之形成德育合力，避免“5+2=0”的德育弊端；“全景致选择”，是在家庭、学校、现实社会、虚拟世界的全景生活中，选择最有代表性、最利于“全人”成长的事件作为德育内容和载

体，避免德育内容泛化和浅表化等弊端；“生活化体验”倡导情境德育，以现实生活为主要情境，引导学生在解决现实问题中体验道德的力量和增长道德修养智慧；“精神性成长”以道德信仰和道德意志的发展为重点，引领学生形成一种摧不垮的精神和永远向前、向上、向善的力量，在学生实现精神性成长的过程中，获得终身发展的道德素养与人格力量；“细节处优化”让精神体现在点点滴滴的行动中，引导学生在“全景德育”文化的引领下，优化德育细节，养成良好习惯，实现“高处着眼，细处着力”的德育文化。

建设“锦一”的“全息”学习文化。“锦一”的“全息”学习文化，是以“全景渗透、有机浸润、有效发现、整合发展”为关键词，细化和具化学校文化，形成“锦一”的“全息”学习文化。

“全景渗透”，首先是指各个学科在必修课和选修课的教学中，都树立教书育人、立德树人的意识，并将这种意识落实到备课、上课和课后辅导等各个环节中，实现全学科的德育渗透。“锦一”的全学科德育渗透，就是要借助科学的方法，把德育内容和具体的学科知识糅合起来，在引导学生学习学科知识的同时，通过创设和利用科学知识所具有的德育情境与德育要素，潜移默化地培养学生的高尚情操，实现教育手段和教育目的的统一。其次是每个学科在进行德育渗透时，需要在四个方面同时着力。一是提升教材的道德影响力。这主要表现在教材的思想内容、教材暗含的价值取向及课程价值观等方面。二是在教法中渗透道德影响。采用学生主动参与、积极贡献、相互合作、互惠共享的教学方法，渗透道德影响。三是教师的道德表率作用。用民主的方式领导学生集体，用高远的情操、高雅的气质、高尚的人格去影响学生。四是强化课堂生活气氛的道德感染力。营造团结友爱的课堂生活氛围，引导学生习得关心他人、体谅他人、乐意合作等亲善品质。

“有机浸润”，是指合理发掘教材和教学过程中的德育因素，不拔高教材内容，不过度开发教材的德育要素，而是以合理的、水到渠成的内容与方式，借助学科教学内容对学生的道德素质进行浸润，避免学科教学中的形式化德育与过度化德育。

“有效发现”，是在学科教学中培养和强化学生“在发现世界中发展自己”的意识与能力，“发现世界”包括发现现实社会和虚拟世界中的道德世界，“发展自己”包括实现自己在学科知识、学科能力与学科价值等多方面的发展。在必修课和选修课的学习中，不能忽略学科学习中道德信仰、道德意志、道德能力等多方面的发展。“有效”，是指在信仰、意志、习惯、能力等方面获得的进展，有进展就是有效。

“整合发展”，是指思想品德、学业成就、身心健康、社会实践等多方面的素质同时得到了发展，而不是顾及一点不及其余的偏废式发展。

建设“锦一”的积极生活文化。“锦一”的积极生活文化，以“自立自强、文明阳光、勇对挑战、坚韧奋斗”为关键词细化和具化学校文化。“自立自强”，是指学会独立生活，养成自强不息的品性；“文明阳光”，是指习惯优良，文明高雅，心态积极，乐观向上；“勇对挑战”，是指不怕困难，迎难而上；“坚韧奋斗”，是坚持不懈、努力奋进、不断超越。学校将通过“阳光少年”“卓越团队”“文明之星”“坚韧之星”等的评比，强化积极生活文化，引导学生在积极成长的文化氛围中不断发展。

（二）建构“锦一”的道德意志培养体系，提高德育过程的整合品质

根据合格“全人”、优秀“全人”和卓越“全人”的发展标准及其实现这一标准需要的道德意志，分阶段建构“全人”发展的德育内容体系，并强化“全人”发展需要养成的道德意志，把“全人”发展和道德意志的养成结合起来，建构突显道德意志的促进“全人”发展的德育内容体系。

在建构德育内容体系时，既要考虑“全人”发展所需道德意志的要求，也要考虑“锦一”德育场域中隐含的德育内容，以大时空、大视角、大德育的思路，发掘德育场域中有利于“全人”发展和道德意志养成的内容，把这些内容按照“全人”发展及其所需道德意志的阶段或维度进行分类，抽取出德育场域中培育“全人”道德意志的基本要素，根据这些要素建构“全人”道德意志的养成体系。

根据这两个方面的要求，“锦一”道德意志的培养框架得以形成。首先是建构道德自律的德育内容体系。道德自律的意识与能力，决定了道德意志的养成速度与水平，在全景致的德育内容中，选择和确立系列化的有利于学生道德自律意识与能力养成的内容，建构道德自律的德育内容体系。其次是建构有关道德意向和道德动机的德育内容体系。根据求真、求善、求美的基本要求，在面向生活与社会的道德情境中，筛选有利于培养学生良好的道德意向与道德动机的素材，根据德育素材确定德育的内容关键点，以此建构有关道德意向和道德动机的德育内容体系。第三是建构有关道德判断力的德育体系。在引导学生形成求真、求善、

求美的价值体系的过程中，学会区分具体行为隐含的道德价值取向，判定具体行为的道德责任。“锦一”道德意志的培养框架如图 2.4。

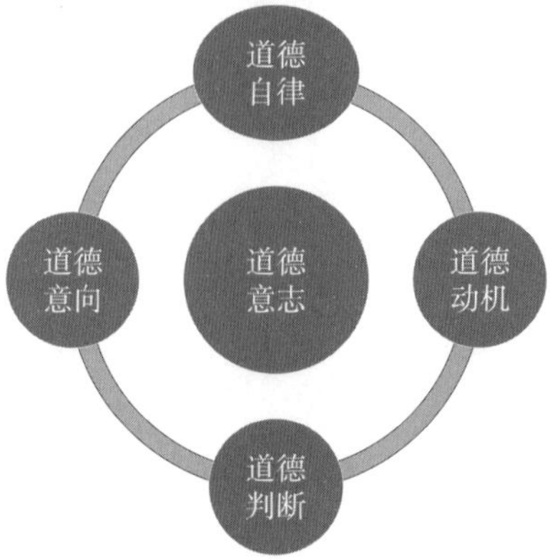

图 2.4　金苹果锦城第一中学道德意志培养框架图

1. 建构和完善整合性的学生发展指导课程，提高课程的道德意志培养力

根据“锦一”“全息课程”建设的基本要求，以“全景德育”提出的“大视角、全景致”建构德育场域的原则，建构纵横交织的整合性德育课程，并着力开发每门课程中对道德信仰、道德意志培养具有重要作用的内容与要素，提高每门课程培养学生道德信仰、道德意志的可能性。未来 3～6 年，学校将在表 2.4 的基础上不断完善，建构整合性更强、道德意志培养更充分的“锦一”德育课程体系。

表 2.4　金苹果锦城第一中学学生发展指导课程表

课程门类	核心词	课程实施载体	课程名称	开设时段
做人指导课程	责任 奉献 善待	班会课 发展指导必修课 学科渗透 日常评价	卓越人生讲堂	
			领导者如何改变世界	
			典礼课程	
			红色之旅	
			习惯课程	
			国学讲堂	
			志愿者课程	
			人文社科讲堂	
			国家纪念日系列	

续表

课程门类	核心词	课程实施载体	课程名称	开设时段
生活指导课程	自理 自立 自强	入学指导 班会课 宿舍日常表现与评价	入学教育（校园生活安排）	
			小鬼当家	
			家长讲坛	
			学生仲裁委员会	
			社团课程	
			厨艺课程	
心理指导课程	积极心理 追求成功	发展指导必修课 日常心理健康指导	校园心理协会	
			心理剧原创与表演	
			心晴报	
			美育讲堂	
学习指导课程	课堂“四力”	班会课 入学指导 学科随堂指导	演讲与辩论	
			项目式学习（短学程）	
			学法指导	
			英才训练营	
			科学讲堂	
			模拟联合国	
生涯规划指导课程	自我设计	发展指导必修课 班会课 短学程	生涯规划	
			学习心理	
			情商与领导力	

在表 2.4 的整合框架中，学校将进一步加大必修课和班会课的整合力度，避免道德与法治、心理和班会的重复教学，七年级上期的整合框架如表 2.5。

表 2.5　金苹果锦城第一中学七年级上期道德与法治、心理、班会课整合表

指导课程	课程内容	备注	实施部门	时段
心理健康（积极心理）	心理档案		心理组	
	个别与团体辅导			
	心理社团（心理剧、心理委员）			
	心理活动月（5 月）			
	家长学校（2～3 次/期）			
	教师心理辅导（1 次/期）			
	成长指导必修课（1 节/周）	情商和领导力		
		学习心理		
	成长指导选修课（团体辅导）			
生涯规划（自我设计）	认识自我	认知自我 悦纳自我		
	走进社会			
	规划设计	自我设计		
	社会实践	短学程实践		
做人指导	规则		思品组	
	理想、责任与荣誉			
	意志力（坚韧）			
	人生价值观（生命）			
	时间管理		班会	
	习惯（学生公约）			
学习指导	学习方法（班主任、学科老师）			
综合	入学适应		活动	
	热爱学校			
	社会实践			

2. 建立和完善班会序列，提高班会课促进学生坚定道德信仰和发展道德意志的系统化水平

根据合格“全人”、优秀“全人”和卓越“全人”的发展阶段及其主要标准，以坚定道德信仰和培养道德意志为重要指向，逐步建立和完善序列化的班会内容，提高班会课的过程整合水平（图 2.5，表 2.6）。

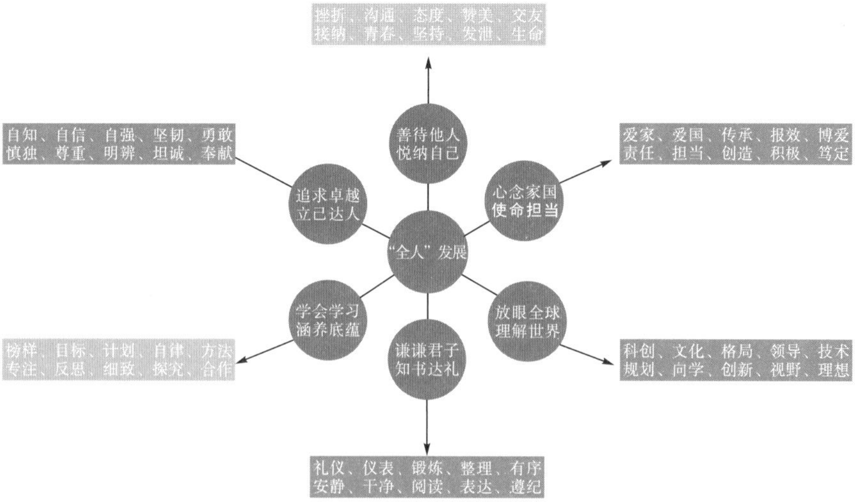

图 2.5

表 2.6　班会课主题序列方案（试行）

篇章	主题	诠释	教育目标
善待他人 悦纳自己	挫折	直面挫折，勇于承担	1. 能够清楚地认识挫折；2. 可以做到欣然接受挫折；3. 拥有足够的勇气和能力战胜挫折
	沟通	与人交流，与己沟通	1. 认识到与他人沟通的重要性； 2. 能够掌握与人沟通的技巧；3. 能够认识到与内心的自我沟通的重要性并付诸行动
	态度	保持微笑，生活美好	1. 能够意识到积极的生活态度是美好生活的前提；2. 能够做到对自己时刻保持微笑，对他人也能时刻保持微笑；3. 能够用自己的正能量心态影响身边的人
	赞美	赠人玫瑰，手有余香	1. 能够意识到对他人的赞美是对他人的肯定；2. 能够掌握对他人进行真诚赞美的技巧；3. 能够在自己被他人战胜时对他人发出由衷的赞美

续表

篇章	主题	诠释	教育目标
善待他人 悦纳自己	交友	良师为帆，良友为伴	1. 愿意主动与人交往，积极交友；2. 能够分辨益友损友，并主动与益友为伴；3. 能够懂得“三人行必有我师”的道理，能够择善而从
	接纳	我就是我，最美烟火	1. 能够发现自己与他人的不同；2. 能够清晰地判断自己的个性是否符合正能量的价值观；3. 勇于接受并善于展现独一无二的自己
	青春	花季少年，雨季青春	1. 能够清楚地认识到自己在青春期的生理和心理的变化；2. 能够清晰地判断自己的变化对他人的影响；3. 能够较好掌握自己在日常交往中与同性和异性的交往距离
	坚持	不积跬步，何至千里	1. 认识到坚持的重要性；2. 能够反思自己在学习、生活中，在坚持方面做得不好地方；3. 能够做到坚持不懈，持之以恒
	发泄	排解消极，远离压抑	1. 认识到消极情绪下人的生理和心理都会受到不良的影响；2. 面对不良情绪的时候学会自我疏导；3. 能够帮助他人走出不良情绪
	生命	珍爱生命，热爱生活	1. 能够体会到生命的美好与价值；2. 能够对生命存有敬畏感；3. 实现自我生命的价值
追求卓越 立己达人	自知	知人者智，自知者明	1. 能够明确自己的优缺点；2. 清楚自己现阶段努力发展的方向；3. 能从复杂的环境中了解自己未来发展的路径
	自信	坚守信念，超越自我	1. 清楚自身的目标并发挥自己的特长，自我成长；2. 明确自己未来的发展方向，积极提升自我；3. 不断超越自我
	自强	修身自立，奋发图强	1. 学会从别人身上学习到优秀的习惯与态度；2. 总结自身缺点与不足以不断完善自我；3. 为抵达理想的境界，奋发图强
	坚韧	披坚执锐，不屈不挠	1. 将自己的目标划分，层层落实；2. 积极面对批评，学会分析自我不足及产生原因；3. 明白披荆斩棘、勇往直前才能达成人生理想

续表

篇章	主题	诠释	教育目标
追求卓越 立己达人	勇敢	敢为人先，勇于开拓	1. 敢于尝试以获取更多的成长经验；2. 积极参与各项学习活动，争取自我提升的机会；3. 努力做一个有开拓精神的人
	慎独	君立形外，必慎其独	1. 了解自我约束、坚持自我约定的重要性；2. 学会写反思日记来促进自我管理；3. 运用自我认可与见贤思齐的思维方式，保持自我成长的进度
	尊重	平等友爱，行达自言	1. 学会聆听他人的故事，理解他人的想法及产生的原因；2. 学会平等地看待他人、理解他人
	明辨	博闻明理，善辨是非	1. 勤学文化知识，提升个人文化底蕴；2. 养成独立思考的习惯；3. 学会大胆质疑，也要小心求证
	坦诚	坦率为人，真诚相待	1. 做到用事实说话，不能恶意掺杂个人意见；2. 做到言出必行，诚恳待人；3. 把握言行，做到表里如一，心中坦荡
	奉献	随风入夜，润物无声	1. 学会感激同伴、师长，知道点点滴滴都是恩情；2. 主动付出行动，传递自己的真情；3. 明白大爱无声，学会为他人默默付出
心念家国 使命担当	爱家	爱行万里，温暖在家	1. 了解自己的家族历史，理解家风的含义；2. 孝敬家族长辈，知道家族的兴旺是长辈们艰辛奋斗的成果；3. 树立担当家庭兴衰的责任意识
	爱国	国家兴亡，匹夫有责	1. 了解我国的基本国情，认同我国现行的主流价值；2. 关心国家大事，了解国家发展动向；3. 树立“国家兴亡，匹夫有责”的意识，与国家荣辱与共
	传承	传以言教，承为载道	1. 学习经典著作，汲取其精华；2. 了解传统节日的历史与内涵，感受传统节日的独特魅力；3. 将自己所了解的传统文化应用于生活与工作中，并积极传扬优秀成果
	报效	授智兴业，知恩图报	1. 学会规划人生，立志为国效力；2. 努力提升自我，为未来奠定基础；3. 理解国家对于我们个人的重要性，时刻准备为国付出

续表

篇章	主题	诠释	教育目标
心念家国 使命担当	博爱	善者博爱，天下寄身	1. 常常想着别人对自己的帮助与恩情，心中长留温暖；2. 理解互帮互助的重要价值，全力帮助他人；3. 锻造自我品节，胸中怀揣大爱
	责任	责任在肩，攻坚克难	1. 学会承担责任，从不推脱；2. 知道事情的轻重缓急，掌握处理事务的基本方法；3. 理解团队协作的意义，责任共担，荣誉共享
	担当	敢于担当，不计得失	1. 积极面对考验，迎难而上；2. 知道集体的智慧大于个人，学会借助外力，攻克难关；3. 心怀梦想，聚焦目标，智慧担当
	创造	创新进取，造就未来	1. 学会融会贯通，举一反三；2. 把握创新的关键部分，以追求务实为标准；3. 坚持积极思考，永不放弃，树立为未来服务的意识
	积极	主动学习，志存高远	1. 了解自我规划对自己发展的意义，学会主动规划；2. 做事要学会分解目标，步步推进；3. 主动用更高目标要求自己
	笃定	坚定有力，从容不迫	1. 面对挫折，积极调整情绪；2. 知道日积月累、水滴石穿的道理，坚信长久的努力终会有收获；3. 做事情遵循规律，学会循序渐进地看待事物
学会学习 涵养底蕴	榜样	尊重老师，欣赏同伴	1. 学高为师，对无私无悔的园丁们永怀发自内心的敬意；2. 善于发现同伴的优秀点滴，欣赏同伴，择善而从
	目标	目标引领，锲而不舍	1. 认识到远大目标对自己成长的意义，逐步树立切合自己的实际目标，并积极去追求。2. 不畏艰险、矢志不渝地去追寻
	计划	明确方向，制订计划	1. 分析自我，清楚现在自己的实际情况；2. 制订可操作的行动计划，认识到执行比制订更重要；3. 根据自身情况，及时修正计划
	自律	避开诱惑，控制自己	1. 理解学校的规定与守则，严格遵守；2. 学会分析干扰自我进步的诱惑，认清利与弊；3. 自我约束，认识到进步的基础是自我规范

续表

篇章	主题	诠释	教育目标
学会学习 涵养底蕴	方法	他山之石，可以攻玉	1. 了解各学科的学习方法，寻求最适合自己的学习方法；2. 结合优势，在学习中有的放矢；3. 给自己学习、成长树立可供效仿的榜样
	专注	专时专用，讲求效益	1. 认识专时专用的价值，学会分清学习的主次；2. 知道合理规划的重要意义在于提高效率；3. 明白专注的内核是严谨认真，学习工匠精神
	反思	反思整理，客观评价	1. 知道反思的作用，养成反思的习惯；2. 学会在反思中找到不足，积累经验；3. 学会总结反思成果，坚定目标，砥砺前行
	细致	踏实过程，精微细节	1. 明确学习和工作的要求，保质保量地完成任务；2. 学会关注细节、精益求精，培养追求完美的习惯
	探究	发现问题，积极解决	1. 学会在学习中积极发现问题，积极参与探索；2. 不畏艰难、积极主动地解决问题
	合作	合作共享，共同成长	1. 学会自我认识，主动参与竞争；2. 辩证地认识合作与竞争的关系，积极参与协作；3. 学会组建合作小组，理解合作共享的意义
谦谦君子 知书达礼	礼仪	知礼明义，礼貌待人	1. 知道讲文明、讲礼貌是做人的基本品质；2. 学会礼貌待人，遵守中学生的礼仪规范；3. 继承和发扬礼貌待人的传统美德
	仪表	自尊自爱，仪表整洁	1. 了解不同场合中学生的仪表要求，明白仪表在社会交往中的重要性；2. 注重个人仪表，养成仪表整洁的好习惯
	锻炼	热爱生活，勤于锻炼	1. 掌握体育锻炼的方法和技巧，能够有效运动以增强体质；2. 培养运动兴趣，为自己健康成长和全面发展奠定良好基础
	整理	善于整理，类别分明	1. 通过分类操作掌握分类的技巧，初步养成有条理地整理物品、思考问题的习惯；2. 将分门别类的意识推广到生活中，在有限的时间中追求效益

续表

篇章	主题	诠释	教育目标
谦谦君子 知书达礼	有序	列队有规，集会有序	1. 了解列队、集会的具体要求和标准；2. 知道活动安静有序的意义与价值；3. 在有序的活动中，增强集体荣誉感和责任感
	安静	智慧学习，宁静致远	1. 明白在安静的氛围中学习，其效果远好于嘈杂环境，静能生慧；2. 主动营造并维持安静的氛围，知道良好的课堂氛围是提高学习效率的保障
	干净	清爽干净，卫生健康	1. 明确学校卫生工作的标准和要求；2. 掌握清洁的方法，从教室、校园做起；3. 增强环保意识，树立人与环境协调发展的意识
	阅读	坚持阅读，善于积累	1. 知道阅读的重要性，通过每日的阅读积累，增强自身的人文修养和情感体验；2. 在阅读中认识世界，拓展思维，拓宽眼界
	表达	乐于表达，自信阳光	1. 能够在宽松和谐的氛围中锻炼自己的交往能力；2. 唤起自己的自信心和表现欲，敢于、乐于、善于表达自己
	遵纪	遵纪守法，严于律己	1. 明白班规校纪的要求及其对自我发展的重要意义；2. 知道规则意识的重要性，严于律己；3. 养成遵纪守法、遵守社会公德、维护公共秩序的好习惯
放眼全球 理解世界	科创	用心创造，改变未来	1. 知道“科创教育”的真正内涵；2. 善于发现生活中“创造”的细节；3. 能够利用学校和生活中的资源在自己感兴趣的方面进行创新
	文化	多元文化，感受风情	1. 了解世界各民族人民丰富多样的文化；2. 能够在多元文化中保持文化自信；3. 做到尊重不同于自己的文化和信仰
	格局	与时俱进，顾全大局	1. 理解什么是格局；2. 能够体会到一个有格局的人的人生价值的不一样；3. 让自己成为一个有大格局的人
	领导	凝聚团队，创造价值	1. 面对任务，能够主动组建团队；2. 能够给予团队成员清晰的责任划分和任务分配；3. 能够在团队遇到困难时，带领队友积极解决问题

续表

篇章	主题	诠释	教育目标
放眼全球 理解世界	技术	了解科技，玩转世界	1. 体验科技发展所带来的新技术；2. 衷心热爱并投入到国家科技发展的浪潮中
	规划	我的人生，我来做主	1. 意识到人生规划对人生发展的重要性；2. 主动去发现自己的兴趣和爱好；3. 能够在老师的帮助下进行短期、中期、长期的人生规划
	向学	莘莘学子，憧憬未来	1. 认识到知识改变世界；2. 了解全世界发展最快的科技领域与发展动向；3. 了解世界著名学府和科研机构
	创新	创新意识，引领思维	1. 了解我们国家在科技进步中为世界所做出的创新贡献；2. 意识到创新是提升国家政治地位和经济地位的重要抓手；3. 树立创新意识
	视野	海阔天空，登高望远	1. 学会做一个观察世界的人；2. 掌握观察世界的途径和方法；3. 学会筛选自己所获得的大量信息，并加入自己的价值判断
	理想	砥砺前行，诗与远方	1. 明白理想的重要性，尊重有理想的人；2. 能够清晰地认识到真正的理想是关乎人类发展的理想；3. 确定自己人生理想并为之不懈奋斗

3. 建立和完善活动序列，提高德育活动促进学生坚定道德信仰和发展道德意志的系统化水平

在建构课程与班会序列的基础上，系统设计三年一贯的德育活动主题，并着力发掘德育活动中有利于学生坚定道德信仰和发展道德意志的内容，以提高持续培养与发展学生道德素养的水平（表 2.7）。

表 2.7　金苹果锦城第一中学德育活动主题序列表

年级段	年主题	月份	月主题	主要活动
七年级	习惯奠基梦想（筑梦“锦一”）	8	主动适应：迈好初中第一步	新生入学教育、开学典礼、安全教育
		9	聚焦习惯：尽快适应初中生活	初中学法指导、习惯大讨论、感恩老师、班级文化汇报
		10	阳光运动：秋季运动会	秋季运动会（入场式、比赛、颁奖） 体育文化节
		11	主题探究	半期考试、短学程［地方文史探究（民俗民风、地方场馆、非遗文化）］
		12	艺术展演：艺术节	一二·九歌咏比赛、戏剧（“班班剧”）展演、集体舞比赛、手工作品展、个人器乐大赛、其他项目
		1	主题探究	期末考试、短学程
		2	社会实践：我的中国年	春节系列实践活动（了解春节扫尘、写春联等习俗，布置家里的新春环境。由美术组、历史组、语文组共同参与策划）
		3	科技教育：科技点亮人生	科技讲堂（科学家进校园）、科技主题演讲、前沿科技探秘、参观科技馆
		4	主题探究	半期考试、短学程［意志品质磨炼（远足、野外生存、拓展）］
		5	多元评价	五四青年节系列活动、多元评价（单项奖“出彩‘锦一’人”）、评优（荣誉学生评选）、心理关护周
		6	理想教育	学生节（庆祝六一）、卓越人生讲堂
		7	主题探究	期末考试、短学程
		8	社会实践月	游学、生涯规划：职业初体验

续表

年级段	年主题	月份	月主题	主要活动
八年级	坚韧 书写青春 （追梦“锦一”）	9	法制教育	法制讲堂、模拟法庭、青春期规则教育
		10	阳光运动：秋季运动会	秋季运动会 体育文化节
		11	主题探究	半期考试、英才素养奠基（精英人才引领、领导力）
		12	艺术展演：艺术节	戏剧（“班班剧”）展演、书画展、个人才艺展（好声音、舞林大会、演说家等）
		1	主题探究	期末考试、短学程
		2	社会实践：我的中国年	过传统中国年：史说我家活动（整理家族族谱、了解家风家训）
		3	科技教育：科技点亮人生	科技小发明、智慧大比拼
		4	主题探究	半期考试、科技创新体验（绿色农业、环保、参观、讲座）
		5	韧性教育	五四青年节系列活动（责任、担当、意志）、多元评价（单项奖“出彩‘锦一’人”）、评优（荣誉学生评选）、心理关护周
		6	立志成才教育	退队、卓越人生讲堂
		7	主题探究	期末考试、短学程
		8	社会实践月	游学：走进名校
九年级	奋斗成就理想 （圆梦“锦一”）	9	吹响中考冲锋号	榜样激励
		10	阳光运动	亲子运动会
		11	主题探究	半期考试、职业生涯体验（讲座、参观、实践）
		12	艺术展演：艺术节	元旦庆祝活动、中英文演讲——青春圆梦
		1	主题探究	期末考试、短学程
		2	社会实践：我的中国年	过传统中国年：荣耀家史活动（寻找家族中的杰出人物，梳理事迹，鞭策自己）
		3	升学指导	目标制定、中考100天誓师大会
		4	自我调适	心理调适：讲座、学月总结
		5	责任担当	五四青年节表彰
		6	迎接中考	毕业典礼：青春梦想飞扬
		7	暑假实践活动	远足、阅读，为高中做准备

4. 丰富短学程德育项目，在短学程德育项目的系列化建设中坚定学生的道德信仰，强化学生的道德意志

初步形成每学期短学程德育项目的主要方向，在系列化的德育项目中强化学生的道德体验，在丰富的体验中坚定道德信仰，培养道德意志。

七年级（上）德育项目主题：地方文史探究（民俗民风、地方场馆、非遗文化）

七年级（下）德育项目主题：意志品质磨炼（远足、野外生存、拓展）

八年级（上）德育项目主题：英才素养奠基（精英人才引领、领导力）

八年级（下）德育项目主题：科技创新体验（绿色农业、环保、参观、讲座）

九年级（上）德育项目主题：职业生涯体验（讲座、参观、实践）

九年级（下）德育项目主题：青春梦想飞扬（心理辅导、学长引领）

（三）建构“全景整合”的“锦一”德育策略体系，提高过程整合品质

1. 建构与德育内容体系相匹配的“全景德育”策略体系，提高德育内容与策略的整合品质

“锦一”的德育策略要为促进“全人”发展的德育内容服务，要根据以道德意志为核心建构的“全人”发展内容体系，形成与之匹配的“全景德育”策略体系，不同的策略对应不同的内容，使不同的德育内容在最适宜的策略与形式中发挥最大的道德滋养功能，实现“全景德育”策略与“全景德育”内容的有效整合。

2. 形成儿童价值与社会价值有机整合的“全景德育”策略体系，提高儿童个体与社会群体的整合品质

“锦一”德育是珍视儿童价值和童年价值的德育，“锦一”的“全人”发展，不是远离儿童和童年阶段的发展，而是发展儿童的“全人”和童年的“全人”。因此，“锦一”建构的德育策略体系，应体现儿童价值，突显童年德性成长的特殊性。但是，“锦一”的“全景德育”，要求学校的德育视角向更大的范围延伸，必须从学校走向社会，关注社会发展及其所需要的价值观，包括社会主义核心价值观和世界发展的普适价值观等多个方面。学生在童年阶段的德性发展，不可能远离社会，他们在社会上的体验和感受，将投射到他们童年成长的每一个角落。因此，“锦一”的德育，是把社会引入校园，让儿童与社会牵

手的德育。在德育策略体系的建构上，既考虑学生成长和学校生活的特殊性，也考虑现实世界和“明日世界”对公民德性的要求，把儿童价值和社会价值整合到学生在“锦一”内外的成长事件中，建构发现成长事件、筛选成长事件、运用成长事件、深化成长事件的德育策略体系。

3. 形成道德认知与道德实践有机整合的“全景德育”策略体系，提高道德接受与道德生成的整合品质

中学生既需要丰富自己的道德认知，更需要把道德认知付诸实践，并在实践中进一步深化和拓展道德认知，实现道德认知和道德实践的互动发展。因此，“锦一”的“全景德育”，是兼顾道德认知与道德实践，促进道德认知与道德实践互动发展的德育。在策略体系的建构上，既要关注道德认知的提升策略，也要关注道德实践的道德体验与内化策略，更要关注道德认知与道德实践的互动策略，形成兼顾认知与实践的“全景德育”策略体系。

4. 形成人性化与科学化有机整合的“全景德育”策略体系，提高道德感性与道德理性的整合水平

德育人性化，是以学生发展为本，关注学生生命成长的感受与质量，以促进学生生命的整体发展和精彩发展为根本宗旨，用道德滋养生命，用生命践行道德，把学生、生命、道德、人格等有机结合起来，将教育人格化和人性化，避免只见道德不见人、只见教条不见生命的德育弊端。在关注德育策略人性化的同时，还应提高德育策略的科学化水平，德育策略的科学化主要表现为德育策略的适应性和发展性。德育策略的适应性，是指德育策略是否考虑了“全景德育”的要求，是否符合培育“全人”的精神与原则，是否与社会价值和儿童价值相匹配，是否适应道德认知与道德实践互动发展的需要等；德育策略的发展性，是指采用的德育形式与手段是否有利于学生进行道德滋养，这样的滋养方式是否能够促进学生的道德内生与道德改变等。“锦一”建构的“全景德育”策略体系，应综合考虑人文性和科学性两个方面的要求，提高德育策略的先进性与实用性。

5. 形成传统德育与现代德育有机整合的“全景德育”策略体系，提高传统与现代的整合品质

传承和弘扬优秀的传统德育策略，在德育内容、策略、手段等方面引入现代要素，根据现代德育生态的建设要求，建构传统德育和现代德育有机整合的德育策略体系。

上述五个方面，是建构“锦一”“全景德育”策略的思路和要求，这五个方面的思路与要求，应全部整合到“锦一”的策略体系中，形成“锦一”促进“全人”发展的“全景德育”策略体系。

根据这五个方面的要求，“锦一”德育将主要建立和完善以下策略体系：

一是建立课程整合与评价的德育策略体系；

二是建立班会课的序列设计、有效实施与多元评价的策略体系；

三是建立德育活动的序列设计、有效实施与多元评价的策略体系；

四是建立德育项目的序列设计、有效实施与多元评价的策略体系；

五是全学科德育渗透的设计、实施与评价的策略体系；

六是社团建设的策略体系；

七是家校合育的策略体系……

（四）建构在全景中发展“全人”的学生综合素质评价体系，促进学生知行合一

以立品立德、立学立业、立身立心、立艺立美为核心要素，以思想品德、学业成就、身心健康、艺术修养、社会实践等为主要板块，细化德育评价内容，形成“锦一”“全人”发展的综合素质评价内容体系；根据综合素质的评价内容体系，优化“全景德育”的内容体系，引导学生在过程中滋养德性、提升素质，用综合素质评价、记录自己的发展轨迹，用发展轨迹感受自己生命的发展历程。

以“聚焦成长事件，立足过程进步，展示最佳成果，及时记录反馈”为原则，建构综合素质评价的策略体系。“聚焦成长事件”，即在综合素质评价中，筛选最能体现学生综合素质发展的事件进行记录，引导学生关注自己的成长点，从中进一步获取成长的智慧；“立足过程进步”，即教师观察学生在学习、生活过程中体现出的点滴进步，引导学生体会自己的进步，并把自己的点滴进步记录在综合素质系统中，以此树立自己的发展自信；“展示最佳成果”，是引导学生以不同形式在综合素质评价系统中上传自己在必修课、选修课、课外实践或其他领域内形成的具有自己个性的最好作品，展示最好的自己，以进一步激活发展的内生力；“及时记录反馈”，即通过学生和老师的及时记录、反馈，引导学生及时调整，发挥综合素质评价的调整、发展功能，进一步体现发展性评价理念。

同时，要以边建边用、边用边改的思路建设和优化综合素质评价平台，利用最先进的技术建构和完善“锦一”的“全景德育”评价系统。

三、“全景德育”的实践保障

要落实上述实践策略，学校将逐步创建“全景德育”的实践保障措施。

（一）提高全体教师的德育专业化水平

在“锦一”，人人都是德育工作者，学校将逐步采取以下措施提高全体教师的德育专业化水平。一是建设优秀的班主任团队。采用“走出去”“引进来”等多种方式，聚集专家资源，拓宽班主任的视野，提高班主任的德育艺术；通过德育难题的专项研究，提高班主任队伍的德育攻坚水平；通过团队激励机制的建设，激活班主任的专业发展动力。二是提高学科教师的德育意识与在学科教学中渗透德育的能力。三是提高全体教职工“学高为师，身正为范”的品质。

（二）完善“锦一”德育的流程和制度

根据“全人”发展和“全景德育”的基本要求，围绕“道德信仰”和“道德责任”这两个关键词，建立“锦一”德育流程，就德育主题的确定、德育目标的定位、德育内容的选择、德育素材的筛选、德育情境的创设、德育形式的选用、德育效果的评估等，建立基本的操作规范，形成高品质德育的操作流程。以此为基础，建立“锦一”德育制度，细化“锦一”德育工作的评估与激励制度，以德育流程和德育制度为“锦一”的“全景德育”护航。

（三）用现代信息技术为创建现代德育生态护航

立足前沿的信息技术服务平台，利用信息技术拓展德育时空，丰富德育形式，建设和完善综合素质评价系统，用好用活现代信息技术，用先进的现代信息技术为优化现代德育生态护航。

（四）编写和用好学生发展读本

从文化、制度、课程、学习、习惯、生活、综合素质评价、家长指导、励志、校外导师等十个方面编写学生发展读本，第一年编写前八个方面的读本，第二年修改前八个读本，编写“励志”和“校外导师”读本，形成学生读本序列，并在入学指导、班会课和学科课堂等时间用好学生读本，通过系列化的学生读本浸染学生，提高学生的全景致发展能力。

实践掠影

金苹果锦城第一中学“全景德育”战略规划实践掠影（一）
研学主题设计

金苹果锦城第一中学对初中三年五个学期的研学主题进行了如下设计：

金苹果锦城第一中学初中研学主题

年段	研学主题
七年级（上）	中华文化涵养
七年级（下）	意志品质磨炼
八年级（上）	英才素养奠基
八年级（下）	科技创新体验
九年级（上）	青春梦想飞扬

这样的研学主题安排及研学活动的开展，不是思想的铁板灌输，不是让学生在僵死的空间里死记硬背，而是引导学生用身心去感知美，用心灵去挖掘创造之源，最终在实践、探究、创造的过程中，让学生找到自己生存的价值所在，树立正确的人生观、价值观。

金苹果锦城第一中学“全景德育”战略规划实践掠影（二）

研学活动总项目设计

研学主题是一个宏观架构，用什么具体的活动作为载体呈现活动主题，实现育人目标呢？“锦一”根据确定的主题设计了总项目，将其作为具体的实施载体。七年级上期，重走丝绸之路，进行文化涵泳，培养民族认同感；七年级下期开展红色旅行，培养学生的国家认同感；八年级上期高校探秘，感受未来发展，树立远大志向；八年级下期走进大国制造，接触创新科技；九年级上期体验职业生涯，规划个人发展。

金苹果锦城第一中学初中研学主题和总项目

年　段	研学主题	总项目
七年级（上）	中华文化涵养	行走丝绸之路，探究大美中国
七年级（下）	意志品质磨炼	深入革命老区，红色寻根之旅
八年级（上）	英才素养奠基	走进高校探秘，感未来立大志
八年级（下）	科技创新体验	走进大国制造，接触创新科技
九年级（上）	青春梦想飞扬	体验职业生涯，规划个人发展

“锦一”研学总项目设计，引导学生思考为天下、国家、家乡、家庭、自己和他人发展而应具备的道德品质与人格风范，逐步养成“为天地立心，为生民立命，为往圣继绝学，为万世开太平”的精神与品格，在全景场域中实现“涵养天地正气，培育君子品性；心系万民福祉，成就优质生命；光大圣贤学统，修炼生命智慧；奠定万代基业，共创大同世界”的目标。

GOING
THE DISTANCE

Golden Apple Jincheng No.1 Secondary School

Golden Apple Jincheng No.1 Secondary School

金苹果锦城第一中学“全景德育”战略规划实践掠影（三）

金苹果锦城第一中学七年级研学活动安排

线路	研学主题与线路	研究性学习项目
西安	研学综合主题：生态地质、文史艺术 研学点位：华清池＋骊山、秦始皇兵马俑博物馆、朱雀森林公园、钟鼓楼广场、大明宫国家遗址公园、明城墙、大雁塔北广场、半坡博物馆、陕西历史博物馆、碑林	建筑工程类： 1. 西安大小雁塔建筑形式的比较研究 2. 寺庙建筑色彩装饰图案的研究 文史艺术类： 3. 碑林中的艺术研究 4. 兵马俑雕塑的造型特点研究 生态地质类： 5. 西安旅游资源与其他历史古都的价值比较研究 6. 对朱雀森林公园的动物和植物多样性的研究
敦煌	研学综合主题：文史艺术、生态地质 研学点位：鸣沙山月牙泉、酒泉卫星发射中心、莫高窟阳关、玉门关、嘉峪关、雅丹国家地质公园、悬泉置遗址、敦煌境内长城	文史艺术类： 1. 莫高窟文物的艺术价值研究 2. 敦煌莫高窟中的敦煌舞与佛教的关系研究 生态地质类： 3. 月牙泉的形成原因研究 4. 雅丹地貌的特征与形成原因研究 5. 沙漠形成原因的研究
北京	研学综合主题：人文历史、建筑工程、生态地质 研学点位：天坛、天安门广场、人民大会堂、国家博物馆、太庙、故宫、八达岭长城、鸟巢水立方、圆明园、中国科技馆	建筑工程类： 1. 故宫建筑的造型和色彩研究 2. 对长城古今价值的研究 人文历史类： 3. 中国奥运历程研究 4. 人民大会堂见证过的重大历史时刻研究 生态地质类： 5. 北京城市交通路线及其改进的现状研究

续表

线路	研学主题与线路	研究性学习项目
洛阳	研学综合主题：文史艺术、生态地质 研学点位：龙门石窟、隋唐洛阳城遗址（明堂）、范仲淹墓、东周王遗址、新区博物馆、汉魏洛阳城遗址、丽景门、天子驾六博物馆、洛邑古城、十字街、白马寺、少林寺、龙源峡	文史艺术类： 1. 对龙门石窟保护管理现状及其对策的研究 2. 对龙门石窟佛像雕刻艺术的研究 3. 对洛阳城市文化建设与隋唐文化关系的研究 4. 对少林寺社会功能的发展历程的研究
厦门	研学综合主题：人文艺术、建筑工程 研学点位：环岛路黄金海岸、胡里山炮台、鼓浪屿、永定高北土楼、湄洲岛国家旅游度假区、南普陀寺	建筑工程类： 1. 鼓浪屿港口作用和选址特征研究人文艺术类： 2. 普陀寺佛教文物的特征与价值研究 3. 闽南民俗风情的特征与影响研究 4. 鼓浪屿钢琴文化及其影响研究
苏州 + 杭州	研学综合主题：文史艺术、建筑工程、生态地质 研学点位：周庄、苏州博物馆、留园、寒山寺、金鸡湖风景区、西西湿地、西湖、雷峰塔、良渚文化遗址	建筑工程类： 1. 苏州园林的建筑特色研究 文史艺术类： 2. 良渚文化遗址的新石器文化研究 3. 苏轼西湖诗词研究 生态地质类： 4. 西溪湿地动物和植物多样性研究
徽州	研学综合主题：建筑工程、人文历史、生态地质 研学点位：西递古村落、宏村古村落、徽字号、黄山风景区、徽州古城景区、呈坎、徽州文化博物馆、黎阳老街、徽州圣贤馆、屯溪老街	建筑工程类： 1. 徽派建筑的风格研究 人文历史类： 2. 世界文化遗产西递、宏村古村落的民俗文化研究 3. 明清徽商和晋商的兴衰研究 生态地质类： 4. 黄山不同海拔高度的植被分布种类研究

续表

线路	研学主题与线路	研究性学习项目
云南西双版纳	研学综合主题：生态地质、人文艺术 研学点位：曼贺纳古纳卡傣家自然文化村寨、原始森林公园、望天树景区、勐仑植物园、野象谷景区	人文艺术类： 1. 对少数民族民俗文化的研究 生态地质类： 2. 对西双版纳森林公园的动物和植物多样性的探究 3. 原始森林生态系统多样性的研究 4. 野象生活的生态环境研究
成都	研学综合主题：生态地质、建筑工程类、人文历史 研学点位：大熊猫繁育基地、三星堆遗址博物馆、都江堰世界文化遗产、金沙遗址、杜甫草堂博物馆、四川省博物馆、武侯祠、建川博物馆、成都水井坊博物馆、生命奥秘博物馆、成都市博物馆、合江亭	建筑工程类： 1. 三星堆青铜器的造型、纹饰、色彩特点研究 人文历史类： 2. 馆藏精美艺术品的美感探究 3. 历代歌咏都江堰的诗文研究 生态地质类： 4. 三星堆和金沙遗址聚落选址研究 5. 都江堰水利工程对成都平原繁荣发展的影响研究 6. 对微生物发酵和酿酒技术的发展历程的研究

金苹果锦城第一中学“全景德育”战略规划实践掠影（四）
金苹果锦城第一中学“全人”讲堂

“全人”讲堂是为孩子们的卓越人生厚植发展的土壤。

清华大学历史系彭林教授做了题为“礼乐文明与中国文化精神”的专题讲座，从“半人”到“全人”的发展过程入手，介绍了礼的重要性和中华文明礼仪。学生从讲座中深深地体会到礼是文明民族区别于野蛮民族的标志，中国文化之大旨在礼。有学生在听完讲座后创作了《诫己书》：

诫己书

七年级9班　钱思睿

夫华人之行，皆以礼乐为先。礼者，行也；乐者，心也。以礼正行，以乐治性。久之，以礼乐为习，使礼乐入心。人不可不敬也。不敬，则为夷狄；再不敬，则为禽兽。

四川师范大学博士生导师李凯教授做了“张载及其‘横渠四句’”的专题讲座，这是为“锦一”学子量身定制的一堂课，是每一个“锦一”人都必须铭记的一堂课。李凯教授从张载的基本情况、张载的思想、对“横渠四句”的理解三个方面，全面而深入地挖掘了“四为”的文化内涵，让“锦一”学子认识到了“四为”精神就是为社会确立精神价值，为民众指明生命意义，为前圣继承已绝之学统，为万世开拓太平之基业。“为天地立心”，我们得一“仁”字；“为生民立命”，我们得一“教”字；“为往圣继绝学”，我们得一“理”字；“为万世开太平”，我们得一“治”字。这是“锦一”校训的文化根基，这是“锦一”学子的奋斗目标。

金苹果锦城第一中学“全景德育”战略规划实践掠影（五）

金苹果锦城第一中学戏剧课程

戏剧课程作为一门新兴课程，是旨在提升综合素质和以培养学生健全人格为目标的交流型、体验型、项目型学习科目。“锦一”在开校之初就设立了这门课程。学期末，学校举办了首届IGAIT戏剧节，Innovation（创新）、Growth（成长）、Art（艺术）、Inclusiveness（包容）、Team work（团队协作）是IGAIT戏剧节的名称的由来，IGAIT即为I Get（收获）。“锦一”学子通过戏剧的育人功能，收获了综合素质的提升和心灵的成长。

学生在戏剧排练过程中的小故事：

故事一：《回报》

某组的女配1号，因为组内竞争激烈，自己也坦诚没有在生活中接触过这种人物类型，于是经常出没于戏剧老师上下课的路上，抓住戏剧老师就问，从人物特点到每一句台词与走位调度，在每个细节上都向老师请教，自己刻苦练习。努力终有回报，全组无人能撼动她的角色位置，她的表演做到了神形兼备。

故事二：《绅士》

某组在排演过程中，同学们全身心地投入，所有演员各司其职，认真准备，有两名实力相当的同学都想当主角，但只能一人上场，怎么办？老师不能也不会帮他们做决定，于是经过一番思想斗争，男生主动提出让给女生，说自己是男生，应该有绅士的风度。他自己转而扮演一名侍卫，台词也由长达5页变为了1句。这是谦让与包容，相信下一次的演出，组员们会回报给这位男生的。

金苹果锦城第一中学"全景德育"战略规划实践掠影（六）

金苹果锦城第一中学运动员注册制度

为倡导阳光体育精神，丰富和活跃我校文体生活，增强学生体质，提高学生的身心健康水平，根据我校办学思路和育人理念，决定对全校学生进行运动员注册。该注册旨在全面、全程关注和发展每一位师生，践行体育运动人人有机会，全员都参与的理念，具体操作如下：

第一章　总则

第一条　为调动学生参与运动锻炼的积极性，促进参加比赛全员化，提升运动训练质量，根据金苹果锦城第一中学"全息育人"课程建设思路制定本办法。

第二条　本办法所称运动员，是指我校目前全部在校学生。

第三条　学校体育组教师对项目运动员实行注册管理。

第二章　注册

第四条　运动员以班为单位进行注册，并按规定人数注册。

第五条　所有学生必须选择一项或两项体育项目进行注册，注册有效期为一学年，每年注册一次。

第六条　注册学生在一学年里必须参加一次由学校举办的赛事，如有在校外参加比赛的学生，也可带上获奖证书或参赛资格证在体育组认证。否则本学年注册无效。

学生因伤病不能参加比赛的除外。

第三章　　比赛

第七条　校内举办的赛事，须由已注册的学生参赛。若出现未注册学生顶替注册学生参赛，一经发现，取消班级所有成绩。

第八条　校代表队首批选拔从注册学生中选择，如有未注册但特别优秀者可提出申请单独考核。

第四章　　评分

第九条　体育组每学期会对学生进行考核，考核主要根据注册学生参赛获奖情况给分。如有一学年内学校没有举办比赛的项目，则由专项教师考核并根据考核成绩定级、评价。

第五章　　附则

第十条　所有学生如有任何疑问，可在不违反本办法规定的前提下，向体育教师提交书面申请，并报学生工作部审批后实施。

第十一条　本办法的解释权和修改权属金苹果锦城第一中学学生工作部。

第十二条　本办法自颁布之日起执行，详细注册方法见附件。

成都金苹果锦城第一中学

2017 年 9 月 19 日

金苹果锦城第一中学“全景德育”战略规划实践掠影（七）
“每月一体育赛事”活动方案

为贯彻全国学校体育工作会议精神，教育部《关于落实保证中小学生每天体育活动时间的意见》（教体艺［2008］5 号）及党中央、国务院《关于加强青少年体育，增强青少年体质的意见》（中发［2007］7号）文件精神及习总书记讲话精神，让全校师生牢固树立“以人为本，健康第一”的思想，切实加强学校体育工作，提高学生身体素质和培养学生运动锻炼习惯，现制订“每月一体育活动赛事”实施方案：

一、指导思想

树立“以人为本，健康第一，全员健身，人人锻炼”的思想意识；激发学生主动参与运动锻炼的自觉性和主动性；培养学生养成科学锻炼的良好习惯；培养学生团结互助、勇于拼搏的精神，营造健康向上、朝气蓬勃的校园风气。

二、组织领导

组长：何刚

副组长：黄悦　唐杨

组员：王尚斌　刘燕　颜敏　翁德轩　周国睿

三、实施原则

1. 安全第一的原则：在活动的开展过程中加强对学生的安全教育，制定切实可行的安全预案和防范措施，避免安全事故的发生。

2. 教育性、艺术性、健身性、趣味性的原则：体育课堂及课外活动坚持以“育人”为宗旨，遵循教育规律和儿童身心特点、爱好等开展体育活动。

3. 体育课堂与课外活动相结合的原则：以《体育课程标准》为指导，加强体育教育，同时将课外活动纳入教学计划，结合实际开展独具特色的体育活动和竞赛活动。

4. 全面性原则：开展丰富多彩的课外体育活动，使学生能在体育、美育、德育、智育等方面全面提高，并让所有的学生都参与进来，真正实现人人锻炼、全员参与。

5. 教师引导，因材施教与学生自主自愿相结合的原则：教师积极宣传，鼓励学生人人参与锻炼；学生根据自身的身体素质和爱好自行选择，对确有困难的学生不可强迫其参加。

四、开展活动的保障措施

（一）统一思想，加强组织与领导，分工协作，确保活动顺利开展

1. 在校长的带领下，学校将“每月一体育赛事”活动提上议事日程，制订实施方案，建立领导小组、管理机构和规范工作规程。通过家长会、班级墙报等形式，加强对师生和社会的宣传工作。

2. 明确由分管体、艺、卫和课外活动的班子成员，联合共青团及少先队大队部组织实施“每月一体育赛事”活动，并负责管理和监督。

（二）提高安全防范意识，确保活动安全开展

1. 全体师生牢固树立“安全第一”的责任意识，健全各项安全保障制度，落实安全责任制；建立安全预案，防患于未然。

2. 加强安全教育，教师加强对场地、器材的安全检查和学生的监管。

3. 制定科学的比赛时间表，确保学生充足的休息时间。

4. 随时关注学生的身体状况，遵循循序渐进的规律，杜绝因赛事安排不科学而引发的意外伤害事故。

金苹果锦城第一中学“全景德育”战略规划实践掠影（八）

“每月一体育赛事”活动安排表

月份	活动内容	备注
9月	广播体操、队列队形比赛	
10月	排球比赛	1. 班级自垫球比赛 2. 班级对垫球比赛 3. 班级排球联赛
11月	运动会	1. 年级集体舞展示 2. 田径项目
12月	冬季趣味运动会	1. 拔河比赛 2. 跳长绳 3. 接力游戏
1月	期末考试	
2月	寒假	
3月	小球比赛	1. 羽毛球比赛 2. 乒乓球比赛

续表

月份	活动内容	备注
4 月	篮球比赛	1. 快速运球 2. 投篮比赛 3. 篮球班级联赛
5 月	足球比赛	1. 运球比赛 2. 定点球比赛 3. 足球班级联赛
6 月	游泳比赛	1. 游泳个人项目比赛 2. 游泳班级接力赛
7 月	期末考试	
8 月	暑假	

03

学校教育的阵地：全息课堂

XUEXIAO JIAOYU
DE ZHENDI：
QUANXI KETANG

问："人之学，有觉其难而有退志，则如之何？"

曰："有两般。有思虑苦而志气倦怠者，有惮其难而止者。向尝为之说：今人之学，如登山麓，方其易处，莫不阔步，及到难处便止，人情是如此。山高难登，是有定形，实难登也。圣人之道，不可形象，非实难为也，人弗为耳。颜子言：'仰之弥高，钻之弥坚。'此非是言圣人高远实不可及，坚固实不可入也。此只是譬喻，却无事，大意却是在'瞻之在前，忽焉在后'上。"

又问："人少有得而遂安者，如何？"

曰："此实无得也。譬如以管窥天，乍见星斗灿烂，便谓有所见，喜不自胜，此终无所得。若有大志者，不以管见为得也。"

——《二程集·河南陈氏遗书》（卷十八）

课堂，是学校教育的基本阵地；失去了课堂，就失去了学校教育的一切。

顾明远先生认为："当下，学校内涵式发展和改革创新的关键在于课堂教学。"[①] 但是，从"总体上来说，目前课堂教学还没有普遍性地实现根本性转变，我们所期待的那种新型的课堂还没有普遍建立起来"[②]，主要原因是课堂教学改革"一直在浅水区蹒跚而行，其普遍特征是：文本要求多，行动落实少；表面形式多，实际成效少；自我表扬多，外部认同少；一时效应多，可持续效果少"[③]。除此之外，课堂教学改革缺乏全息观念，无法做到每一节课都能像总体要求那样提高教学质量，也是一个非常重要的原因。"无论媒体有关课改经验介绍，抑或专家对课改的深度解读，甚或一线教师在课改中的探索和创新，大多聚焦在'三维目标'，聚焦在自主、合作、探究，聚焦在某些课堂教学模式"[④]，总是从局部要素出发思考课堂教学的整体改革问题，没有运用全息理论思考和改进课堂教学。

因为教学本身的复杂性，教学过程应具有全息性特征，应从整体出发推进局部改革。"教师对教学场域的把握不是倾向于某种特定的教学因素，而是从系统的层面对教学进行全息性把握。"[⑤] "此外，基于核心素养的教学要具有全息认识论的意识，核心素养不是依靠一节课能够培养的，但每节课都在撬动学生一生的素养，因此教师要站在学生终身发展的角度思考课堂教学价值，设计课堂教学活动，让每一节课都成为具有全息性的课堂教学。"[⑥]

正是基于这一思考，金苹果锦城第一中学于 2016 年 10 月提出了"全息育人课堂"的改革思路，并紧锣密鼓进行战略谋划，于 2017 年 3 月在《成都商报》上勾勒了"全息育人课堂"的理论与实践框架；2017 年 4 月，学校课堂战略规划正式

---

① 顾明远. 让每个孩子都享有公平而有质量的教育 [J]. 教育研究，2017（11）：4～7.
② 李允. "深水区"的课堂教学改革：在反思中前行 [J]. 课程·教材·教法，2017（8）：29～34.
③ 吴康宁. 理解"深化教育领域综合改革"[J]. 清华大学教育研究，2013（1）：6～9.
④ 陈中岭. "课改"一定要"改课"吗？[J]. 上海教育科研，2015（2）：44～46.
⑤ 蒋士会，龙安邦. 教学复杂性新论 [J]. 课程教材教法，2017（10）：77～83.
⑥ 杨志成. 核心素养的本质追问与实践探析 [J]. 教育研究，2017（7）：14～20.

出台，作为教师的培训教材高频度使用，老师们在反复讨论中达成了共识，明确了“全息育人课堂”的整体改革思路和具体操作办法。2017 年 9 月，“全息育人课堂”在全校正式实施，通过分阶段推进、分阶段过关等方式，落实了“全息育人课堂”的关键要素，推动了学校课堂的整体改革，取得了明显效果。

在制订和实施“全息育人课堂”战略规划的过程中，我们越来越深刻地认识到：课堂教学改革必须像“二程”所说的那样，不能“以管窥天”，“以管窥天”虽然能“乍见星斗灿烂”，但“终无所得”。因此，课堂改革呼唤“有大志者，不以管见为得”，更不能“到难处便止”。唯其如此，才能筑牢和优化学校教育的这一基本阵地，才能抓住学校内涵发展的关键。

战略规划

创建“全息育人课堂” 打造优质学习生命体

——成都金苹果锦城第一中学课堂品牌建设战略规划

（试行）

为实现“用课堂成就师生，以课堂铸炼品牌”的学校发展战略，全方位提高学生的学习效益，全程促进每位学生的最优发展，根据学校的办学定位、文化追求和学习条件，以“创建‘全息育人课堂’，打造优质学习生命体”为基本追求，制订学校的课堂品牌建设战略规划。

第一部分 战略篇

课堂品牌建设战略是对学校课堂建设、课堂品质与课堂特色的整体谋划和全局安排，主要明确成都金苹果锦城第一中学的课堂“朝何处去”“举什么旗帜到那儿去”“选用怎样的工具和路径到那儿去”“攻克什么实践难点到那儿去”等长远问题，是学校教学改革与课程建设的纲领与依据。

一、课堂愿景与战略目标：在“全息育人”中创建适宜每位师生的最优课堂

“全息育人”，是以“全人”发展为基本宗旨，运用全息理论，全面、全程地关注和发展每一位师生。全息原理包括全息结构原理、全息发展原理、全息重演原理，“是基于全息现象抽象提炼的基本原理。全息现象是指整体上的

任何一部分或母体系统中的任何一个子系统，都包含着整体或母体系统全部信息的现象”[1]。“全息育人课堂”的每节课都包含有培育“全人”的目标、理念、思路和任务等信息元素，节节课都是培育“全人”的缩影，都能为“全人”的发展做出贡献。因此，“全人”发展的任何一个全息单元（一节课或一个环节、一个活动等），既是“锦一”课堂的整体形态，也是每节课的基本要求。促进“全人”发展的全息单元，可以复制到每节课和学生发展的全过程，让每节课和每一个环节都精彩。

建构“全息育人课堂”是“全人”发展的必然要求。要在课堂上促进“全人”发展，需要抓住“全体”“立体”“活体”三个关键。“全体”，即学校的每一位学生都要发展为“全人”，都要经历“全人”发展的过程，只有这样，才能实现全体学生都成为“全人”的目标，这是全息重演原理的基本要求。因为全息重演原理认为，个体在发展为整体的过程中，需要重演整体系统的进化过程，学生个体的“全人”发展需要重演群体“全人”发展的过程。“立体”是对“全人”发展环境的整体与局部要求，“全人”发展需要立体的、多维度的积极学习时空，除了从整体上营造学校的时空外，每节课都应有这样的时空要求，体现这样的时空特征。全息结构原理认为，每一个单元都包含系统的整体信息，“全人”发展的学习时空也应采用这样的思路来营造。“活体”是“全人”的基本表现，学校教育要把每一位学生当成鲜活的生命来对待和培育，每节课也应体现鲜活生命的发展特征与诉求，因为全息发展原理主张：全息单元应具有整体的全部信息。每节课就是一个全息单元，应包含学校教育对待和培育生命的所有信息。正是基于全息原理中的全息结构原理、全息发展理论和全息重演原理，学校确定了“全体”“立体”“活体”三个关键。其中，“全体优秀”是全息育人的基础，“活态优质”是全息育人的关键，“立体优化”是全息育人的保障。

在“全息育人”中创建适宜每位学生的最优课堂，是在“全体”“立体”“活体”的课堂建设中，创建“适宜每位师生，聚焦未来素养，盘活学习时空”的最优课堂。

---

① 杨志成. 核心素养的本质追问与实践探析［J］. 教育研究，2017（7）：14～20.

（一）适宜每位师生，建设“全体优秀”的课堂

建设适宜每位学生的课堂，确保学生“全体优秀”。尊重每位学生的学习兴趣、速度、潜能与理想，通过课堂时间、课堂形态、分类学习等方式，建构具有极强针对性的“全息育人课堂”，帮助每位学生走向属于自己的最大成功，建设学生“全体优秀”的课堂。

建设适宜每位教师的课堂，确保教师“全体优秀”。通过集体攻关、个体创生，必修优质、选修育长等方式，既创建具有“锦一”学校特质的课堂，也逐步形成展现教师个体风格与特长的优质课堂，以学校规定的优质必修课“立业”，以构筑自身精神园地的选修课“立心”，帮助所有教师在课堂改革和课程建设中实现“全体优秀”的目标。

（二）聚焦未来素养，建设“活态优质”的课堂

根据“创办世界一流中学”和“联结世界，引领未来”的办学定位，以学生发展的未来素养为聚焦点，建设课堂改革的实践体系，确保课堂教学内容、方式和手段等与时俱进，使课堂教学内容具有鲜活性，教学形式具有灵活性，教学手段具有未来性。立足未来需求活化过去形成的书本知识，立足未来趋势整合现有教学内容，使教学过程具有对接未来的改革活力，教学结果具有走向未来的价值。

（三）盘活学习时空，建设“立体优化”的课堂

盘活校内学习时空，让每一个学习时段都产生效益，让每一块教育场地都发挥作用；整合校内与校外的学习时空，把校外的世界引入课堂，把学生的学习足迹延伸至校外，让校内外有价值的时空都为学生的成长服务，以此建设“立体优化”的课堂。

金苹果锦城第一中学课堂品牌建设愿景与战略目标如图 3.1。

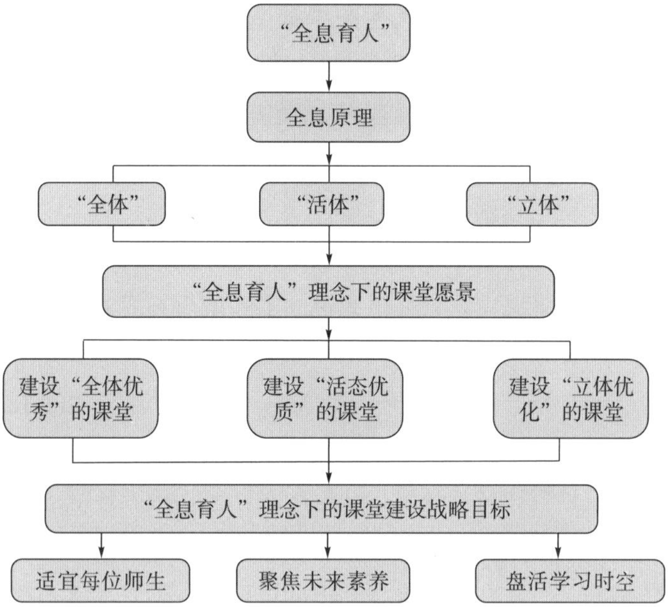

图 3.1 金苹果锦城第一中学课堂品牌建设愿景与战略目标

二、课堂旗帜与改革主张：在"全息育人课堂"的建设中成就师生未来

根据上述课堂愿景与战略目标，"锦一"选择了如下课堂旗帜并提出相应改革主张。

（一）课堂旗帜："全息育人课堂"

金苹果锦城第一中学的"全息育人课堂"，除上述内涵外，还具有如下特征，即在"全息育人"和全息原理指导下建设的具有"全息育人"特征的"锦一"课堂，即全体的、立体的、活态的"轻负高质"课堂。全体的课堂，是每位师生都得到精细关注与持续发展的课堂，是具有"全体优秀"特征的课堂；立体的课堂，是从不同维度发展和促进师生优质成长的课堂，是具有"立体优化"特征的课堂；活态的课堂，是既有现实发展活力，也有应对"因时因势而变"的潜能的课堂，是具有"活态优质"特征的课堂。

（二）改革主张：在优质育人生态中锻造有力量的“全息育人课堂”

“锦一”建设“全息育人课堂”，将逐步形成和落实如下课堂改革的主张。

1.“立体优化”需要营造优质育人生态

要建设“全息育人课堂”，需要营造优质育人生态，盘活学习时空，为课堂的“立体优化”奠定基础。

优质育人生态，是能有序、有效处理主体与环境、遗传与变异、平衡与失衡、竞争与共生四种生态关系，并以此建立了和谐而有活力的课堂运行氛围与状态的生态。

“立体优化”要处理好主体与环境的关系。主体即教与学的主体，教师是教的主体，学生是学的主体。环境是师生学习与发展所具备的外在条件，从内容上看，包括物质环境和精神环境；从范围看，包括班级环境、学校环境、家庭环境和社会环境等。“立体优化”，就是要引导师生在课堂教与学的过程中处理好自己与环境的关系，在学习书本知识的过程中，感受环境、理解环境、适应环境和能动地改造环境。感受、理解、适应、改造环境的过程，既是学生理解和运用知识的过程，也是丰富教学形式、拓宽教学场地的过程，更是不断融合书本知识与生活世界的过程。处理好主体与环境的关系，是建立“全息育人课堂”，确定具有生态效应的教学内容与形式的基础。

“立体优化”要处理好遗传与变异的关系。从课堂学习看，遗传是指接收和传承，变异是指发展和创造。在知识学习上，既要接收和传承已有知识，也要在新情境中创造性地运用、丰富、创造和发展知识；在能力培养上，既要运用已有能力解决新问题，更要在解决新问题的过程中促进能力结构与品质的发展；在学习方法上，既要沿用已有的行之有效的经验，也要根据学习内容与情境的变化，更新学习方法；在情感态度和价值观的形成上，既要尊重和珍惜原有的情感态度和价值观，也要不断提高自己的是非判断能力。“全息育人课堂”中的“立体优化”，除了在主体与环境的关系中关注“全体”“立体”与“活体”外，还要建立新旧知识、能力、方法与习惯等方面的联系，以旧立新，以新带旧，新旧融合，这是建构优质生态的重要思路。

“立体优化”的过程，就是平衡与失衡螺旋发展的过程。在课堂学习中，平衡是指协调、平静、稳定的状态；失衡是指课堂引发了学生的认知冲突，挑战了已有能力，按部就班无法解决问题，需要在新的天地里寻求新的解决办法。平衡与失衡包括动力、认知、能力等方面的平衡与失衡。“全息育人课堂”

中的“立体优化”，既要适度保持课堂上的平衡感，也要善于打破课堂上的平衡，让师生在失衡状态下内生学习动力，获得新的发展。

“立体优化”还需要处理好竞争与共生的关系。既要强调团队学习，也要在团队中适当引入竞争机制，在团队共生与个体竞争的关系协调中，保持师生的发展活力。

优质育人生态、“立体优化”与“全息育人课堂”改革主张的对应关系如图 3.2。

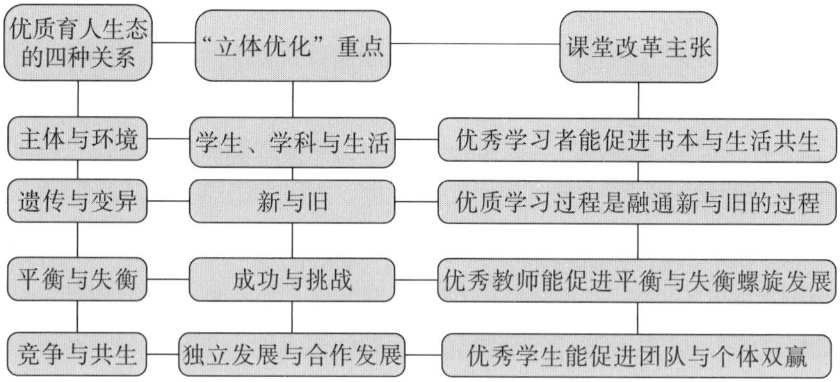

图 3.2 优质育人生态与“全息育人课堂”的“立体优化”主张

2.“活态优质”需要锻造有力量的课堂

“全息育人课堂”要始终保持一种“活态”，要引领学生在鲜活的现实状态下走向有活力的未来，需要提高课堂发展力，只有这样，才能把“锦 ·”打造成优质学习生命体，其基本主张如下。

没有课堂发展力就没有课堂上的“活态”特征。课堂上的“活态”主要有四个方面的特征：一是师生积极投入，情绪、思维处于活跃状态；二是课堂情境鲜活，书本知识与生活世界高度融合，知识活化程度高；三是学习过程具有创生性，富有发展活力；四是学习成果有一定创意，具有一定的灵活性。要在这四个方面保持课堂的“活态”特征，需要提高课堂的发展力。课堂发展力是指课堂活动对师生的持续影响与对师生正向发展的促进能力，主要体现在四个方面：一是课堂促进学生个体与团队发展的力度；二是课堂变革促进教师与教研发展的力度；三是课堂自身的持续变革与不断超越的力度；四是优质课堂带动精品课程建设的力度。课堂发展力主要体现在学生发展力和教师发展力两个方面。

没有学生发展力就没有课堂发展力。学生发展力是指学生自我发展的能力，主要包含现实成就感与未来发展力两个方面。现实成就感是指在学习过程中形成了好的学习状态，有明显收获和进步；未来发展力主要包括未来学习的适应力、未来社会的生存力与持续发展的创造力。如果学生在课堂上没有良好的现实成就感，不能有效提高未来发展力，就不能形成有价值的课堂发展力。

没有教师发展力就难以保障学生发展力。教师发展力包括自身发展与团队贡献能力，主要包括自我更新、团队共生、品牌塑造三种能力。自我更新能力是指自觉主动地改变自身知识结构和能力结构等所应具备的条件，其核心是克服惯性、惰性等对教育教学改革带来的不利影响；团队共生能力是指以团队为单位研究和改进现有教育教学工作，突破教育教学改革难题所应具备的条件，其核心是克服封闭、单一的工作状态；品牌塑造能力是指塑造自我品牌的能力和对教研组、学校品牌建设的贡献能力等。如果没有全体教师的这三种发展能力，就难以提高学生的发展力。

只有具备了真实的发展力，才能把课堂打造成“优质学习生命体”。只有在课堂改革中同时提高了教师发展力和学生发展力，才能把“全息课堂”打造成“优质学习生命体”。“优质学习生命体”主要体现在四个方面：一是把学生培育成“优质学习生命体”，使学生具备终身学习的能力；二是把教师打造成“优质学习生命体”，使教师具备持续改革的能力；三是把课堂建设成“优质学习生命体”，使课堂具有发展师生的功能；四是把学校建设成“优质学习生命体”，使学校具有催人奋进的蓬勃朝气。只有在提高课堂发展力的过程中建设“优质学习生命体”，才能确保课堂学习的“活态优质”，提升“全息育人课堂”的效益。

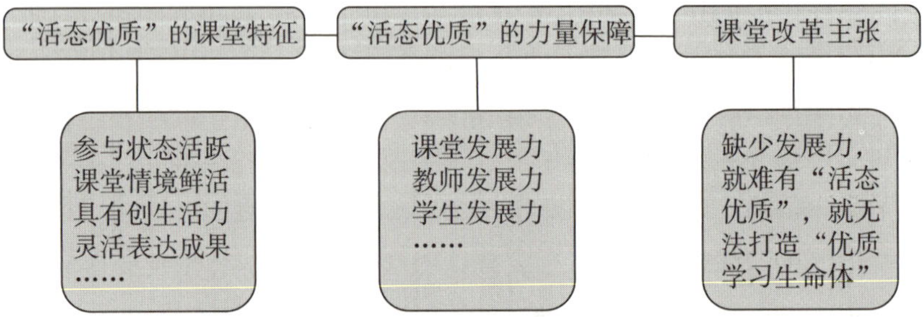

图 3.3　“活态优质”与“有力量的课堂”

3.“全体优秀”需要把“轻负高质”落到实处

“轻负高质”，是指低负担高质量。低负担，是指学生的课业负担和心理压力合理、适度；高质量，是指学生获得了自己能够达到的最好发展。低负担高质量，是指学生以合理的成本获得了力所能及的最好发展。

“全息育人课堂”要实现“全体优秀”的目标，必须把“轻负高质”落到实处，改变只抓分数、死抓分数和抓死分数的状况，“以整合促效益，以效益换时间，以时间活结构，以结构育素养”。

“以整合促效益”：在学习目标、教材内容、三级课程、学习资源、教师资源的整合中提高教与学的效益，改变单点教学、散点教学的现状，突破单元教学、专题教学、项目教学的难点，整体规划和布局三年教学目标；根据三年教学目标的整体布局，整合教材内容与课程资源，减少重复和没有价值的目标与内容，在整合中提高每一节课的效益。

“以效益换时间”：在提高每一节课效益的基础上，把无效的、低效的课时利用起来，开设学校规划的气质涵养课程、个性发展课程和英才奠基课程。用提高必修、必选课程效益的方式，争取时间开设任选课程，实现“有价值的分数”和“有意义的生命”的同步发展。

“以时间活结构”：在有限的时间内，通过必修、必选和任选课程的时间搭配，灵活设置“三形课堂”，盘活与优化课堂的形态结构。

“以结构育素养”：在灵活的课堂形态结构中，全面发展学生的核心素养，从多方面促进学生的发展，实现“轻负高质”的课堂建设目标。

三、行动框架与改革重点：在“1234”的行动框架中建设“全息育人课堂”

要实现上述课堂愿景与战略目标，落实上述改革主张，需要采用“1234”的行动框架创建“全息育人课堂”。

（一）行动框架：在“1234”的实践体系中有序推进课堂改革

“1234”实践体系中的“1”是指一个目标体系，“2”是指两种班级形式，“3”是指三种课堂形态，“4”是指“四力共生”的课堂要求。

1. 一个目标体系和两种班级形式，确保“全体优秀”

一个目标体系：各教研组和备课组根据课程标准和中考考纲要求，以学年和学月为单位，统一分解学科目标，形成覆盖初中阶段的学科目标体系，将目标体系细分为规定性目标和弹性目标，再根据分解后的目标体系整合教材内容、明确教学任务，并供全体教师和全校学生统一使用，确保“全体优秀”。

两种班级形式：采用行政班级和学科班级两种形式组织学习团队，行政班级为固定班级，学科班级为分类选择班级。行政班级以有利于团队优秀的原则组建，组建后不再流动；学科班级以提高个体的学科适应性为原则组建，组建后相对固定，适当流动。学科班级根据学生在不同学科的学习情况分成不同类别。不同类别的班级采用不同的教学策略，安排不同的教学进度，对过程学习采用不同的评价内容与方式，以最适合学生发展的方式追求每位学生的最大成功。

2. 三种课堂形态整合推进，确保“立体优化”

三种课堂形态，即40分钟的核心（基础）素养课、50分钟的差异发展（综合素养）课和60分钟的优势增值课。核心（基础）素养课以把握学科基础知识和提高学科基本能力为主要任务，其目的是夯实基础，所以采用40分钟的常规课课时；差异发展（综合素养）课以建立知识联系、融合单项能力、综合运用学科知识解决问题为主要任务，其目的是把握“类知识”，解决“类问题”，形成“类方法”，具有专题研究与总结提炼的特点，所需时间较长，所以采用50分钟的改革性课时；优势增值课以发展爱好、培育优势、形成特长为主要任务，其目的是引导学生使自己的“长板更长”，一般以体验性活动的方式展开，所需时间更长，所以采用60分钟的超常规课时。

三种课堂形态整合推进，主要有四种方式：一是以“固定班级+学科分类走班”的方式，推进核心（基础）素养课和差异发展（综合素养）课的整合。如语文，核心（基础）素养课以行政班级进行，差异发展（综合素养）课则分为“以读带写”和“以写带读”两类班级，采用分类走班的方式实施差异化教学。二是以“固定班级+跨学科走班”的方式，推进核心（基础）素养课和优势增值课的整合，如历史和道德与法治、地理与生物，40分钟的核心（基础）素养课在行政班级进行，60分钟的优势增值课则以跨学科走班的方式推进，在跨学科分类教学的过程中尊重和促进差异化发展。三是以“前半期行政班级+半期以后学科分类走班”的方式，在分类实施差异化教学的基础上，推进核心（基础）素养课与差异发展（综合素养）课的整合，如数学、英语、物理、化学，前半期以行政班级实施核心（基础）素养课和差异发展（综合素养）课，半期以后分为两类班级，分别实施核心（基础）素养课和差异发展（综合素养）课。四是以“行政班级+分类活动+社团活动”的方式推进核心（基础）素养课与优势增值课的整合，如音乐、美术、体育、信息技术等，核心（基础）素养课以行政班级为单位实施，优势增值课则在60分钟的必选与社团活动的任选中设置分类活动，在分类活动中实施。三种形态整合推进的方式见表3.1。

表3.1　金苹果锦城第一中学三种课堂形态的整合方式

学科	课堂形态结构	整合方式	备注
语文	核心（基础）素养课+差异发展（综合素养）课+优势增值课	行政班级（必修）+分类走班（必选）+分类活动（任选）	与学校阅读课、书法课、社团活动整合，设置60分钟的分类活动
数学 英语 物理 化学	◎前半期行政班级的核心（基础）素养课+差异发展（综合素养）课 ◎后半期学科分类走班中的核心（基础）素养课+差异发展（综合素养）课 ◎具有竞赛潜质的学生参与学科竞赛班	固定的行政班级+较为固定的学科分类班级+学科竞赛班	与学校科创时间整合，设置60分钟的数学、物理、化学竞赛班课程
历史 道德与法治 生物 地理	核心（基础）素养课+跨学科优势增值课	行政班级+跨学科走班	◎生物与地理、历史和道德与法治套排，在套排的必修课时内设置优势增值课，以跨学科走班方式进行 ◎生物与地理，可整合学校科创时间，根据需要设置60分钟的分类活动课程
音乐 美术 体育 信息 技术	核心（基础）素养课+优势增值课	行政班级+分类活动+社团活动	◎音乐、美术的核心（基础）素养课以50分钟为单位 ◎体育整合大课间和早操训练内容

3.“四力共生”，确保“活态优质”

“四力共生”，是指学习内生力、自主学习力、资源整合力和学习表达力“四力”相互促进、共融共生。

学习内生力，是指有主动学习的愿望，这是内生的动力；有一定的知识与能力，这是内生的基础；有良好的学习方法和习惯，这是内生的保障。动力、知识、能力、方法、习惯，是学习内生力的五个要素，在课堂上培育学习内生力，就是不断发展和优化这五个要素。

自主学习力，是指学生在教师或伙伴的帮助下，能够自觉主动地评估、分析自己的优势与不足，并能根据自我分析的结果，主动、合理地选择学科教学的差异发展班或优势增值课；综合自己在核心（基础）素养课、差异发展（综合素养）课、优势增值课中的表现，结合自己的兴趣、潜能与未来发展需要，规划自己的学习进程，选择适合自己的学习方式，并时时进行反思、调整和超越。自我评估、自主选择、自主规划与自我调控构成了自主学习力的核心，在课堂上提高学生的自主学习力，就是提高学生的这四种自主能力。

资源整合力，是指整合各种资源提高课堂学习效益的能力，主要包括五个方面的资源整合能力：一是学科内的资源整合能力，整合学科知识、能力，形成更加科学的知识与能力发展序列，同时整合教材与学科课程资源，为序列化的知识与能力教学提供学习内容与任务保障；二是跨学科资源整合能力，在学科学习、项目学习或主题学习中整合跨学科资源，提高不同形态的课堂学习效益；三是跨媒体资源整合能力，整合不同媒体的学习资源，提高学生的学习效益；四是整合校内外资源，实现书本知识、学校生活与社会生活的有机衔接；五是学习同伴的资源整合，整合学习小组、不同类型学生和教师资源，在整合同伴、导师资源的过程中超越自我。

学习表达力，是指学生用不同方式表达学习愿望和呈现学习过程与结果的能力，主要包括：学习诉求的表达力，能准确、明晰地表达自己的学习诉求；学习过程的分享力，能把自己的学习方法、习惯，思维过程与学习流程等清晰地传达给学习伙伴或老师；学习结果的表达力，能够以不同方式呈现自己的学习结果。

综上，“四力共生”中“四力”的主要内容与发展重点如表 3.2。

表 3.2　“四力共生”的主要内容与发展重点

“四力”	主要内容与发展重点
学习内生力	◎激活主动学习的愿望，解决学习内生的动力问题 ◎丰富知识，培养能力，解决学习内生的基础问题 ◎培养学习方法与习惯，解决学习内生的保障问题
自主学习力	◎提高学生评估自我学习现状与潜力的能力 ◎提高学生自主选择课程与班级的能力 ◎提高学生自主规划学习过程的能力 ◎提高学生自我反思、主动调整和超越自我的能力
资源整合力	◎提高学生学科内资源的整合能力 ◎提高学生跨学科资源的整合能力 ◎提高学生跨媒体资源的整合能力 ◎提高学生整合校内外资源的能力 ◎提高学生整合学习同伴与导师资源的能力
学习表达力	◎提高学生学习诉求的表达力 ◎提高学生学习过程的分享力 ◎提高学生学习结果的表达力

“四力共生”是促进课堂“活态优质”的重要方式。其中，学习内生力是基础，只有具备了一定的学习内生力，学生的自主学习力才能不断提高；只有提高了自主学习力，学生才能主动积极地辨析、筛选与整合各种有益资源，在不断整合资源的过程中形成自己的学习成果，提高主动表达成果的愿望与能力；只有在有效表达成果的过程中，学生才能感受到学习的成就与乐趣，进一步激活自己的内生力。因此，“锦一”课堂中的“四力”与“活态优质”，是相互促进、共融共生的一个整体，其关系如图 3.4。

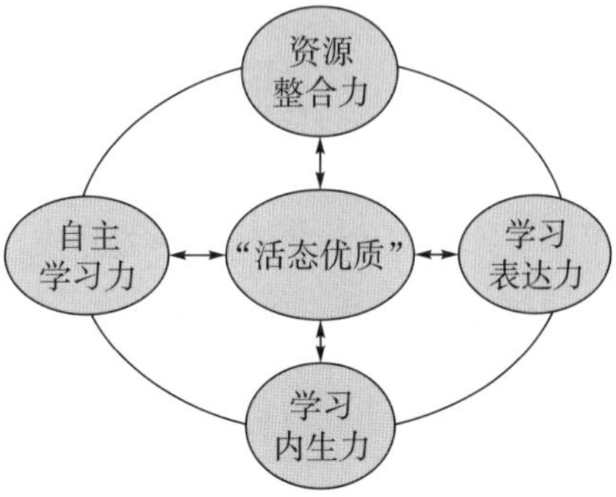

图 3.4　课堂“四力”与“活态优质”关系图

为了确保“全息育人课堂”的“活态优质”，三种形态的课堂在“四力”发展上各有侧重。在学习内生力的发展方面，核心（基础）素养课具有极其重要的作用，在动力、知识、能力、方法、习惯五个方面必须狠下功夫。在自主学习力的发展方面，核心（基础）素养课既要培养学生的自主学习能力，更要发挥老师的引导作用，老师通过提出任务和讲解、指导，让学生提高自我评估和自我调控的能力；差异发展（综合素养）课和优势增值课则要强化学生的自主选择、自主规划和自我调控能力的培养。在资源整合力的培养方面，核心（基础）素养课重在基础，主要注重学科内整合，整合力度较小；差异发展（综合素养）课注重学科内、学科与生活的整合，适当兼顾跨学科、跨媒体整合，资源整合力度加大；优势增值课重点强调跨学科、跨媒体整合，综合程度进一步增强，资源整合力的培养需要进一步强化。在学习表达力方面，核心（基础）素养课以接收、理解、领悟和运用为主，兼顾学习表达，差异发展（综合素养）课和优势增值课的学习表达要求逐层提高，学习表达力的培养需要进一步强化。

根据“锦一”课堂“四力”的内涵和三种课堂形态的不同要求，不同形态的课堂与“四力”培养的具体内容见表3.3。

表3.3　不同形态的课堂发展“四力”的侧重点

课堂形态	发展“四力”的侧重点	
核心（基础）素养课	学习内生力	◎激活学习动力 ◎储备基础知识与能力 ◎丰富学习方法 ◎养成良好的学习习惯
	自主学习力	◎自我评估能力 ◎自我调控能力
	资源整合力	◎学科内资源整合
	学习表达力	◎学习诉求表达力 ◎学习过程表达力

续表

课堂形态	发展“四力”的侧重点	
差异发展（综合素养）课	学习内生力	◎内生知识与能力结构 ◎内生综合解决学科问题的方法 ◎内生书本知识与社会生活相互转化的习惯
	自主学习力	◎自我选择能力 ◎自主规划能力 ◎自我调控能力
	资源整合力	◎学科内资源整合能力 ◎跨学科资源整合能力 ◎跨领域、跨媒体资源整合能力
	学习表达力	◎学习诉求表达力 ◎学习过程表达力 ◎学习结果表达力
优势增值课	学习内生力	◎内生优势自信与特色发展动力 ◎内生跨学科、跨领域、跨媒体的学习动力、方法与能力
	自主学习力	◎自主选择能力 ◎自主规划能力 ◎自我调控能力
	资源整合力	◎跨学科资源整合能力 ◎跨领域资源整合能力 ◎跨媒体资源整合能力
	学习表达力	◎学习过程表达力 ◎学习结果表达力

综上，金苹果锦城第一中学“全息育人课堂”的建设，主要采用以下行动框架（图 3.5）。

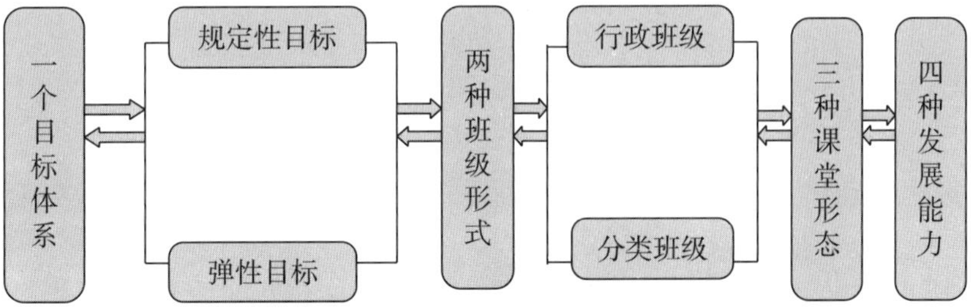

图 3.5　金苹果锦城第一中学“全息育人课堂”建设框架

（二）改革重点：在内容整合、差异发展和项目学习三个关键点上取得实质性突破

在内容整合上取得实质性突破，促进课堂学习的“立体优化”。根据各学科分解的目标体系，整合教材内容，提高必修课效益；根据三种形态课堂的不同功能，整合三种形态课堂的教学内容，发挥三种形态课堂的整合效益；根据课前、课中、课后的不同学习任务，整合三个环节的学习内容，提高课堂学习过程的一体化发展水平。前两个方面的内容整合具有较大难度，必须取得实质性突破，才能落实“轻负高质”的课堂建设目标。

在差异发展上取得实质性突破，促进课堂学习的“全体优秀”。在定位和区分学科分类班级时，要体现班级分类的实质性意义，提高不同类型班级的教学质量；在建构“行政班级+学科分类班级”的管理模式时，要采用动态管理方式，避免学科分类管理缺位的现象，提高学科班级分类管理的效益；区分核心（基础）素养课、差异发展（综合素养）课和优势增值课的功能，不同形态的课堂要上出不同的特点，发挥不同课时的效益。这三个方面的改革，都会给学校管理特别是教学管理带来巨大变化，取得实质性突破需要改革教学管理模式并解决相应难题。

在项目学习上取得实质性突破，促进课堂学习的“活态优质”。优势增值课主要以项目学习的方式推进，在确定学习项目、优化项目学习过程、展示项目学习成果等方面建立系列化的操作办法与管理制度，力求在项目学习的系列化、多样性与高质量方面取得实质性突破。

第二部分　实践篇

根据“全息育人课堂”的上述建设要求，在课堂教学和课程建设方面逐步建立、完善以下改革措施。

一、改变课时设置，创新学校课程表

根据三种形态课堂的建设要求、初中阶段的教学任务和学校课程建设的需要，创新学校课程表，根据以下框架完善课程表（表 3.4）。

表 3.4 金苹果锦城第一中学课程表框架

<table>
<tr><th colspan="2">时段</th><th>周一至周五</th><th>周六、周日</th></tr>
<tr><td colspan="2">上午</td><td>以 40 分钟课时为主，辅以 50 分钟课时</td><td rowspan="4">学生休息；总结一周的学习情况并进行自我调整</td></tr>
<tr><td rowspan="3">下午</td><td>第一时段</td><td>以相关学科套排 40 分钟课时为主</td></tr>
<tr><td>第二时段</td><td>全校性 50 分钟课时</td></tr>
<tr><td>第三时段</td><td>全校性 60 分钟课时</td></tr>
<tr><td colspan="2">晚上</td><td>学生自主学习；教师个别辅导</td><td>周日晚上全校性社团活动</td></tr>
</table>

不同学期根据不同学科的教学任务与国家规定课时，结合学校特色课程建设的需要，调整和细化表 3.4，形成每一学期的课程表。

二、把握学科特点，创新学科课程实施方案

根据表 3.4 的基本要求，创建具有学科特点的课程实施方案，形成学科课程表。各学科的课时安排与形态结构见表 3.5。

表 3.5 金苹果锦城第一中学学科课程的课堂形态结构

学科	课程结构	备注
语文	40 分钟课时（行政班，单项能力，必修）+50 分钟（分类走班，学科综合能力，必选）+60 分钟（分类走班，整合阅读、书法等，任选）	以 60 分钟课时为载体，整合阅读、书法、其他学科、社团活动，形成不同类型的选修课程，重点细化和落实课程框架中的人文滋养课程、兴趣增值课程、特长发展课程中的要求

续表

学科	课程结构	备注
英语	1. 第一学期前半期 40 分钟课时（行政班，学科知识与能力，必修）+50 分钟（行政班级，学科综合能力，必选） 2. 第一学期后半期开始 40 分钟课时（学科学习班，学科知识和能力，必修）+50 分钟（学科学习班，学科综合能力，必选）	1. 采用“行政班级+学科班级”的运行方式建构英语课程结构 2. 英语学科不单列优势增值课，但可以和语文共享学校阅读课时段，同时整合社团活动时间，根据人文滋养课程、国际理解课程、国际语言课程、兴趣增值课程和特长发展课程的建设需要，设置以英语为主体的任选课程
数学	1. 第一学期前半期 40 分钟课时（行政班，学科知识和能力，必修）+50 分钟（行政班级，“类问题”“类方法”、学科综合能力，必选）+60 分钟（分类走班，整合科创、社团等，任选） 2. 第一学期后半期开始 40 分钟课时（学科学习班，学科知识和能力，必修）+50 分钟（学科学习班，“类问题”“类方法”、学科综合能力，必选） 3. 整合科创、社团等，开设数学英才班	采用“行政班级+学科班级”的运行方式建构数学课程结构
物理	1. 第三学期前半期 40 分钟课时（行政班，学科知识和能力，必修）+50 分钟（行政班级，“类问题”“类方法”、学科综合能力，必选） 2. 第三学期后半期开始 40 分钟课时（学科学习班，学科知识和能力，必修）+50 分钟（学科学习班，“类问题”“类方法”、学科综合能力，必选） 3. 整合学校科创与社团活动时间，开设物理英才班	采用“行政班级+学科班级”的运行方式建构物理课程结构

续表

学科	课程结构	备注
化学	1. 第五学期前半期 40分钟课时（行政班，学科知识和能力，必修）+50分钟（行政班级，“类问题”“类方法”、学科综合能力，必选） 2. 第五学期后半期开始 40分钟课时（学科学习班，学科知识和能力，必修）+50分钟（学科学习班，“类问题”“类方法”、学科综合能力，必选） 3. 整合学校科创与社团活动开设化学英才班	采用“行政班级+学科班级”的运行方式建构化学课程结构
生物 地理	40分钟（行政班，学科知识与能力，必修）+90分钟（多样化班级，两个学科课时套排，跨学科、跨领域、跨媒体能力，必修和必选）	生物和地理的90分钟，在两个学科规定的必修课时内设置，采用套排的方式，两个学科组根据两个学科的教学任务，按照学校的科学素养课程、创新课程、创业课程、兴趣增值课程、特长发展课程的建设要求，以跨学科、跨领域、跨媒体课程建设的思路，确立每学期的整合主题（话题），建构每学期的必选课程。必选课程可采用大班教学、分类教学、学科教师分专题教学、专题活动、专题讲座等方式进行，每学期开展6次以上活动；必修课则采用学科内整合的思路提高教学效益，挤出时间开设跨学科必选课
道德与法治 历史	40分钟（行政班，学科知识与能力，必修）+90分钟（多样化班级，两个学科课时套排，跨学科、跨领域、跨媒体能力，必修和必选）	道德与法治和历史的90分钟，在两个学科规定的必修课时内设置，采用套排的方式，两个学科组根据两个学科的教学任务，按照学校的人文滋养课程、领导力课程、兴趣增值课程、特长发展课程的建设要求，以跨学科、跨领域、跨媒体课程建设的思路，确立每学期的整合主题，建构每学期的必选课程。必选课程可采用大班教学、分类教学、学科教师分专题教学、专题活动、专题讲座等方式进行，每学期开展6次以上活动；必修课则采用学科内整合的思路提高教学效益，挤出时间开设跨学科必选课

续表

学科	课程结构	备注
音乐美术	60 分钟（行政班，学科单项能力与综合能力，必修）+60 分钟（分类走班，综合能力，任选）	音乐、美术的 60 分钟，共享学校的艺术课时，整合社团活动时间，根据学校的艺术修养课程、兴趣增值课程、特长发展课程的要求，设置校本课程
体育	40 分钟（行政班，学科单项能力与综合能力，必修）+60 分钟（分类走班，综合能力，任选）	体育的 60 分钟，共享学校的体锻课时，整合社团活动时间，根据学校的强体健身课程、兴趣增值课程、特长发展课程的要求，设置校本课程
信息技术	40 分钟（行政班，学科单项能力与综合能力，必修）+75 分钟（分类走班，综合能力，任选）	信息技术的 60 分钟，与其他学科共享学校的科创课时，整合社团活动时间，根据学校的科学素养课程、创新课程、创业课程、兴趣增值课程、特长发展课程的要求，设置校本课程
班队会	分班活动＋年级活动＋学校专题活动＋社团活动	根据学校发展指导课程的建设要求，整合班会课、社团活动，建构特色课程

教务处根据每学期不同的教学任务和课堂形态结构的变化，形成每个学科每个学期的具体课程实施方案。

三、改变学程设计，丰富学校课程类型

改变每一学期一个学程的传统学段时间安排和课程设计，将每一学期分为四个学程，即两个长学程和两个短学程。一个短学程一般为 7 天，加上前面和后面的周末时间，最长可达 9 天。

长学程主要完成表 3.5 规定的学科教学和跨学科、跨领域的特色课程开设任务。七、八年级的长学程完成国家规定的主要任务。对九年级的长学程进行分类设计：对准备直升“锦一”高中部的学生，进一步加大初中学科课程的整

Golden Apple Jincheng No.1 Secondary School

“红色路 · 三农情 · 中国梦”研学行前学生演练搭帐篷

Golden Apple Jincheng No.1 Secondary School

涵养创造未来的智慧　沉淀行走全球的品格

Golden Apple Jincheng No.1 Secondary School

合力度，增加有关高中学习方法、学习习惯和学科基础知识与能力的课程，加大高初中衔接教育力度；对准备参加成都或其他地方中考的学生，增加中考适应性课程，强化中考学科，提高中考质量；对准备到国外就读高中的学生，进一步加大初中学科课程的整合力度，适度增加国际语言课程和国际理解课程。

根据 12 个长学程的时间安排对表 3.5 中的学科教学目标与内容进行整合与分解。由于将传统的每学期的时间分出了两个短学程，所以每学期的学科教学时间相应缩短，需要进一步加大学科教学目标与内容的整合力度，提高学科教学效益。

整体规划 12 个短学程。七、八年级每个学期的第一个短学程，由已完成本学期长学程学习任务的学生组成项目学习小组，以“行走课程”或“游学课程”的方式，开设跨学科、跨领域、跨地域的综合课程，根据人文滋养课程、科学素养课程、艺术修养课程、领导力课程、创业类课程、创新类课程、国际交往课程的建设需要，整合社团建设内容，设置系统化的特色课程；未完成本学期第一个长学程任务的学生，利用短学程进行补偿性学习，项目学习任务移至本学期结束后的假期。七、八年级每一个学期的第二个短学程，学校、年级组、教研组和备课组等，根据本学期学生的学习情况，有针对性地设置补偿性学习课程。

九年级的 4 个短学程，根据学生多元升学的需要分类安排：准备直升“锦一”高中部的学生，前两个短学程进行初中阶段的补偿性学习，后两个短学程主要设置初高中衔接课程，据此建设“游学课程”和“行走课程”；准备参加成都市或其他地方中考的学生，4 个短学程均用于初中阶段的补偿性学习；准备到国外就读高中的学生，4 个短学程主要围绕国际理解课程和国际语言课程开设“行走课程”或“游学课程”。

金苹果锦城第一中学初中阶段 12 个学期 24 个学程的设计框架如表 3.6。

表 3.6 金苹果锦城第一中学学程设计框架

学习时段	长学程		短学程	
	数量	任务	数量	任务
七、八年级	8	完成学科教学中核心（基础）素养课、差异发展（综合素养）课和优势增值课的任务	8	每学期第一个短学程，根据学校课程建设和社团发展的需要，以“行走课程”和“游学课程”的方式，设置系列化的综合性特色课程；每学期第二个短学程设置系列化的补偿性学习课程

续表

学习时段	长学程			短学程		
	数量	任务		数量	任务	
九年级	4	直升学生	进一步整合初中课程，增加高初中衔接课程	4	直升学生	设置高初中衔接的“行走课程”和“游学课程”
		中考学生	增加和强化中考适应性课程		中考学生	围绕中考设置补偿性学习课程
		国外就读学生	进一步加大初中课程的整合力度，增加国际语言和国际理解课程		国外就读学生	围绕国际理解课程和国际语言课程设置“行走课程”和“游学课程”

教务处整合表3.4、表3.5、表3.6，形成学校的长学程课程表和短学程的课程方案。

四、整合教材内容，建立必修和必选的学习目标体系

根据学程设计、课程结构和课时安排，整合并分解学科、跨学科、跨领域的学习目标与内容，根据“统筹学科目标，分解学段目标，明确学程目标，定位‘三形课堂’目标”的思路，建构“锦一”学科学习目标与内容的新体系。

（一）整合教材内容，建立长学程的学习目标体系

根据课程标准和中考考试大纲的总体目标与考查要求，结合教材和有关学习资源，分解学习目标、任务与内容，分别形成学年、学期、学程、学月和单元（专题）学习目标、实现指标与学习内容，根据不同形态课堂的不同功能进行分解，形成核心（基础）素养课、差异发展（综合素养）课和优势增值课的学期、学月和单元目标，以此建构“三形课堂”学习目标与内容体系。

学期、学程、学月、单元学习目标分为规定性目标和弹性目标。规定性目标，是全年级学生在本学期、本学程、本学月、本单元（专题）必须达成的保底性目标；弹性目标，是在规定时间内，根据不同班级学生的发展情况，调整学习目标的达成进度、深度与数量，避免全年级学生的“一刀切”现象。主要

采用如下操作流程。

1. 教研组分解初中学段目标，明确学年的具体学习目标

教研组根据课程标准中初中阶段的学习目标和中考考纲的考查要求，把初中阶段需要实现的总目标分解为七年级、八年级、九年级分步实现的学年目标。

为了落实培育学生核心素养的学科教学改革要求，分解学习目标、任务与内容时，要尽量以能力为主线建构学科学习序列。以综合能力为主线的学科，以能力为主线分解学习目标、任务和内容，建构“学科能力+跨学科能力”的目标层级；以单项能力和综合能力为主线的学科，仍以能力为主线分解学习目标、任务和内容，建构“学科单项能力+学科综合能力+跨学科能力”的目标层级；以知识和能力双线并重的学科，可以采用以知识运用为主线或以能力提升为主线或知识、能力双线并进的思路分解学习目标、任务和内容，建构“学科知识理解与运用能力+‘类问题’与‘类方法’的解决与运用能力+跨学科能力”的目标层级。初中阶段目标、任务与内容分解框架可参照表 3.7。

表 3.7 金苹果锦城第一中学学科学段目标、任务与内容分解表

（教研组使用）

学科教研组＿＿＿＿＿＿　　使用时间＿＿＿＿＿＿

<table>
<tr><td rowspan="9">能力模块一</td><td>课程标准要求</td><td colspan="4"></td></tr>
<tr><td>中考考纲要求</td><td colspan="4"></td></tr>
<tr><td rowspan="7">学年目标
学年任务
学年内容</td><td>年级</td><td>目标</td><td>学习任务</td><td>教材内容整合</td></tr>
<tr><td rowspan="2">七年级</td><td>目标 1：</td><td></td><td></td></tr>
<tr><td>目标 2：
……</td><td></td><td></td></tr>
<tr><td rowspan="2">八年级</td><td>目标 1：</td><td></td><td></td></tr>
<tr><td>目标 2：
……</td><td></td><td></td></tr>
<tr><td rowspan="2">九年级</td><td>目标 1：</td><td></td><td></td></tr>
<tr><td>目标 2：
……</td><td></td><td></td></tr>
</table>

续表

<table>
<tr><td rowspan="9">能力模块二</td><td>课程标准要求</td><td colspan="4"></td></tr>
<tr><td>中考考纲要求</td><td colspan="4"></td></tr>
<tr><td rowspan="7">学年目标
学年任务
学年内容</td><td>年级</td><td>目标</td><td>学习任务</td><td>教材内容整合</td></tr>
<tr><td rowspan="2">七年级</td><td>目标 1：</td><td></td><td></td></tr>
<tr><td>目标 2：
……</td><td></td><td></td></tr>
<tr><td rowspan="2">八年级</td><td>目标 1：</td><td></td><td></td></tr>
<tr><td>目标 2：
……</td><td></td><td></td></tr>
<tr><td rowspan="2">九年级</td><td>目标 1：</td><td></td><td></td></tr>
<tr><td>目标 2：
……</td><td></td><td></td></tr>
</table>

使用上述表格时，需要注意三个问题。

一是以能力为主线细分目标。统筹考虑初中阶段本学科的学习任务，合理划分能力模块，每一个能力模块就是学生能力提升的一级阶梯。每一个能力模块的容量要适度，既要考虑学习的饱和度，也要考虑学生的承受力。如果课程标准和中考考试大纲是以内容、知识、方法等为主线划分模块的，如“国际理解”，虽以内容命名，但可以转化为以掌握和运用这一内容、知识、方法的能力命名，如以“提高国际理解能力”或“运用国际理解的方法”等来命名能力模块，根据能力模块包含的内容细分学习目标。

二是加大学习目标与教材内容的整合力度。在确定学年目标、任务和内容时，要根据课标、考纲和使用的教材，去除重复的目标、任务和内容，整合相似、相近的目标、任务与内容；对于课标和考纲中较为模糊的目标、任务与内容，应尽量将其变得清晰；对于课标有要求而考纲没有提出要求的，将其作为学年弹性学习目标，不做硬性要求。年级目标分条列出，即“目标 1”“目标 2”……每一条目标要列出对应的学习任务和教材上的相应内容，应特别注明教材上需要整合的内容。教材内容整合可以同年级进行，也可以跨年级进行，还要不断促进跨学科、跨领域整合。由于这一目标分解表内容丰富，且不同年级的学生情况也不尽相同，因此，年段目标分解表不设置“实现指标”。

三是一个能力模块的目标不一定要覆盖三个年级，可以只在一个年级完成。

不同类型学科的学段目标分解，可以参照表 3.7 的框架，但要尽量避免生搬硬套，要结合本学科的特点，在把握上述六个要素，即课标、考纲、学年、能力、任务、教材内容整合的基础上，创造性地对本学科的学习目标、任务和内容进行分解，形成具有学科特点且便于使用的目标分解表。

2. 备课组分解学年目标，形成学期、长学程和学月目标

以年级备课组为单位分解学年目标、任务与内容。备课组根据教研组分解出的学年目标、内容和任务，按照学期、长学程、学月的教学要求，对目标进行分解，明确实现指标，形成每一学期、每一个长学程和学月的学习目标、指标、任务和教学素材共享库。学年目标、任务与内容的分解，可参考表 3.8 中的框架。

表 3.8 金苹果锦城第一中学学期、学程、学月目标分解表

（备课组使用）

学科________ 年级________

<table>
<tr><td colspan="2">学年目标</td><td colspan="6"></td></tr>
<tr><td colspan="2" rowspan="2">上学期</td><td>规定性目标</td><td colspan="5"></td></tr>
<tr><td>弹性目标</td><td colspan="5"></td></tr>
<tr><td colspan="2" rowspan="2">第一个长学程目标</td><td>规定性目标</td><td colspan="5"></td></tr>
<tr><td>弹性目标</td><td colspan="5"></td></tr>
<tr><td rowspan="5">第一个长学程目标分解</td><td>学月</td><td>目标类型</td><td>目标</td><td>实现指标</td><td>学习任务</td><td>教材内容整合</td><td>课外素材</td></tr>
<tr><td rowspan="2">第一学月</td><td>规定性目标</td><td></td><td></td><td></td><td></td><td rowspan="4"></td></tr>
<tr><td>弹性目标</td><td></td><td></td><td></td><td></td></tr>
<tr><td rowspan="2">第二学月</td><td>规定性目标</td><td></td><td></td><td></td><td></td></tr>
<tr><td>弹性目标</td><td></td><td></td><td></td><td></td></tr>
<tr><td colspan="2" rowspan="2">第二个长学程目标</td><td>规定性目标</td><td colspan="5"></td></tr>
<tr><td>弹性目标</td><td colspan="5"></td></tr>
</table>

续表

	学月	目标类型	目标	实现指标	学习任务	教材内容整合	课外素材
第二个长学程目标分解	第三学月	规定性目标					
		弹性目标					
	第四学月	规定性目标					
		弹性目标					

年级备课组根据教研组确定的学年目标分解学期目标，根据学期目标分解规定性目标和弹性目标，然后根据学期目标分解每一个长学程的目标，根据学程目标分解学月的规定性目标与弹性目标，根据目标列出实现指标，根据实现指标进一步细化学习任务和教材内容的整合点，以此为基础，每一个学程提供 8~10 则用于课内课外联结的素材，供各位老师进行学科综合能力训练时共同使用。

3. 备课组确定每个学月的“三形课堂”的学习目标

备课组根据学月目标，结合不同形态课堂的功能定位，将学习目标、任务和内容分解到不同形态的课堂中去，以形成不同形态课堂的发展合力。“三形课堂”的目标、任务和内容分解框架可参考表 3.9。

表 3.9　金苹果锦城第一中学“三形课堂”的目标、任务、内容分解表

（备课组使用）

学科__________　　年级__________

第一学月目标	规定性目标						
	弹性目标						
第一学月目标、任务、内容分解	“三形课堂”	目标类型	目标	实现指标	学习任务	教材内容整合	课外素材
	核心（基础）素养课	规定性目标					
		弹性目标					
	差异发展（综合素养）课	规定性目标					
		弹性目标					
	优势增值课	规定性目标					
		弹性目标					

续表

<table>
<tr><td rowspan="2">第二学月目标</td><td>规定性目标</td><td colspan="6"></td></tr>
<tr><td>弹性目标</td><td colspan="6"></td></tr>
<tr><td rowspan="7">第二学月目标、任务、内容分解</td><td>“三形课堂”</td><td>目标类型</td><td>目标</td><td>实现指标</td><td>学习任务</td><td>教材内容整合</td><td>课外素材</td></tr>
<tr><td rowspan="2">核心（基础）素养课</td><td>规定性目标</td><td></td><td></td><td></td><td></td><td rowspan="6"></td></tr>
<tr><td>弹性目标</td><td></td><td></td><td></td><td></td></tr>
<tr><td rowspan="2">差异发展（综合素养）课</td><td>规定性目标</td><td></td><td></td><td></td><td></td></tr>
<tr><td>弹性目标</td><td></td><td></td><td></td><td></td></tr>
<tr><td rowspan="2">优势增值课</td><td>规定性目标</td><td></td><td></td><td></td><td></td></tr>
<tr><td>弹性目标</td><td></td><td></td><td></td><td></td></tr>
</table>

“三形课堂”的目标分解，可根据不同学科的教学实际与课堂形态结构，灵活选用分解时段，可以以一学年为单位分解“三形课堂”的目标、内容与任务，也可以以一学期为单位分解，还可以以一个长学程为单位分解，各学科可参考表 3.9，形成具有学科特点的“三形课堂”分解框架。

4. 科任教师分解“三形课堂”目标，明确所教班级的学习目标

各班任课教师根据年级制定的学月目标和“三形课堂”目标，结合所教班级情况，制定单元或专题学习目标，根据单元或专题学习目标制定课时目标，根据课时目标进一步细化和调整实现指标、学习任务、教材内容的整合点与课外联结素材，形成班级教学目标卡，避免班级教学的整齐划一与机械僵化。分解框架可参考表 3.10。

表 3.10 金苹果锦城第一中学班级目标、任务、内容分解表

（任课教师使用）

学科______ 年级______ 学期______ 班______ 教师______ 课堂形态______

<table>
<tr><td>学情分析</td><td colspan="2"></td></tr>
<tr><td rowspan="2">学月目标</td><td>规定性目标</td><td></td></tr>
<tr><td>弹性目标</td><td></td></tr>
</table>

续表

<table>
<tr><td rowspan="8">学月目标、任务、内容分解</td><td rowspan="4">第一单元或专题</td><td colspan="2">规定性目标</td><td colspan="2"></td><td>弹性目标</td><td colspan="2"></td></tr>
<tr><td rowspan="3">目标分解</td><td>目标</td><td>实现指标</td><td>学习任务</td><td>教材内容整合</td><td>共用课外素材</td><td>补充素材</td></tr>
<tr><td>目标 1：</td><td></td><td></td><td></td><td></td><td></td></tr>
<tr><td>目标 2：
……</td><td></td><td></td><td></td><td></td><td></td></tr>
<tr><td rowspan="4">第二单元或专题</td><td colspan="2">规定性目标</td><td colspan="2"></td><td>弹性目标</td><td colspan="2"></td></tr>
<tr><td rowspan="3">目标分解</td><td>目标</td><td>实现指标</td><td>学习任务</td><td>教材内容整合</td><td>共用课外素材</td><td>补充素材</td></tr>
<tr><td>目标 1：</td><td></td><td></td><td></td><td></td><td></td></tr>
<tr><td>目标 2：
……</td><td></td><td></td><td></td><td></td><td></td></tr>
</table>

（二）明确短学程学习项目，建构学校特色课程目标体系

短学程主要以项目学习为载体，以“行走课程”或“游学课程”等方式进行。因此，短学程的目标确定应以具体的话题、主题或任务等为依托，结合学期或学年的主要学习内容，力求在跨学科、跨领域、跨媒体中确定学习项目，以项目为依托建构形式多样的具有高选择性的短学程课程和学校特色课程的目标体系。

短学程的项目与目标，主要根据涵养气质课程、个性发展课程、英才奠基课程的框架确定。因此，短学程的学习目标就是某一具体课程的发展目标，制定短学程的学习目标可参考表 3.11 的框架。

表 3.11　金苹果锦城第一中学短学程课程目标分解框架

<table>
<tr><th>学习时段</th><th>短学程</th><th>项目名称</th><th>项目类型</th><th>项目目标</th><th>涉及学科</th><th>参与人数</th></tr>
<tr><td rowspan="8">七年级上期</td><td rowspan="4">第一个短学程</td><td>项目 1</td><td></td><td></td><td></td><td></td></tr>
<tr><td>项目 2</td><td></td><td></td><td></td><td></td></tr>
<tr><td>项目 3</td><td></td><td></td><td></td><td></td></tr>
<tr><td>项目 4
……</td><td></td><td></td><td></td><td></td></tr>
<tr><td rowspan="4">第二个短学程</td><td>项目 1</td><td></td><td></td><td></td><td></td></tr>
<tr><td>项目 2</td><td></td><td></td><td></td><td></td></tr>
<tr><td>项目 3</td><td></td><td></td><td></td><td></td></tr>
<tr><td>项目 4
……</td><td></td><td></td><td></td><td></td></tr>
</table>

续表

学习时段	短学程	项目名称	项目类型	项目目标	涉及学科	参与人数
七年级下期	第一个短学程	项目 1				
		项目 2				
		项目 3				
		项目 4 ……				
	第二个短学程	项目 1				
		项目 2 ……				
八年级上期	第一个短学程	项目 1				
		项目 2				
		项目 3				
		项目 4 ……				
	第二个短学程	项目 1				
		项目 2				
		项目 3 ……				
八年级下期	第一个短学程	项目 1				
		项目 2				
		项目 3 ……				
	第二个短学程	项目 1				
		项目 2				
		项目 3 ……				

续表

学习时段	短学程	项目名称		项目类型	项目目标	涉及学科	参与人数
九年级上期	第一个短学程	直升	项目 1				
			项目 2				
		中考	项目 3 ……				
		国外	项目……				
		直升	项目……				
	第二个短学程	中考	项目……				
		国外	项目……				
			项目……				
九年级下期	第一个短学程	直升	项目……				
		中考	项目……				
		国外	项目……				
	第二个短学程	直升	项目……				
		中考	项目……				
		国外	项目……				

五、创新学校管理机制，建立两种班级的协调与整合培养制度

要落实上述学习目标与任务，需要采用固定班级和流动班级相结合的方式优化教学管理。如前文所述，固定班级主要为行政班级；流动班级分为两类：一是学科分类班级，一是活动分类班级。根据“行政班级+学科分类班级+活动分类班级”的协调发展需要，以“班主任统一协调，科任教师各负其责，大数据动态评估，差异化合理流动”为基本思路，创新学校管理机制，建立行政班、学科分类班和活动分类班的协调与跟踪培养制度。

（一）建立和完善三种班级管理制度，提高固定班级和流动班级的整合管理质量

为了避免流动班级管理缺位和班主任、学科教师管理错位等弊端，学校各

部门将根据实施过程中出现的具体问题，建立和完善如下制度。

1. 建立“双班主任制度”，明确不同类型班主任的职责

“双班主任制度”，即行政班主任和学科班主任各司其职、协调发展的班级管理制度。行政班级以行政班主任为主班主任，学科教师辅助管理；学科分类班级以任课教师为主班主任，任课教师承担所教班级的管理职责，行政班主任为副班主任，辅助学科教师管理学科分类班级；活动分类班由组织活动的教师承担管理职责，行政班主任辅助管理。

（1）行政班主任的职责

行政班主任既要管理行政班级，也要协调学科分类班级和活动分类班级并汇总相关学生情况，跟踪所管行政班级的每一位学生的发展情况，主要承担如下职责。

金苹果锦城第一中学行政班主任的主要职责

◎班级团队文化建设

1. 确定班训和组训，美化班级环境。根据学校精神文化体系、三种形态的课堂建设和“四力共生”要求，与学生一道确定班训或组训，根据确定的班训和组训，有创意地美化班级环境。

2. 制定和实施班级公约。结合“三形课堂”和“四力共生”的发展要求，和学生一道制定、实施班级公约。

3. 营造和谐向上的班级氛围。通过班级活动、班级交流平台、班刊等多种方式，营造和谐向上的班级氛围。

4. 建构和实施班级“四力”指导序列与促进专题。根据本班情况和班级公约等，结合学校的整体要求与科任教师的建议，建构和实施本班学生“四力”发展的指导序列，有效引导学生发展学习内生力、自主学习力、资源整合力和学习表达力。

◎学生发展文化建设

5. 选班、选课指导。根据学科分类班级、活动分类班级的建设需要，指导学生提高自我评估、选择和规划能力，提高自主学习力。

6. 三种形态课堂的学习指导。指导学生明确三种形态课堂的不同特点，和学生一道，建立和执行三种形态课堂的班级学习常规。

7. 固定班级学习与流动班级学习的分类指导。根据本班班训、组训、公约等，指导学生建立固定班级与流动班级学习公约，提高两种班级的整合学习效益。

8. 班级学生成果的收集与展示。建立班级学生学习成果数据平台，引导学生及时上传自己的代表性作品；建立和丰富班级学生成果展示形式，提高学生的学习表达力。

9. 汇总、评析和使用学生的学习建议书，帮助每位学生树立学习自信。

◎协调教师团队

10. 提醒科任教师关注每位学生。跟踪科任教师在课后对学生的评价，两周内没有被科任教师关注或关注太少的学生，及时提醒各位科任老师关注；汇总和使用科任老师对学生的评价。

11. 跟踪和汇总每位学生在学科分类班和活动分类班中的情况，并与学科班主任、活动班主任随时沟通，共同调整对不同学生的管理方式。

◎形成家校合力

12. 提高家长对学校和本班的文化、工作举措的认同度。

13. 建立和维护家长和本班的互动平台，及时更新班级数据。

14. 发掘和利用好家长资源，形成班级发展特色。

（2）学科班主任的职责

任课教师作为学科分类班级的班主任，主要承担如下职责。

金苹果锦城第一中学学科班主任的主要职责

◎学科班级建设

1. 制定和实施学科班级学习公约。从本学科和本班类型的实际情况出发，根据“三形课堂”和“四力共生”的要求，和学生一道制定、实施学科分类班级公约。

◎学生发展跟踪与指导

2. 跟踪指导。建立本班学生学习情况跟踪卡，对本班学生的学科学习情况与整体发展情况，进行全面跟踪并及时鼓励、指导。

3. 学法指导。对本班学生学习本学科的方法、习惯等进行指导和强化。

4. 汇总、评析和使用学生有关本学科的学习建议书。及时发现和肯定学生学习本学科的优势，帮助每位学生树立学习自信。

◎协调沟通

5. 与行政班主任及时沟通，提升行政班级与学科分类班级的合力。

(3) 分类活动班班主任的职责

任课教师作为活动分类班级的班主任，主要承担如下职责。

金苹果锦城第一中学分类活动班班主任的主要职责

1. 制定和实施活动班级学习公约。根据优势增值课、项目学习、特色课程建设和“四力共生”等要求，和学生一道制定、实施活动分类班级公约。

2. 全程指导和管理活动分类课。全权管理学生参与分类活动的过程与结果。

3. 发现和培植学生的优势领域。关注学生的兴趣，发现学生的潜能，帮助和引导学生形成和发展自己的优势领域与优势项目。

4. 展示学习成果。帮助和引导学生展示自己的分类活动成果，为学生分享和展示学习成果创造良好条件。

5. 与行政班主任及时沟通，提升行政班与活动分类班的合力。

2. 建立“学生成长数据双备份制度”，提高成长数据的利用率

根据学校制定的“金苹果锦城第一中学学生成长数据采集表”采集学生成长数据，行政班主任主要采集非学科数据，学科教师采集学科学习数据，学科班主任和分类活动班班主任采集本班数据，不同渠道形成的数据，汇总到学生的成长数据表中，主班主任和副班主任共同更新和使用成长数据，沟通学生成长信息，提高不同类型班主任的数据更新速度与使用率。

3. 建立“班级学生学月成长会诊制度”，及时沟通学生成长信息

以行政班级为单位，结合学生学习建议书和教师教学建议书的有关内容，每学月召开“班级学生成长会诊会议”，及时沟通、调整和完善培养方案，在不间断的过程性的调整中提高固定班级和流动班级的整合发展质量。

（二）建立和完善差异发展促进制度，提高差异发展质量

要提高学科分类教学的质量，需要建立科学的选班、选课制度，为学生的选班、选课提供客观依据，在此基础上建立动态管理制度，只有这样，才能有效提高差异发展（综合素养）课的质量。

1. 建立“学生选班、选课数据分析制度”，为学生的最佳选择提供科学依据

参考以下框架（表 3.12），分析学生在不同学科中的学习基础与潜能，为学生在不同学科中选择最适合自己的班级提供科学依据，力求避免盲目选班和跟风选班的情况。

表 3.12　金苹果锦城第一中学学生选班、选课数据采集与分析框架

学生姓名________　性别________　年级________　班级________

数据维度	数据记录	数据分析	选班（选课）建议
学习基础	数据 1：		
	数据 2：		
	……		
学习速度	数据 1：		
	数据 2：		
	……		
学习性向	数据 1：		
	数据 2：		
	……		
学习成果	数据 1：		
	数据 2：		
	……		
未来需求			

上述表格中，各维度需要采集的具体数据指标，应根据不同学科的具体要求确定。其中，“学习性向”主要采用心理学有关量表进行测量，“学习成果”包括学生的学习作品、考试分数等多个方面，主要选取最具有代表性的成果，

不能仅提供分数；“未来需求”主要指学生的未来职业领域或就学打算。

2. 建立学科分类的动态管理制度，激发学生自主学习的内驱力

建立不同学科、不同类型班级的合理流动制度，以学期或学年为单位，根据数据分析结果，在学生主动申请、学科班主任和年级集体论证后，允许少数学生调整班级类型，到更适合自己的学科班级上学习。

（三）建立和完善多向度教学质量评价制度，促进团队和个体的共生互赢

逐步建立和完善行政班、学科分类班分别评价教学质量与整合性评价教学质量相结合的制度，将分别评价和整合性评价以一定比例纳入教学质量的总体评价，根据教学质量的总体评价结果建立激励制度。在分别评价行政班和学科教学班的教学质量时，教学过程质量和教学结果质量各占一定比例，教学过程质量以同行评价和学生评价为主要依据。探索学科分类班在单元、半期等过程性测试中的差异化评价制度，通过过程性测试评价制度的改革，更好地引导和促进差异化发展。

六、转变课堂观念与行为，突显三种不同形态课堂的教学特色

为落实“在发现世界中发展自己”的学生成长价值观，三种形态的课堂分别以“理解·发现”“综合·发现”和“体验·发现”为理念引领课堂行为，在体现不同形态课堂特点的过程中实现“全息育人课堂”的“全体优秀”“立体优化”“活态优质”的目标。三种形态课堂的设计要求、理念和关键要素等主要差异如表 3.13。

表 3.13　三种形态课堂在设计与实施方面的主要差异

课堂形态	主要功能与要求	基本理念	学习活动的关键要素
核心（基础）素养课	基础、自信 全员、全程	理解·发现	学、议、创、省
差异发展（综合素养）课	综合、类型 深度、广度	综合·发现	概括、联结、探究、求变
优势增值课	专题、课程 活动、成果	体验·发现	兴趣类：活动、成果 项目类：项目、设计、执行、展示

（一）夯实核心（基础）素养课

核心（基础）素养课是夯实学科基础知识与基本能力的课，其核心是理解和运用基础知识，提高学科基本能力。根据核心（基础）素养课的这一定位，核心（基础）素养课的设计与实施应注意以下方面。

1. 核心（基础）素养课的主要功能与设计、实施要求

不同学科的核心（基础）素养课，在设计与实施时都应发挥由“基础”“自信”“全员”“全程”四个关键词形成的功能并遵循相关要求。

（1）夯实学科与“四力”基础

核心（基础）素养课必须着力“基础”，核心（基础）素养课的基础性要求主要体现在三个方面。

一是难度。核心（基础）素养课应注重常识和常见、常用的内容，降低训练难度，引导学生把握该学科最基本的内容，其难度应与中考 A 卷中的中档题和浅易题难度相当。

二是进度。在教学节奏的控制上，应以帮助全体学生真实过关为标准，在把握基础知识和训练基本技能的过程中，避免“煮夹生饭”和“基础不牢，地动山摇”的情况。

三是内容。注重学习动力、基础知识、基本能力、学习方法、学习习惯等的培养；逐步提高学生的自我评估能力和自我调控能力；帮助学生树立资源整合的意识，提高学科内资源整合的能力；引导学生清晰地表达自己的学习诉求，养成聆听和吸收同伴学习经验与成果的习惯，并学会与同伴分享自己的学习成果。

（2）提升课堂自信

核心（基础）素养课要提高学生的成功感，要能让每位学生大面积掌握基础性内容，要帮助学生在课堂学习中获得好成绩，保持好状态。通过学生在核心（基础）素养课上的成功，帮助学生建立学习自信，激活学生的学习内生力和自主学习力。

（3）确保全员过关

核心（基础）素养课是全员过关的基础课。在目标确定、内容选择、教学方法选用和教学进度的安排等方面，必须考虑全班所有学生的基本情况，根据全班学生的基本情况确定教学标高和测试评价的内容，不让一个学生在核心（基础）素养课上掉队。对于在核心（基础）素养课上确实学有困难的个别学

生，年级组统筹安排有针对性的补偿性学习。

（4）提高全程合力

核心（基础）素养课的学习分为课前学习、课中学习和课后学习三个时段，所有教师均要提高核心（基础）素养课全程学习的合力。全程学习的合力，主要体现在三个方面：一是整体设计课前、课中、课后的学习任务与活动，通过整合三个时段的学习，高质量达成学习目标和实现指标；二是三个时段的学习相互参照、互动发展，课中学习必须根据学生的课前学习进行调整，课后学习要根据学生的课中学习情况进行优化，课前学习要参照上一次的课中、课后学习情况，使课前、课中、课后成为一个螺旋式上升的良性发展过程。

2. 核心（基础）素养课设计的基本理念

核心（基础）素养课以“理解·发现”为理念，指导学习设计与实施过程。以“双基”为主体内容的核心（基础）素养课，首先需要学生接收、理解和运用基础知识，并在运用基础知识的过程中发现学习方法、学科方法以及知识的价值和学习的意义。因此，理解是核心（基础）素养课的基础，只有吸收和理解了新知识，才能在知识的运用过程中提高发现新知识、新经验与新方法的能力。

核心（基础）素养课设计与实施过程中的理解与发现，主要包含表 3.14 中的学习阶段与活动。

表 3.14 核心（基础）素养课中“理解·发现”包含的学习阶段与活动

课堂理念	主要学习阶段与重要学习活动
理解	明确学习对象、目标与任务；唤醒旧知识和已有经验；形成新旧知识结构
发现	发现新旧知识的联系，编制新旧知识结构图；发现运用新的知识结构解决问题的新方法

3. 核心（基础）素养课设计与实施的四个关键要素

根据“理解·发现”包含的主要学习阶段和重要学习活动，核心（基础）素养课的设计与实施，要把握好“学”“议”“创”“省”四个关键要素。

（1）把握“学”的要素，在不同形式的前置学习中铺垫发现的基础

不同类型的学科可以采用不同的前置学习形式、资源与手段。以综合能力训练为主线的学科，可以加大学生独立学习的开放度；以单项能力和综合能力

训练为主线的学科，可以通过文字资料或微视频等方式，帮助学生更好地独立学习；知识与学科能力双线并重的学科，可以采用微视频或教师提前精要讲解等方式，帮助学生明确学习的对象、目标和任务，提高学生独立学习的效益。在落实“学”这一要素时，可以强化三个学习活动或三级发展阶梯。

前置学习的第一阶梯：自主预习，发现知识。学生自主预习教材或教师提供的材料（包括微视频、教师的精要讲解等），发现教材或材料中的事实、信息、规则、要求、概念、定理、公式等学科知识。在这一活动中，教师应指导学生掌握预习的方法和养成预习的习惯，培养学生自主读书和发现学科知识的能力，重点提高学生的自主学习能力。

前置学习的第二阶梯：梳理结构，发现联系。在学生零散发现学科知识要点后，引导学生根据学科思维方式和学科知识的分类标准，对发现的知识要点进行归类，寻找知识要点之间的联系，把零散知识结构化。这种结构化既包括本节课新知识的结构，也包括新旧知识之间的联系与结构，引导学生理解系统化或结构化的知识，为基本能力、单项能力或综合能力的提升铺垫结构化的知识基础。这一环节需要指导学生掌握知识归类的方法和养成绘制知识结构图的习惯，在“四力”中重点培养资源整合力。

前置学习的第三阶梯：尝试学习，发现差距。完成尝试学习单上运用知识解决问题的学习任务，根据自己完成任务的情况，对照本节课或本单元（专题）的实现指标，发现差距，确定后续学习的重点内容。这一学习活动主要指导学生掌握自我评价和自我规划的方法，形成对照实现指标、明确自我差距的学习方法与习惯，重点发展自主学习能力和学习诉求的表达力。

（2）把握“议”的要素，在形式丰富的分享学习中提升发现的能力

在独立学习后，要采用形式丰富的分享学习方式开展“议”的学习活动。“议”的目的是为了分享与整合同伴、教师的学习资源，更好地或更有深度地理解结构化的知识和发现、运用新方法，可以分小组面对面交流，也可以在虚拟社区中互动。“议”和分享的关键是有效表达学生的思考过程、解决方法和发现结果。落实“议”的要素时，可以选用或整合以下活动或学习阶梯。

分享学习的第一阶梯：小组合议，发现异同。在小组内比较勾画的知识点，绘制的知识结构图和主要差异点，讨论、吸收和整合小组同学的优秀学习成果，完善尝试学习单。这一活动重点指导学生吸收、整合学习同伴的思考方法与解决问题的经验，发现别人与自己不同或比自己更好的思考与学习方法；在同伴的指

导下发现自己的不足，重点发展整合同伴和教师的学习资源的能力。

分享学习的第二阶梯：师生质疑，发现方法。在小组分享的基础上，师生以尝试学习单中的问题解决过程和结果为案例，探讨学科知识运用的特点和突破方法，在理解和运用学科知识、形成学科能力和有效思考等关键处总结方法。这一活动主要是培养学生质疑问题与总结方法的习惯，提高学生内生学科方法的能力。

分享学习的第三阶梯：换用方法，旧题新解。根据总结和丰富的学科方法，未完成尝试学习单任务的学生用总结的新方法，重新完成尝试学习任务，已完成任务的学生换一种方法重新完成任务。这一活动旨在培养学生运用新方法解决旧问题的习惯和自主调整与发展的能力，同时提高学生有创意地表达学习成果的能力。

（3）把握“创”的要素，在创生性学习中提高发现的价值

核心（基础）素养课中的“创”，是指迁移运用知识与方法，创造性地运用知识解决问题，获得学科知识与能力的新发展。落实“创”这一要素，可以强化以下学习活动或发展阶梯。

创生性学习的第一阶梯：联系现实，发现价值。联系现实生活或国内外的社会现象，运用学科知识分析、评价这些现象，发现、探究和解决隐含在这些现象中的问题，在创造性地运用学科知识与方法的过程中，发现所学方法与知识的价值，在感受知识与方法、意义的过程中提高学习的主动性与内生力。

创生性学习的第二阶梯：联系自我，发展素养。在联系现实的基础上，联系自我或同龄人的发展情况，把外在的学科知识和方法内化为自我成长的价值标准或行为准则，形成自我发展的核心素养。这一学习活动需要指导学生形成把书本知识转变为自我成长知识的方法与习惯，提高发展核心素养的内生力。

（4）把握“省”的要素，在反思性学习中培养持续发现的品质

“省”，是指在反思中明确得失，并采取相应措施进行调节的过程，是反思性学习的重要因素。要落实“省”这一要素，需要强化如下学习活动或发展阶梯。

反思性学习的第一阶梯：前后对照，发现得失。引导学生对照实现指标和与尝试学习单的差距，盘点自己在知识、能力、方法、习惯和“四力”等方面的收获，在课堂成就中激发内生力；精细诊断自己的不足，反思“学”“议”“创”等板块需要改进的地方，有针对性地进行补偿性学习。

反思性学习的第二阶梯：诊断反馈，补偿优化。在引导学生自我对照、发现得失以后，教师再根据实现指标的要求，设置有类型意义的少量练习，在迁移性的情境性任务中引导学生自查和诊断得失，及时反馈学习情况，提供针对性极强的补偿练习，引导学生主动弥补缺陷，优化不足。这一环节重在激发学生自我超越的内生力，提高自我调节的能力。

“学”“议”“创”“省”四个要素，覆盖了课前的尝试学习、课中的提升学习和课后的优化学习三个阶段，不同阶段强化不同要素，虽然“学”这一要素贯穿了三个环节，但此处的“学”主要是前置学习和独立学习。核心（基础）素养课的四要素与三环节对应关系如表3.15。

表3.15　核心（基础）素养课的四要素与三环节的对应关系

核心（基础）素养课的三环节	课前尝试学习	课中提升学习		课后优化学习
核心（基础）素养课的四要素	“学”	“议”	“创”	“省”

“学”“议”“创”“省”四个要素，以学科基础知识和学科基本能力为核心，以学生的学习活动为主轴，以教师的质疑、支持为推动力，引导和帮助学生在不同环节通过不同的学习活动，提高学习内生力、自主学习力、资源整合力和学习表达力。四个学习要素与“四力”发展对应关系如表3.16。

表3.16　核心（基础）素养课的四个关键要素与“四力”关系对应表

“四力” 四要素		学习内生力	自主学习力	资源整合力	学习表达力
学	自主预习 发现知识		自主读书、自主完成任务等能力		以一定的方式表达自己发现的知识
	梳理结构 发现联系	内生知识结构		知识要点的整合能力	绘制知识结构图
	完成任务 发现差距	在差距中内生学习动力	自我评价能力		表达自己的重点学习诉求

续表

四要素 \ "四力"		学习内生力	自主学习力	资源整合力	学习表达力
议	小组合议发现异同		自我完善能力		表达自己的学习过程与结果
	师生质疑发现方法	内生学科方法		整合书本资源和社会资源	表达创造性运用方法的过程与成果
	换用方法旧题新解	内生创新动力	自我提升能力		表达有创意的成果
创	联系现实发现价值	内生价值和意义		整合书本资源和社会资源	创造性运用方法的过程与成果
	联系自我发展素养	内生核心素养	自我内化能力	整合书本、社会和自我	自我修养的表现力
省	前后对照发现得失		自我反思能力		
	诊断反馈补偿优化	内生自我超越的动力	自我调节和改进能力		呈现补偿优化的学习成果

不同学科的核心（基础）素养课可根据上述的学习关键要素及其发展阶梯，创造性地设计符合自己所教学科的核心（基础）素养课实施方案，形成不同课型的教学实践框架。

4. 学习单和辅学单设计的参考框架

核心（基础）素养课的设计与实施，采用课前尝试性学习、课中提升性学习和课后优化学习三环节一体化推进的思路与实践框架，根据这一实践思路和框架，结合"理解·发现"的理念与四个关键学习要素，参照和优化课前尝试学习单、课中提升学习单和课后优化学习单，形成核心（基础）素养课的备课与实施的基础性模版。

（1）课前尝试学习单设计的参考框架

根据"理解"的主要阶段与内容，结合"学"这一要素包含的学习活动，课前尝试学习单可参考以下框架进行设计。

金苹果锦城第一中学核心（基础）素养课尝试学习单

（学生课前使用）

学科__________ 单元（专题）__________

年级________ 班级________ 学号________ 姓名________

［学习目标与实现指标］

学习本单元，我们将实现以下目标：

学习目标	实现指标	尝试学习后达标情况			提升学习后达标情况			优化学习后达标情况		
		达到	未达到	不清楚	达到	未达到	不清楚	达到	未达到	不清楚
目标 1	1									
	2									
	3 ……									
目标 2	1									
	2									
	3 ……									
目标 3 ……	1									
	2									
	3 ……									
自我小结	主要收获									
	自我提醒									

<u>读一读·勾一勾</u>

阅读教材（其他材料；或观看视频）______页______，勾画（记录）你认为有价值的事实、信息、规则等知识。

<u>理一理·画一画</u>

把刚才勾画出来的知识进行归类，你可以按照________分类标准进行归类，并理出各个知识要点的关系，根据你对各知识要点关系的理解，用你自己喜欢的方式，画出知识结构图。

用一用·想一想

用一用

请运用你勾画（记录）的知识与画出的知识结构图，完成下列任务。

[采用“情境+任务”的方式设置尝试训练的题目，情境力求鲜活，能准确把握学科兴趣点、联结点和转化点，情境性任务一节课一般不超过3个，一个专题（单元）控制在5个左右为宜。]

想一想

运用上述知识解决上述任务，主要运用了哪些方法？还有更好的方法吗？

1. 已运用的方法是________________

2. 还可以运用的方法是________________

3. 我解决这些问题遇到的困难是________________

比一比·填一填

对照前面的“学习目标和实现指标”表，填写“尝试学习后达标情况”一栏，在每一条“实现指标”后，在符合你情况的空格内画“√”。然后，明确你在提升性学习阶段的重点任务。

我在提升学习阶级将重点学习：

____

不同学科可根据本学科特点，结合“理解·发现”内核和前置学习的要求，形成具有学科特点的尝试学习单。

（2）课中提升学习单设计的参考框架

根据“发现”的主要阶段与内容，结合“议”“创”要素包含的学习活动，课中提升学习单可参考以下框架进行设计。

金苹果锦城第一中学核心（基础）素养课提升学习单

（学生课中使用）

年级________ 班级________ 学号________ 姓名________

分享·提升

分享

我将分享给同伴的内容要点是________________

启发

1. 同伴的发言，对我有启发的内容要点是________________

2. 老师的追问和讲解，对我有启发的内容要点是________________

提升

1. 改进后的知识结构图是：

做这一改变的原因是________________________________

2. 积累的运用上述知识的新方法是________________________

运用·创生

运用

（设计运用知识和方法的迁移性训练，可以是尝试学习阶段任务的延伸、拓展或变式；也可另外设置情境任务，要求情境鲜活、任务典型。）

创生

通过上述练习，我积累的新方法和新经验是____________________

需要特别注意的是________________________________

拓展·内化

拓展

1. 和本课（单元、专题）有密切关系或容易混淆的内容是__________

2. 这一内容对自我成长的启示是________________________

3. 我还阅读或了解了与此相关的内容，精彩片断如下：

（摘抄或剪贴）

____

____

____

不同学科可根据本学科特点，结合“理解·发现”内核和课中提升学习的要求，形成具有学科特点的提升学习单。

（3）课后优化学习单设计的参考框架

根据“理解·发现”的主要阶段与内容，结合“省”这一要素包含的学习活动，课后优化学习单可参考以下框架进行设计。

金苹果锦城第一中学核心（基础）素养课优化学习单

（学生课后使用）

年级________　班级________　学号________　姓名________

对比·补偿

自我对照

对比“实现指标”和“学习目标”，填写尝试学习单中“提升学习后达标情况”栏，在符合你情况的空格内画“√”，若某一目标未达标，请根据以下建议进行补偿性学习。

[学习目标达成情况对照表和优化学习建议]

目标	实现指标	达成情况			优化学习建议	优化练习
		达成	未达成	不清楚		
目标 1	1					
	2					
	3					
目标 2	1					
	2					
	3					

优化练习

（根据优化学习需要设计具有类型意义的优化练习。）

反思·优化

反思

填写尝试学习单中“优化学习后达标情况”栏，并反思学习过程中的收获，填写下表：

在本课（单元、专题）学习中，我积累的学习方式、方法和习惯有______

在以后的学习中，我需要进一步发展的是________________________________

____

不同学科可根据本学科特点，结合“理解·发现”的内核和课后优化学习的要求，形成具有学科特点的优化学习单。

（4）教师辅学单设计的参考框架

金苹果锦城第一中学的核心（基础）素养课，必须打破以教为主线的传统课堂教学模式，教师的教是为了学生更好地学，教的作用是辅助学生更好地学习。因此，教师在核心（基础）素养课上的定位应是辅学。

教师辅学的方式可以多种多样，如在课前精心设计和使用学习单、链接相关资料、制作微视频、提前讲解学生独立学习时难以理解的内容等；在课中给学生提供知识、方法等方面的帮助，通过追问和评价等方式，引导学生把握知识内核，总结运用知识的方法，养成良好的学习习惯等；在课后主要根据学生自我评价和教师辅助性评价的结论，为学生的补偿性学习或优化学习提出建议，并为学生的再次过手提供精要的练习。

教师的辅学设计以学习单为依据，辅学的过程就是引导学生高质量完成三个阶段的学习单任务的过程。以上三份学习单，既是学生自主学习的引导单，也是教师在教学过程中使用辅学单的纲要性问题，教师可根据以上学习单设计自己的辅学单，如：

金苹果锦城第一中学核心（基础）素养课辅学单

（供教师辅学时使用）

学科________　　年级________　　班级________

课题（单元、专题）__________　　课堂形态______________

［学习目标、实施指标与活动内容简表］

单元（专题）目标	规定性目标	
	弹性目标	

续表

	目标类型	目标内容	实现指标	对应活动及其主要内容
本课目标	规定性目标	目标 1	1	
			2	
			3	
		目标 2 ……	1	
			2	
			3	
	弹性目标	目标	1	
			2	
			3	

尝试学习辅学设计

一、“读一读，勾一勾”的学习方法、习惯与成果指导要点

（一）需要强化的学习方法

（有针对性地为学生提出操作性强的方法，并进行方法指导；方法指导内容也可放入尝试学习单中，让学生自主学习和运用方法。）

（二）需要培养的学习习惯

（提出本课必须培养的学习习惯。这些内容可以在尝试学习单中提示，也可在落实尝试学习单任务的过程中由教师进行强调、指导。）

（三）这一环节学生必须呈现的成果

（交代呈现怎样的成果，怎样表达成果，如何评判自己的成果质量。）

二、“理一理，画一画”的学习方法、习惯与成果表达指导

（一）知识分类与知识结构图编制的指导

1. 需要明确的分类与结构图知识。

2. 需要指导的分类方法与结构图编制方法。

（二）需要强化的学习习惯

（三）指导学生呈现高质量成果

1. 如何清晰而有创意地编制结构图（呈现怎样的结构图，怎样呈现结构图，如何评价自己的结构图）。

2. 在高质量编制结构图的过程中，学生可能遇到的问题及其解决方法。

三、“用一用，想一想”的学习方法、习惯与成果表达指导

（一）情境与任务设置

紧扣目标和实施指标设置情境任务，引导学生在完成情境任务的过程中，运用勾画的知识点或画出的知识结构图。情境任务的设置，力求抓住学科知识的兴趣点、联结点和转化点，以有趣、有用的情境性任务激活学生的学习内生力，为高质量的自主学习与资源整合创造条件。

（二）需要提供的知识与方法

1. 提供知识的内容与方式

（可以采用微课、文字资料推送、资料链接等方式给学生提供必备的知识。）

2. 需要指导的方法

（补充需要讲解和示范的解决学科问题的方法。）

3. 其他需要提供的学习支持

四、“比一比，填一填”需要补充和关注的内容

（一）引导评价

学生对本课（单元、专题）的学习进行第一次自我评价时需要注意的问题、方法和习惯。

（二）运用评价成果

1. 引导学生运用评价成果，调整和明确提升学习阶段需要重点关注的内容。

2. 教师怎样运用尝试学习的结果。

<u>提升学习辅学设计</u>

一、回应尝试学习

根据学生在尝试学习阶段的发展情况，调整以下内容：

（一）能力训练重点的调整

（二）方法指导重点的调整

（三）习惯培养重点的调整

（四）情境任务的调整

二、指导“分享·提升”

（一）分享的重点与方法指导

（二）追问与提升

（预设围绕知识、能力与方法等的追问内容，在不断质疑中增加学生理解知识的深度和解决问题的方法的丰富程度。）

三、促进“运用·创生”

（一）迁移性运用和创造性运用的情境任务

（根据学习目标、实现指标和尝试学习情况，设置迁移运用和创造性运用知识的情境任务，引导学生在完成情境任务的过程中，加深对知识的理解和提高运用知识的能力。）

（二）方法与经验的创生指导

（预设如何引导学生总结、积累运用知识解决问题的新方法等。）

四、引导“拓展·内化”

（一）方法指导

（预设学生进行拓展与内化的方法，在课堂上根据情况指导学生，帮助学生学会拓展和内化。）

（二）提供的支持

（如资料、平台、工具等。）

优化学习辅学设计

一、“对照·补偿”指导

（一）方法指导

（指导学生如何判断自己是否实现了实现指标与学习目标。）

（二）补偿建议和优化学习

（根据学习目标和实现指标分别设计一一对应的补偿建议和优化学习训练任务。）

二、“反思·优化”指导

（一）反思和优化的方法指导

（预设学生进行反思和优化的方法，在学生需要时进行指导。）

（二）本班需要个别辅导的学生及重点内容。

自我反思与完善

（这一部分主要用于教师的自我反思与完善，主要用于课后的自我总结与改进，是所有教师研究和改进教学的基础性材料。）

一、对学习目标与实现指标的反思与完善

本课（单元、专题）的学习目标和实现指标需要调整的是________

________；

调整的具体内容是________；

调整的主要原因是________。

二、对学习内容、情境任务和教学素材的反思与完善

需要调整的学习内容、情境任务与教学素材是________

________；

调整建议是________

这样调整的主要原因是________。

三、学习环节与活动设计需要完善的是

________；

这样完善的原因是________

________。

四、“四力”发展需要完善的是

________；

这样完善的原因是________。

五、方法与习惯的培养需要完善的是

________；

这样完善的原因是________。

以上辅学单，应根据不同学科对学习单的调整而有所变化。在创造性地运用和创新这一辅学单时，要关注四个方面：一是“三环一体”，即课前、课中、课后必须一体化设计辅学内容，对重要的知识与方法进行反复强化；二是突出“方法”与“习惯”这两个重点，要引导学生不断丰富和积累理解和运用知识的方法，培养良好的学习习惯；三是提供必要的知识与学习工具的支持，对必须讲解的知识，必须以深入浅出、一讲就懂的方式，力争在最短的时间内让学生理解；四是课前、课中、课后的情景任务设计要“精”而“活”，即任务精要，情境鲜活，具有典型性和生活性，能帮助学生总结和积累运用新知识的典型方法。

5. 核心（基础）素养课的评价框架

金苹果锦城第一中学的核心（基础）素养课评价，主要包含两个部分：一

是教学评价，主要为改进教师的教服务；二是学生评价，主要为改进学生的学服务。

（1）教学评价与教学建议书

对教师的教学评价和建议主要包括三个方面的内容：一是教师的自我反思与完善；二是同行评价与建议；三是学生反馈与建议。

①教师的自我反思与完善

教师在课后根据辅学单上的“自我反思与完善”项目，在“个人教学数据”上简要录入相关信息，为教学建议书提供基础性数据。

②同行评价的参考框架

根据核心（基础）素养课的功能定位、基本要求、基本要素与各环节的主要任务，形成适用于各学科的核心（基础）素养课的同行评价框架（表3.17），各学科可根据学校制定的通用评价框架，结合学科与课型特点，制定更加具体的同行评价表，在学科组论证通过和学校审核后使用。

表3.17　金苹果锦城第一中学核心（基础）素养课同行评价框架

（教师听课时使用）

听课时间________　上课教师________　上课内容________　听课教师________

评价维度	评价指标	评价结论			课堂要点记录
		达到	部分达到	需改进	
目标与实现指标	1. 目标和实现指标体现了基础性，适合全班学生				
	2. 目标和实现指标贯穿了“三个环节”，利用充分				
知识理解	3. 学生独立理解知识的过程落实，效益好				
	4. 师生绘制的知识结构图清晰、准确				
	5. 引导学生向同伴分享了自己的思维过程与学习成果				

续表

评价维度	评价指标	评价结论			课堂要点记录
		达到	部分达到	需改进	
知识运用	6. 情境性任务的设置典型、鲜活，数量适中				
	7. 学生独立完成情境性任务的过程真实				
	8. 学习伙伴之间的交流充分，合作学习效益好				
	9. 在学习过程中教师指导及时、得法				
课堂发现	10. 学生发现了新的知识结构，新的学科方法、学习方法，形成了新的学习习惯				
	11. 教师发现了学生的学习进步与闪光点，及时表扬了学生				
听课后的总体感受	在“基础”“自信”“全程”“全员”方面的感受				
	在“四力”培养方面的感受				
我的建议	对“基础”“自信”“全程”“全员”的建议				
	对“四力”培养的建议				
给我的启示	在“基础”“自信”“全程”“全员”方面的启示				
	在“四力”培养方面的启示				

各学科组根据这一评课框架制定本学科的课堂评价要点时，要强化“目标与实现指标”“知识理解”和“课堂发现”三个最为核心的要素。评析任课教师在具体课堂上确定的“目标与实现指标”是否符合核心（基础）素养课的要求时，一方面要分析教研组和备课组分解的学年、学程和学月目标是否合理，是否需要调整；另一方面，也要分析任课教师是否根据所教班级的学情，对备

走向远方

GOING THE DISTANCE

建构“全景德育”体系　引领学生“全人”发展

世界一流学校建设的“锦一”路径
金苹果锦城第一中学校长 杨斌

建设全息育人课堂 打造优质学习生命体
苹果锦城第一中学课堂改革阶段汇报

课组确定的学月目标进行了合理分解，班级学习目标与实现指标是否需要调整等。评析“知识理解”和“知识运用”两个维度时，“知识运用”是以更高的要求促进学生理解知识，听课时主要判断布置的学习任务、设置的学习环节、对学生提供的帮助与指导是否有利于促进学生进行不同层面的知识理解，是否形成了知识理解的引导阶梯。评析“课堂发现”时，主要聚焦在“学生的新发现，是否促进了自身的知识的增长、能力的提升、方法的创新、习惯的养成”和“教师是否发现和表扬了学生的进步”等。

听课后的总体感受和“我的建议”，主要围绕“基础”“自信”“全员”“全程”和课堂“四力”展开，看看哪些方面值得自己借鉴，哪些方面任课教师需要改进，自己需要改进。

③学生评价的参考框架

学生评价以匿名方式进行，可以是周评价，也可以是月评价，根据课堂教学的改革需要确定评价的频度。学生评价不是考核教师的形式，而是为教师改进核心（基础）素养课提供参照。学生评教框架如表 3.18。

表 3.18　金苹果锦城第一中学核心（基础）素养课学生评价框架

（学生使用）

年级________　班级________　学科________　评课时间________

课堂活动与内容	我的感受	我的结论			我的建议要点
		达到	部分达到	需改进	
目标与实现指标	1. 我明确每节课的学习目标和实现指标				
	2. 我每节课能实现学习目标和实现指标				
	3. 我能根据尝试学习后的目标实现情况，调整提升学习阶段的内容				
	4. 我能根据提升学习后的目标实现情况，有针对性地进行课后优化学习				
	5. 老师给我提出的补偿性学习和优化学习建议，对我很有帮助				

续表

课堂活动与内容	我的感受	我的结论			我的建议要点
		达到	部分达到	需改进	
知识理解和运用	6. 我能独立完成尝试学习单、提升学习单和优化学习单中的任务				
	7. 对不理解的知识，老师及时给了我帮助				
	8. 我向同伴学习了知识和方法				
	9. 我能感受到学科知识与生活紧密联系				
	10. 老师特别注重方法的归纳、运用和指导				
	11. 老师给我提供了表达学习成果的机会				
课堂发现	12. 我理解了新知识，学会了新方法，养成了自主学习的好习惯				
	13. 老师在课堂上经常鼓励我				
	14. 我对学好这门课程有信心				
	15. 我喜欢这位老师				
我还想给老师说的话					
我想给学校提的建议					

各年级和各学科可以根据学生发展情况和教学改革的重点，确定向学生调查的内容，创造性地修改这一评价框架。

④教师教学数据采集框架与教学建议书

以表 3.19 的框架分类采集上述三个方面的数据信息，根据数据分析结论，为每位教师生成教学建议书。

表 3.19　金苹果锦城第一中学核心（基础）素养课数据采集与分析框架

数据维度	数据记录	数据分析结论			教学建议
		良好	合格	待改进	
是否激发学生的学习内生力	1. 学习目标和实现指标适合全体学生				
	2. 课堂任务与课前、课后作业量适度				
	3. 任务情境鲜活，能激发学生学习动力				
	4. 知识讲解清晰易懂，重点恰当、明确				
	5. 方法指导精要、有效				
	6. 发现学生的闪光点，适时鼓励学生				
	7. 学生在课堂上很有收获，有课堂学习的成功感				
是否培养学生的自主学习力	8. 注重培养学生自主学习的习惯				
	9. 恰当、有效地指导学生形成自主学习的方法				
	10. 较好地利用学生的自主学习成果				
是否提高学生的资源整合力	11. 课前、课中、课后的整合度好				
	12. 调动和利用好学生资源				
	13. 指导学生同伴分享的方法，提高了同伴分享的效益				
	14. 引导学生整合多种资源提高自己的能力				
是否提高学生的学习表达力	15. 每个学生每周至少在自己的课堂上进行全班性发言一次				
	16. 给每位学生提供了较多形式的表达学习成果的机会				
	17. 鼓励学生有创意地表达自己的学习成果				

说明：在“数据分析结论”的相应空格内画“√”；如有“待改进”的项目，需提出改进建议。

各学科可根据核心（基础）素养课与“四力”培养要求，结合本学科制定的同行评价表和学生评价表，形成具有学科特点的教师教学数据分析框架，根据数据分析结果并提出改进建议，为每位教师提供教学建议书。建议书可参考以下模板：

金苹果锦城第一中学教学建议书

________老师：

感谢您为学生的精心付出！

在________年________期________学月里，学生非常喜欢您在课堂里的如下行为：

____

____

____

____

在接下来的教学中，学生特别期待您能：

____

____

____

谢谢您对每一位学生的关爱和为了实现“每一堂课都精彩”的理想所做的贡献！

金苹果锦城第一中学

______年______月______日

（2）学习评价与学生建议书

根据核心（基础）素养课的设计理念与学习单的填写情况，采用两种方式对学生的学习情况进行跟踪诊断，提出学习改进建议。

①教师对学生日常学习的评价

每位教师在每节课后至少对所教的每一个班级的 5 位学生的亮点和需要改进的地方做出简要评价。教师的肯定性评价推送给家长和学生；需要改进的地方推送给班主任，并作为学月学习建议书的基本素材。教师每节课后对学生进行的评价，可采用表 3.20 的框架。

表 3.20　金苹果锦城第一中学核心（基础）素养课学生日常评价表

（供任课教师课后使用）

学生姓名________　年级______　班级______　评价教师________　评价时间________

课堂学习评价维度	评价项目	评价结论			简要建议
		良好	合格	待改进	
课堂内生力	1. 情绪饱满，投入度好				
	2. 理解了新知识，形成了新旧知识结构				
	3. 总结、积累了运用新知识的方法				
自主学习力	4. 独立、认真完成尝试学习单、提升学习单、优化学习单				
	5. 能主动对照学习目标和实现指标，调整自己的学习任务、重点与节奏				
	6. 具有主动、独立学习的习惯				
资源整合力	7. 能聆听、吸收、整合学习伙伴的观点、经验，提高独立学习的成果质量				
	8. 能很好地理解、吸收、整合老师的建议				
	9. 能主动查阅其他资料				
学习表达力	10. 能主动在小组内分享自己的学习成果				
	11. 能在全班发言				
	12. 能用其他方式表达自己的学习成果				
值得肯定的典型行为记录					

说明：教师可以根据学生的表现情况，在符合学生情况的空格内画“√”，并对“待改进”项目提出简要的改进建议；“值得肯定的典型行为记录”，是记录学生在本节课或前几节课值得表扬的细节。

②利用信息平台自动生成学习单结果

将学习过程数据化，根据学生在学习过程中生成的数据，提出学习建议。这种方式的基本操作流程分为四步。

第一步：教师录入目标卡。教师把每一专题（单元）或每一节课的目标与实现指标，以尝试学习单中的“学习目标对照表”的方式，提前录入信息技术平台。

第二步：学生录入目标完成情况。学生在信息平台上及时、如实录入学习目标与实现指标的实现情况，每一次学习分三次录入，即完成尝试学习、提升学习和优化学习的阶段学习任务后，及时录入每一阶段的目标达成情况，信息平台由此记录和自动生成学生的目标达成数量与质量。

第三步：学习数据采集与分析。围绕“理解”“运用”和“发现”三个关键词，建立核心（基础）素养课的数据采集与分析框架（表 3.21），为学习过程建议提供客观依据。

表 3.21　金苹果锦城第一中学核心（基础）素养课学习单数据采集与分析框架

数据采集维度	数据记录	数据分析结论		学习建议
		优势	待改进	
知识理解	未理解的知识			
	理解知识的速度			
	理解知识的方法			
	理解知识的习惯			
知识运用	不能运用的知识			
	迁移性运用			
	创造式运用			
发现能力	发现新旧知识结构			
	发现新的运用知识解决问题的方法			
	发现优秀的学习资源			
	发现自己的学习成果			
	发现自己的学习优势			
	发现自己需要改进的地方			

③综合上述内容，生成学习建议书

综合表 3.20 和表 3.21 的内容，形成每位学生的学习建议书。学习建议书可参照以下模板设计。

金苹果锦城第一中学学习建议书

________同学：

你又走完了一个月的学习历程，令你难以忘记的这一个月是________年级________学期________学月。

我们首先祝贺你在这一学月取得的成绩：

1. 你在知识理解、运用与发现方面取得的成绩是：

2. 你在“四力”发展方面取得的成绩是：

在收获满满的同时，如果你能在接下来的学习中更好地改进以下方面，你在下一个学月将会取得更大进步：

1. 在知识理解、运用与发现方面，你还可以做得更出色的是：

2. 在“四力”发展方面，你还可以做得更出色的是：

当然，这只是我们对你的建议，你对自己还有什么建议呢？

我对自己的建议是____

____

____

（二）差异发展（综合素养）课的设计与实施

差异发展（综合素养）课与核心（基础）素养课在学习目标、任务与内容方面有一定差异，不同班级也有不同的发展重点，必须上出差异发展（综合素养）课的特点，才能提升差异发展（综合素养）课的价值。

1. 差异发展（综合素养）课的功能与设计、实施要求

50分钟的差异发展（综合素养）课，要体现综合、类型、深度、广度的功能与要求。

（1）提高综合程度，在学科内的整合中培养学生的综合能力

差异发展（综合素养）课要进一步提高学科内的知识与能力整合力度，引导学生综合运用学科内的知识解决较为复杂的问题，在解决较为复杂的问题的过程中提高学科综合能力。从这一角度看，核心（基础）素养课注重单项能力的提升或某一个、某几个知识点的运用；差异发展（综合素养）课则把有关能力和知识点串联起来，引导学生将单项能力和知识点融合起来，在更大范围内建立知识结构和能力结构。所以，差异发展（综合素养）课设计的学习任务与活动，必须具有整合学科多项能力与多项知识的功能，能对应中考A卷难度最高的题目和B卷较难的题目所考查的能力。

（2）解决“类问题”，积累“类方法”，提高差异发展（综合素养）课的类型意义

由于差异发展（综合素养）课要提高综合程度，要引导学生整合学科内的知识、能力与方法，因此差异发展（综合素养）课是特别注重类型意义的课，重点解决“类问题”，在解决“类问题”的过程中形成“类方法”。各学科在确定差异发展（综合素养）课的学习目标、实现指标、学习内容和学习任务时，可重点考虑初中阶段要达到的解决“类问题”和运用“类方法”方面的要求，形成“类问题”“类方法”的目标系列，建构具有学科特点的“类问题”“类方法”的差异发展（综合素养）课教学体系。

（3）适度强化学习深度，提升差异发展（综合素养）课的持续发展价值

差异发展（综合素养）课中的学习，是一种深度学习，郭华老师认为，深度学习具有联想与结构、活动与体验、本质与变式、迁移与应用、价值与评价五个特征。联想与结构的实质，是经验与知识的相互转化，其目的是引导学生把自身获得的经验变为新的知识，把新知识内化为自己成长的新经验；活动与体验，是学生的学习机制，学生需要在挑战性的学习活动中学习知识、体验发展；本质与变式，是对学习内容进行深度加工，在知识及其运用的本质方面建立知识及其运用的常式与变式，在常式与变式的互动中灵活理解和运用知识；迁移与应用，是在教学活动中促进书本知识与社会知识的连接，在连接中提高知识的实际价值和学生运用知识解决现实问题的能力；价值与评价，是在知识学习中促进人的精神提升与全面成长，在导向明显的评价中提升学习价值。

和核心（基础）素养课相比，差异发展（综合素养）课中的深度主要体现在“转化”“活动”“变式”“应用”和“价值”五个关键词上。差异发展（综合素养）课的设计与实施，要促进学生实现知识与经验的转化，要帮助学生应对有挑战性的学习活动，创生新的经验与方法，在把握知识与问题本质的基础上学会解决变式问题，提高在现实生活中应用知识的能力，强化学科知识和能力在学生发展和解决现实问题中的价值。

（4）适度拓展学习广度，强化差异发展（综合素养）课的以点带面功能

根据差异发展（综合素养）课的类型意义和深度学习中转化、应用等要求，在差异发展（综合素养）课上要适当拓宽学习范围，引入生活中的内容，引进前沿科技，引导学生运用学过的知识，解决生活中出现的新问题，阐释和评析科技发展中的新现象、新发明等，提高学生举一反三的能力，强化差异发展（综合素养）课以点带面的功能。

2. 差异发展（综合素养）课的设计与实施理念

核心（基础）素养课的设计与实施以“理解·发现”为理念，差异发展（综合素养）课则以“综合·发现”为理念，指导学习方案的设计与实施。

差异发展（综合素养）课中的“综合”，主要包含以下内容：一是学科内知识的综合，适当提高跨学科、跨领域、跨媒体知识的综合程度，知识的综合程度主要体现在知识结构涉及的范围以及知识要点之间的融合程度上；二是学科能力、方法与思想的综合，能力、方法与思想的综合程度，既体现在能力种类的整合数量上，也体现在不同能力层级的融合上；三是知识与能力的转化与综合，即活化知识，促进知识与能力相互转化；四是学科知识、能力与社会生

活的综合，即利用学科知识与能力，综合性地解决具有一定综合程度的社会问题或生活问题，这一方面的综合程度，主要取决于问题的综合程度，以及解决具体问题需要的综合能力的程度。

差异发展（综合素养）课中的“发现”，一是发现学科知识，以及跨学科、跨领域、跨媒体知识之间的联系，发现知识的变化规律，促进知识的融合；二是发现能力与能力之间的相同之处，在思维能力的提升中带动学科能力与问题解决能力的整体发展；三是发现不同问题和生活现象背后的症结与源头，通过解决源头上的问题综合施治，据此总结解决这类问题的方法与思维方式；四是在快速变化与眼花缭乱的资源、信息中，去粗取精，发现、整合最有价值的资源，并能将其综合地应用于不同课程与课堂之中。

和核心（基础）素养课相比，差异发展（综合素养）课中的“综合・发现”，是指在知识要点的综合中发现知识的联系与运用知识的规律；在能力结构化的过程中发现核心能力，发展核心素养；在知识与能力的相互转化中，发现知识与能力互生的方法与规律；在具体问题的解决过程中，发现问题的实质，形成解决“类问题”的方法。差异发展（综合素养）课中“综合・发现”理念的内容要素见表 3.22。

表 3.22　差异发展（综合素养）课中“综合・发现”的内容要素

课堂理念	综合	发现	综合・发现
内容要素	知识要点的综合	知识的联系 运用不同知识的规律	在知识要点的关系中发现联系与规律
	单项能力与能力要素的综合	能力相互影响的规律 起支撑作用的核心能力	在不同能力与能力要素的关系中发现核心能力
	知识与能力的综合	知识与能力相互转化的方法	在知识与能力的互生中发现知识与能力的转化方法
	综合运用不同知识和能力解决某一问题	“类问题” “类方法”	在综合性地解决问题的过程中发现“类问题”“类方法”

3. 差异发展（综合素养）课设计与实施的四个关键要素

根据差异发展（综合素养）课的要求和理念，设计和实施差异发展（综合素养）课时，要抓住“概括”“联结”“探究”“求变”四个关键要素。

（1）概括类型，提高课堂的类型质量

差异发展（综合素养）课中的概括，主要包括如下的教与学要求。

①概括知识类型，把散知识概括为“类知识”

根据学科知识的内在逻辑或利用学科知识解决现实问题的需要，把相似、相近或相反的知识进行归类，在辨析、深化和运用彼此关联的知识点的过程中，提高学生运用“类知识”的能力。在概括知识类型时，可采用布卢姆及其学生的研究成果，他们将知识分为事实性知识、概念性知识、程序性知识和元认知知识四大类。事实性知识，主要包括这门学科的术语知识、具体细节和要素等方面的知识，其目的是了解本门学科的基本信息；概念性知识，是指本门学科有关分类、原理、通则、理论、模型、结构等方面的知识，其目的是把握本门学科的概念及理论；程序性知识，是指各门学科有关怎么做的技能与程序等方面的知识，其目的是学会运用本门学科的信息、概念和理念；元认知知识，主要是指自我认识、反思、调节等方面的策略性知识，其目的是学会评价和调整“已经做”和“即将做”的行为与方案等。这四种类型的知识相互影响，每一类知识又可以根据学科特点细分为不同类型的知识。

②概括能力类型，把模糊的海量能力训练变为具体、精要的类型能力训练

各学科可以根据布卢姆及其学生根据认知过程划分的能力维度对能力进行分类，也可以依据本学科课程标准、中考考纲的能力类型进行能力分类。布卢姆及其学生把能力分为了记忆、理解、应用、分析、评价、创造六个维度，每一个维度的能力都有较为明确的认知行为和训练方式。

根据布卢姆的研究，记忆（回忆）的认知行为主要是识别和回忆，可以通过引导学生辨认和提取相关信息等方式，提高记忆（回忆）能力。

布卢姆认为，理解的认知行为主要包括解释、举例、分类、总结、判断、比较、说明。训练学生的理解能力时，可以通过澄清某一概念的正误和来源，运用另一种形式表达概念，用自己的语言描述学习内容，用自己的语言解释概念的含义等方式，培养学生的解释能力；通过在具体事例中解释或运用知识，或根据某一概念或原理列举与之匹配的具体事例等方式，训练学生的举例能力；通过归类或把某一类看似不相干的事物归入某一类等方式，训练学生的分类能力；通过概括、归纳具体内容等方式，训练学生的总结能力；通过断定事实与结论是否匹配，根据事实推出结论，根据结论推出新的事实，或根据已有

的事实和结论预测未来等方式，训练学生的推断能力；通过分析两种以上观点或两则以上材料的对应度或异同点等方式，训练学生的比较能力；通过寻找前后联系或建模等方式，训练学生简要、整体说明的能力。

布卢姆把应用的认知行为确定为执行和实施。执行主要是在熟悉的情境或任务中运用学过的知识和方法等，是一种强化性的应用；实施主要是在不熟悉的任务或情境中运用学过的知识和方法等，是一种迁移性的或创生性的应用。

布卢姆等人认为，分析的认知行为主要是区别、组织和归因。训练学生的分析能力时，可以通过辨别事物的差异、好坏，区分组成要素的重要程度，识别各要素的隐含聚焦点，在纷繁复杂的现象中选择最有价值的信息或要素等方式，提高学生的区别能力；通过发现学习内容的连贯性，或整合学习内容，或概述学习内容，或把学习内容分解为不同要素，或把各要素整合为一个整体等方式，提高学生的组织能力；通过确定呈现材料背后的观点、倾向、价值或意图等方式，提高学生的归因能力。

布卢姆等人把评价的认知行为集中在检查和评论两个方面。训练学生的评价能力时，可以通过发现学习内容的矛盾、错误、优点，内部是否一致，实施程序是否有效，实施过程是否恰当等方式，提高学生的检查能力；通过判断学习内容的价值，或是否符合相关标准与要求等方式，提高学生的评论能力。

布卢姆等人认为，创造的认知行为主要有产生、计划和生成。产生主要是产生假设，可以通过引导学生依托学习内容提出假设等方式，提高学生的产生能力。计划是指根据假设设计方案的过程与能力，可以通过引导学生设计有质量的方案，提高学生的计划能力；生成是指创新学习过程、更新思考和解决问题的角度、获得新的体验、得出新的结论、形成新的作品等，可以通过引导学生开阔视野、转换视角、创新策略，鼓励学生勇于发现和表达等方式，提高学生的生成能力。

③概括问题类型，在解决“类问题”的过程中提高课堂效率

根据综合运用知识和能力解决问题的不同过程、思考方式或要求等，将学科问题划分为不同类型，引导学生在解决“类问题”的过程中，发现运用相关知识解决这类问题应具备的基本思维方式和具体方法，帮助学生提高举一反三的能力。

④概括方法类型，在把握“类方法”的过程中提高课堂效率

根据解决“类问题”的要求，将学科方法、学习方法和运用知识解决问题的方法进行归类概括，引导学生发现和运用“类方法”，在“类方法”的把握中提高课堂学习效益。

（2）强化联结，提高课堂的整合质量

差异发展（综合素养）课中的联结，主要包括以下教与学活动：一是联结新旧知识，编制新旧知识的联系网络，为综合运用知识做准备；二是联结学科与学生，把学科教学与学生的发展差异联结起来，提高学科教学的学生适应性与针对性；三是联结书本世界与生活世界，促进学科知识与生活常识的转化；四是联结核心（基础）素养课、差异发展（综合素养）课与优势增值课，整合“三形课堂”的目标与内容，提高不同形态课堂的育人功能与整体效益；五是联结课前、课中和课后的学习，促进尝试学习、提升学习和优化学习的一体化发展。

（3）精心探究，提高差异发展（综合素养）课的过程质量

差异发展（综合素养）课要设计探究性的学习活动，引导学生在探究性的学习活动中概括知识、能力、问题与方法的类型，发现解决“类问题”的“类方法”，提高学生联结新旧知识、促进知识转化的能力。

这一关键要素主要包括如下教与学活动：一是明确任务，让学生知道探究什么；二是指导方法，让学生明确怎么探究；三是创造条件，在时间、空间、资源等方面给学生的自主探究创造条件；四是展示分享，引导学生展示探究成果，提高分享质量；五是促进超越，引导学生总结“类问题”“类方法”，促进自己在知识理解、运用和创生等方面的超越。

（4）努力求变，提高差异发展（综合素养）课的内生质量

把握常式，创生变式，在常式与变式的转换中，发现知识及其运用的规律与方法，走到零散知识的背后去，从根本上理解知识，总结运用知识的方法，提高迁移运用和内生解决问题等能力。

4. 差异发展（综合素养）课学习单和辅学单设计的参考框架

根据差异发展（综合素养）课“综合·发现”的理念和概括、联结、探究、求变四个关键要素，学习单和辅学单的设计，可参考如下框架。

（1）设计尝试学习单的参考框架

根据综合的主要阶段与内容，结合概括和联结这两个关键要素包含的学习活动，差异发展（综合素养）课的尝试学习单可参考以下框架设计。

金苹果锦城第一中学差异发展（综合素养）课尝试学习单

（学生课前使用）

学科____________　单元（专题）__________

年级_______　班级_______　学号_______　姓名_______

能力类型

____

____

［说明：归纳本次差异发展（综合素养）课要训练的具有类型意义的能力，也可以是问题类型或方法类型等，目的是让学生明确本次课的类型意义，让学生树立以点带面、举一反三的学习意识，为提高课堂效率打下基础。］

［学习目标与实现指标］

本单元的差异发展（综合素养）课将实现以下目标，我将通过以下实现指标判断自己是否达成了学习目标。

学习目标	实现指标	尝试学习后达标情况			提升学习后达标情况			优化学习后达标情况		
		达到	未达到	不清楚	达到	未达到	不清楚	达到	未达到	不清楚
目标 1	1									
	2									
	3 ……									
目标 2	1									
	2									
	3 ……									
目标 3 ……	1									
	2									
	3 ……									
自我小结	主要收获									
	自我提醒									

［说明：差异发展（综合素养）课的“学习目标”和“实现指标”的确定，要体现解决“类问题”，理解和运用“类方法”的要求］

初次探究·尝试概括

应对挑战

我能自主学习新知识，并能整合有关旧知识应对以下挑战：

（说明：此处主要有两部分内容：一是任务，即围绕能力类型设计的挑战性学习任务，这些任务可以是需要解决的具体问题，也可以是独立学习的话题或要求等；二是支持，即为了完成上述任务，学生需要具备哪些新知识或新方法，教师可以用文本或微课视频等方式，让学生理解不易学懂的新知识，为学生完成上述任务提供知识和方法支持。）

尝试概括

1. 完成上述任务，需要运用到的相关知识有哪些？这些知识的内在联系是什么？尝试画出完成上述任务所需的新旧知识的结构图。

2. 我认为，上述任务的主要特点是：

3. 运用上述知识完成具有上述特点的任务，我需要运用到的方法是：

初次探究·尝试联结

运用上述知识和方法，我还可以完成类似的学习任务：

（说明：学生在此处既可以列举需要运用自己总结出来的知识和方法的情境、问题或任务，即模仿拟制学习任务，提高联结知识、方法与生活中的实际问题的能力；也可以选择运用上述知识与方法的“类问题”，提高发现“类问题”的能力。）

［对照目标·自我评估］

对照前面的“学习目标”和“实现指标”栏，填写“尝试学习后达标情况”一栏，在每一条实现指标后，在符合你情况的空格内画“√”。然后，明确你在提升学习阶段的重点任务。

我在提升学习阶段将重点学习：

不同学科可根据本学科特点，结合“综合·发现”内核和前置学习的要求，形成具有学科特点的尝试学习单。

（2）设计提升学习单的参考框架

根据“发现”的主要阶段与内容，结合“议”“创”要素包含的学习活动，课中提升学习单可参考以下框架设计。

金苹果锦城第一中学差异发展（综合素养）课提升学习单

（学生课中使用）

年级________ 班级________ 学号________ 姓名________

分享探究·完善概括

分享探究

我将分享给同伴的概括要点是：________________________

____

分享发现

1. 从同伴的分享中，我发现对我完成这类任务有帮助的是__________

____

____

2. 在老师的追问和讲解中，我发现完成这类任务还需要注意的是________

____

____

完善概括

在同伴分享和老师讲解后，我需要补充和完善尝试学习单中的有关内容是

____

____

____

____

____

____

<u>变式探究·深化概括</u>

变式探究

我将灵活运用上述知识和方法，设计或解决以下变式问题。

（说明：此处主要引导学生运用概括的知识和方法，或解决类似问题，或设计、解决变式问题，在变式的探究中提高学生把握和解决“类问题”的能力。）

深化概括

通过变式探究，我明白了要运用上述知识和方法完成类似任务，需要处理好常式和变式的如下关系______________________________

____

____

<u>自主联结·类型拓展</u>

自主联结

我还积累了与这一能力类型密切相关的情境、任务、知识或方法

____

____

____

不同学科可根据本学科特点，结合“综合·发现”内核和课中提升学习的要求，形成具有学科特点的差异发展（综合素养）课的提升学习单。

（3）设计优化学习单的参考框架

根据“综合·发现”的主要阶段与内容，差异发展（综合素养）课的优化学习单可参考以下框架设计。

金苹果锦城第一中学差异发展（综合素养）课优化学习单

（学生课后使用）

年级________ 班级________ 学号________ 姓名________

对比·补偿

自我对照

对比“实现指标”和“学习目标”，填写尝试学习单中“提升学习后达标情况”栏，在符合你情况的空格内画“√”，若某一目标未达标，请根据以下建议进行补偿性学习。

[学习目标达成情况对照表和优化学习建议]

<table>
<tr><th rowspan="2">目标</th><th rowspan="2">实现指标</th><th colspan="3">达成情况</th><th rowspan="2">优化学习建议</th><th rowspan="2">优化练习</th></tr>
<tr><th>达成</th><th>未达成</th><th>不清楚</th></tr>
<tr><td rowspan="3">目标 1</td><td>1</td><td></td><td></td><td></td><td></td><td></td></tr>
<tr><td>2</td><td></td><td></td><td></td><td></td><td></td></tr>
<tr><td>3</td><td></td><td></td><td></td><td></td><td></td></tr>
<tr><td rowspan="3">目标 2</td><td>1</td><td></td><td></td><td></td><td></td><td></td></tr>
<tr><td>2</td><td></td><td></td><td></td><td></td><td></td></tr>
<tr><td>3</td><td></td><td></td><td></td><td></td><td></td></tr>
</table>

优化练习

（根据优化学习需要设计具有类型意义的优化练习。）

反思·优化

反思

填写尝试学习单中“优化学习后达标情况”栏，并反思学习过程中的收获，填写下表：

在本课（单元、专题）学习中，我积累的完成类型任务或解决类型问题的知识与方法是____

____

____

____

在完成类型任务或解决变式问题时，我需要在以后注意的是

____

____

____

不同学科可根据本学科特点，结合“综合·发现”内核和课后优化学习的要求，形成具有学科特点的优化学习单。

（4）设计差异发展（综合素养）课教师辅学单的参考框架

差异发展（综合素养）课的教师辅学单设计，可参考核心（基础）素养课教师辅学单的设计思路，以学习单为依据，突出教师自己应为学生提供的支持和进行的方法指导，可参考如下框架。

金苹果锦城第一中学差异发展（综合素养）课辅学单

（供教师辅学时使用）

课题（单元、专题）____________　教师________

能力类型____________________________

［学习目标、实施指标与活动内容简表］

<table>
<tr><td colspan="2" rowspan="2">单元（专题）目标</td><td>规定性目标</td><td colspan="2"></td></tr>
<tr><td>弹性目标</td><td colspan="2"></td></tr>
<tr><td rowspan="10">本课目标</td><td>目标类型</td><td>目标内容</td><td>实现指标</td><td>对应活动及其主要内容</td></tr>
<tr><td rowspan="6">规定性目标</td><td rowspan="3">目标 1</td><td>1</td><td></td></tr>
<tr><td>2</td><td></td></tr>
<tr><td>3</td><td></td></tr>
<tr><td rowspan="3">目标 2
……</td><td>1</td><td></td></tr>
<tr><td>2</td><td></td></tr>
<tr><td>3</td><td></td></tr>
<tr><td rowspan="3">弹性目标</td><td rowspan="3">目标</td><td>1</td><td></td></tr>
<tr><td>2</td><td></td></tr>
<tr><td>3</td><td></td></tr>
</table>

尝试学习辅学设计

一、"初次探究·尝试概括"的学习方法、习惯与成果指导要点

（一）需要强化的学习方法

（说明：有针对性地为学生提供操作性强的方法，并进行方法指导；方法指导内容也可放入尝试学习单中，让学生自主学习和运用方法。）

（二）需要以文字或视频等方式提供的新知识

（说明：根据学生课前学习的需要，提供必要的知识讲解视频或资料。）

（三）需要培养的"探究·概括"习惯

（说明：提出本课必须培养的探究、概括与联结类型任务或类型问题的学习习惯。这些内容可以在尝试学习单中提示，也可在落实尝试学习单任务的过程中由教师强调、指导。）

（四）这一环节中学生必须呈现的成果

（交代呈现怎样的成果，怎样表达成果，如何评判自己的成果质量。）

二、"初次探究·尝试联结"的学习方法指导

指导学生如何根据探究结果联结相关任务等。

三、"对照目标·自我评估"的方法与习惯指导

（一）引导评价

[说明：备课时，重点设计学生对本课（单元、专题）的学习进行第一次自我评价时需要注意的问题、方法和习惯。]

（二）运用评价成果

1. 引导学生运用评价成果，调整和明确提升学习阶段需要重点关注的内容。

2. 教师怎样运用尝试学习的结果。

提升学习辅学设计

一、回应尝试学习

根据学生在尝试学习阶段的发展情况，调整以下内容：

（一）能力训练重点的调整

（二）方法指导重点的调整

（三）习惯培养重点的调整

（四）探究任务的调整

二、指导“分享探究·完善概括”

（一）分享的重点与方法指导

（二）追问与概括内容的能力提升

（说明：备课时要围绕“类知识”、能力类型、问题类型与“类方法”等，预设追问内容，在不断质疑中增强学生理解“类知识”的能力和解决“类问题”的能力。）

三、“变式探究·深化概括”指导

（一）“变式探究”指导

（说明：此处着力于常式和变式的转化指导，引导学生提高把握“类知识”“类问题”和“类方法”的能力。）

（二）“深化概括”指导

（说明：此处重点预设如何引导学生总结常式与变式的特征与转化规律等。）

四、“自主联结·类型拓展”指导

指导学生如何积累和拓展与本次学习相关的“类知识”“类问题”“类方法”等。

优化学习辅学设计

一、“对照·补偿”指导

（一）方法指导

（指导学生如何判断自己是否实现了实现指标与学习目标。）

（二）补偿建议和优化学习

（根据学习目标和实现指标分别设计一一对应的补偿建议和优化学习训练任务。）

二、“反思·优化”指导

（一）反思和优化的方法指导

（预设学生如何反思和优化，在学生需要时进行指导。）

（二）本班需要个别辅导的学生及重点内容。

自我反思与完善

（说明：这一部分主要用于教师的自我反思与完善，主要用于课后的自我总结与改进，是所有教师研究和改进教学的基础性材料。）

一、类型的反思与完善

本次课确定的能力类型、问题类型、“类知识”或“类方法”需要调整的是________________________________

二、学习目标与实现指标的反思与完善

本次课围绕类型确定的学习目标和实现指标需要调整的是

________________________________；

调整的主要原因是____________________________。

三、“探究·概括·联结·变式”的反思与完善

在“探究·概括·联结·变式”各要素或各环节中，需要调整的是______

____

________________________________；

这样调整的主要原因是____________________________。

四、各环节的“四力”发展需要完善的是

________________________________；

这样完善的原因是____________________________

________________________________。

5. 差异发展（综合素养）课的评价框架

（1）教学评价与教学建议书

差异发展（综合素养）课的评价与核心（基础）素养课的评价一致，也包含三个部分：一是教师辅学单中“自我反思与完善”的内容；二是同行评价；三是学生评价。通过三方面的评价，为教师提高差异发展（综合素养）课的质量提出建议。

①同行评价的参考框架

根据差异发展（综合素养）课的功能定位、基本要求、基本要素与各环节的主要任务，形成适用于各学科的差异发展（综合素养）课的同行评价框架（表 3.23），各学科可根据学校制定的通用评价框架，结合学科与课型特点，制定更加具体的同行评价表，在学科组论证通过和学校审核后使用。

表 3.23 金苹果锦城第一中学差异发展（综合素养）课同行评价框架

（教师听课时使用）

听课时间________ 上课教师________ 上课内容________ 听课教师________

评价维度	评价指标	评价结论			课堂要点记录
		达到	部分达到	需改进	
能力（问题或方法）类型	1. 类型清晰				
	2. 类型概括恰当，定位准确				
目标与实现指标	3. 目标和实现指标体现了类型要求				
	4. 目标和实现指标贯穿了三个环节，利用充分				
概括质量	5. 引导学生学会概括“类知识”“类问题”“类方法”等				
	6. 促进学生学会使用“类知识”和“类方法”，解决“类问题”等				
联结质量	7. 引导学生联结新旧知识，改善知识结构				
	8. 引导学生学会联结书本世界与生活世界				
	9. 促进学生联结课前、课中、课后与“三形课堂”				
探究质量	10. 探究活动设计与实施合理				
	11. 提升了类型意义				
求变质量	12. 变式探究设计合理				
	13. 引导学生在常式和变式的转化中把握知识与方法运用的规律				
听课后的总体感受	在综合、类型、深度、广度方面的感受				
	在“四力”培养方面的感受				

续表

评价维度	评价指标	评价结论			课堂要点记录
		达到	部分达到	需改进	
我的建议	对综合、类型、深度、广度的建议				
	对“四力”培养的建议				
给我的启示	在综合、类型、深度、广度方面的启示				
	在“四力”培养方面的启示				

各学科组根据这一评课框架制定本学科的课堂评价要点时，要强化“类型”“目标”“概括”“联结”“探究”和“求变”六个最为核心的要素。评析任课教师在具体课堂上确定的“能力类型”“目标和实现指标”是否符合差异发展（综合素养）课的要求时，一方面要分析教研组和备课组分解的学年、学程和学月的差异发展（综合素养）课目标是否合理，是否需要调整；另一方面，也要分析任课教师是否根据所教班级的学情，对备课组确定的学月差异发展（综合素养）课目标进行了合理分解，班级“能力类型”“目标与实现指标”是否需要调整等。评析“概括”“联结”“探究”和“求变”等要素的质量时，都要符合解决“类问题”，运用“类方法”，提高某一类能力的要求。

听课后的总体感受和建议，主要围绕差异发展（综合素养）课的基本要求和课堂“四力”展开，分析哪些方面任课教师需要改进，哪些方面自己需要进一步发展等。

②学生评价的参考框架

和核心（基础）素养课一样，学生评价以匿名方式进行，可以是周评价，也可以是月评价，根据课堂教学的改革需要确定评价的频度。学生评价不是考核教师的形式，而是为教师改进差异发展（综合素养）课提供参照。学校的学生评价框架如表 3.24。

表 3.24　金苹果锦城第一中学差异发展（综合素养）课学生评价框架

（学生使用）

年级________　班级________　学科________　评课时间________

课堂活动与内容	我的感受	我的结论			我的建议要点
		达到	部分达到	需改进	
能力（问题、方法或知识）类型	我明确每节课老师训练的能力（问题、方法或知识）类型				
目标与实现指标	1. 我明确每节课的学习目标和实现指标				
	2. 我每节课能实现学习目标和实现指标				
	3. 老师指导我根据上一环节的目标达成情况调整了下一环节的学习				
概括质量	4. 老师指导我概括知识、方法、问题、能力等类型				
	5. 我能辨识问题类型，运用“类知识”“类方法”等举一反三地解决问题				
联结质量	6. 老师指导我如何联系和运用新旧知识，形成新旧知识结构				
	7. 老师指导我学会运用相关知识和方法解决生活中的问题				
探究质量	8. 我能在完成学习任务的过程中发现“类知识”“类方法”或“类问题”				
求变质量	9. 我会设计和解决变式问题				
	10. 我能理解常式和变式的关系，在常式和变式的关系中把握“类知识”“类方法”等				

续表

课堂活动与内容	我的感受	我的结论			我的建议要点
		达到	部分达到	需改进	
我还想给老师说的话					
我想给学校提的建议					

各年级和各学科可以根据学生发展情况和教学改革的重点，确定学生评价老师的内容，既以此了解学生的发展情况，也从学生视角审视教师差异发展（综合素养）课的质量。

③差异发展（综合素养）课数据采集、分析与教学建议书

综合上述三个方面的内容，按照表 3.25 的框架采集和分析数据，生成教师教学建议书。

表 3.25　金苹果锦城第一中学差异发展（综合素养）课数据采集与分析框架

数据维度	数据记录	数据分析结论			教学建议
		良好	合格	待改进	
是否激发学生的学习内生力	1. 能力（知识、方法、问题）类型归纳合理，能激发学生学习兴趣				
	2. 学习目标和实现指标符合类型要求，适应所在班级学生				
	3. 书本知识和生活世界联结好，教学情境鲜活				
	4. 探究活动具有一定的挑战性和吸引力				
	5. 知识讲解能激活学生把握和运用“类知识”的愿望				
	6. 方法指导能提高学生运用“类方法”的兴趣				
	7. 发现学生的闪光点，适时鼓励学生，能让学生在课堂上获得成功感				

续表

数据维度	数据记录	数据分析结论			教学建议
		良好	合格	待改进	
是否培养学生的自主学习力	8. 注重培养学生运用“类方法”解决“类问题”的学习习惯				
	9. 培养学生积极参与探究活动、主动发现“类知识”“类方法”“类问题”的意识与能力				
	10. 培养学生设计和利用变式把握知识与方法、规律的能力				
	11. 培养学生根据自己的学习现状调整学习速度、深度和广度等的意识与能力				
是否提高学生的资源整合力	12. 引导学生利用各种资源形成和解决“类问题”，总结“类方法”				
	13. 引导学生整合书本和其他资源				
是否提高学生的学习表达力	14. 提高学生表达“类知识”“类问题”“类方法”的能力				
	15. 能为每个学生的学习表达提供机会，并及时鼓励和指导学生的表达				

说明：在“数据分析结论”的相应空格内画“√”如有“待改进”的项目，需提出改进建议。

差异发展（综合素养）课的教学建议书，可参考核心（基础）素养课的模板，也可根据不同学科、不同课型的要求进行调整。

（2）学习评价与学习建议书

根据差异发展（综合素养）课的设计理念与学习单的填写情况，采用两种方式对学生的学习情况进行跟踪诊断，提出学习改进建议。

①教师的日常评价

和核心（基础）素养课一样，教师在每节差异发展（综合素养）课后，也需要至少对所教的每一个班级的5位学生的亮点和需要改进的地方做出简要评价。教师的肯定性评价推送给家长和学生；需要改进的地方推送给班主任，并作为学月学习建议书的基本素材。教师每节课后对学生进行的评价，可采用表3.26的框架。

表3.26 金苹果锦城第一中学差异发展（综合素养）课学生日常评价表

（供任课教师课后使用）

学生姓名________ 年级________ 班级________ 评价教师________ 评价时间______

课堂学习评价维度	评价项目	评价结论				学习建议
		优秀	良好	合格	待改进	
能力（知识、方法或问题）类型	具有类型意识					
	能解决类型问题					
	能运用“类方法”					
概括能力	能概括知识、方法或问题类型					
联结能力	能联系新旧知识					
	能联系书本知识与生活现象					
	能合理处理课前、课中、课后的关系					
探究能力	能积极完成探究任务					
	能在探究中发现“类知识”“类方法”或“类问题”					
求变能力	能设计和解决变式问题					

②利用信息平台自动生成学习单结果

和核心（基础）素养课的基本操作流程一致，也分为四步。

第一步：教师录入目标卡。教师把每一专题（单元）或每一节课的目标与实现指标，以尝试学习单中的“学习目标对照表”的方式，提前录入信息技术平台。

第二步：学生录入目标完成情况。学生在信息平台上及时、如实录入学习目标与实现指标的实现情况，每一次学习分三次录入，即完成尝试学习、提升学习和优化学习的阶段学习任务后，及时录入每一阶段的目标达成情况，信息平台由此记录和自动生成学生的目标达成数量、速度与质量。

第三步：采集和分析数据。围绕“类型”“概括”“联结”“探究”和“求变”五个关键词，建立差异发展（综合素养）课的数据与分析框架（表3.27）。

表3.27　金苹果锦城第一中学差异发展（综合素养）课学习单数据采集与分析框架

数据采集维度	数据记录	数据分析结论		学习建议
		优势	待改进	
能力（知识、方法或问题）类型	具有类型意识			
	具有主动解决类型问题的动力			
	具有自主解决“类问题”的能力			
	能整合各种资源解决“类问题”			
	能及时表达自己解决“类问题”的成果			
概括能力	能主动概括知识、方法或问题类型			
	能简明或有创意地表达自己概括出的类型			

续表

数据采集维度	数据记录	数据分析结论		学习建议
		优势	待改进	
联结能力	能主动联系新旧知识，自觉完善新旧知识结构图			
	能联系书本知识与生活现象，整合书本资源与生活资源			
探究能力	具有主动探究“类问题”的意识			
	能在主动探究中及时总结和表达自己的发现			
求变能力	能主动设计和解决变式问题			

第四步：形成学习建议书。根据表3.27的框架，形成每位学生的学习建议书。差异发展（综合素养）课既可单独形成学习建议书，格式可参照核心（基础）素养课的模板；也可并入核心（基础）素养课的学习建议书，形成学生课堂学习的整体建议。

（三）优势增值课的设计与实施

1. 优势增值课的类型

“锦一”的优势增值课主要分为三类：一是兴趣类优势增值课，主要以活动的方式发展学生的兴趣，培植学生的优势领域；二是跨学科必选课，如历史和道德与法治、生物和地理套排的必选课，以话题或专题形式推进；三是跨学科任选课，如短学程和周一至周五下午的阅读、艺术、科创等60分钟的优势增值课，这一类优势增值课以项目学习的方式推进。

2. 以项目学习方式开设的优势增值课

以项目学习方式开设的优势增值课，与学校特色课程建设整合，以课程化的思路丰富优势增值课类型，提高优势增值课质量。

（1）设计与实施要求

以项目学习方式开设的优势增值课，在设计和实施时要符合专题、课程、活动、成果四个方面的要求。

①以专题设计确定课程内容

根据基础素质课程、涵养气质课程、个性发展课程和英才奠基课程的内容板块，结合教师的优势领域和学生的发展需求，确定内容专题，将每一内容专题分解为6～10次活动，每一次活动确定明确的活动内容与目标，完成8～10次活动的学习任务，即修完一门课程。对于常态长线的必选课程，活动时间既可以根据需要确定，也可以分解为若干个专题序列推进。

②以课程要素规范课堂行为

以专题方式确定了课程内容后，每一门必选或任选课程，必须明确课程目标、课程理念、课程内容、课程实施形式和课程评价，根据课程建设的这五个要素不断细化内容，在课程框架下优化课堂行为，提高优势增值课的效益。

③以活动形式推进实施过程

优势增值课的设计要强化活动特色。优势增值课的展开是某一学习活动的开展，在老师的引导下强调学生的自主参与和体验，尽量避免讲座式的优势增值课，在确保优势增值课活力的过程中，提高课堂效率和课程实施质量。

④以成果表达提高课堂质量

优势增值课注重培育学生的优势领域，每一门课程的结束，都应有体现学生优势发展的学生成果，鼓励学生有创意地发布自己的学习成果。学校将以不同方式支持师生发布和展示有特色的成果。

（2）设计与实施理念

核心（基础）素养课的设计与实施以“理解·发现”为理念；差异发展（综合素养）课以“综合·发现”为理念；优势增值课则以“体验·发现”为理念，指导学习方案的设计与实施。

优势增值课中的体验和发现，主要表现在四个方面：一是课程选择体验，引导学生在选择课程的体验中发现自己的优势；二是活动参与体验，引导学生在参与不同形式的活动中发现有价值的内容，积累有价值的情感、经验等；三是资源整合体验，引导学生通过整合多种资源的方式发展自己的优势，在资源整合的过程中发现优势增值的途径、平台和策略等；四是成果表达体验，引导学生在有创意的成果展示中提升和展示自己的优势。

（3）设计与实施的关键要素

根据优势增值课的要求和理念，设计和实施优势增值课时，要抓住项目、设计、执行、展示四个关键要素。

①聚焦项目，促进项目与专题的整合

将专题内容转化成项目学习主题，将专题展开过程转化为项目学习的深入过程，以聚焦项目的学习方式设置和推进优势增值课，促进专题学习和项目学习的整合。

项目学习是以项目、任务或课题为引领帮助学习者学习的一种学习方式。项目学习一般包含如下程序：一是富有挑战性的问题、议题或学习任务；二是学习者设计解决问题的方案，进行论证和修改；三是执行方案，自主参与探究活动；四是提炼和展示成果。如江苏省海安县实验小学开展的以“桥”为话题的项目学习，其展开过程如下：

这所学校把数学中关于物体长度测量的知识，融入桥的项目研究中。学生要简单介绍一座桥，却没有现成的资料可查，就需要测量出它的长度、高度等数据。这时，长度测量的相关知识在真实的问题情境中出现了，它混合着高度测量、较大物体的长度测量、长度单位、尺的应用等一系列相关联的知识，这些知识彼此交错，呈现为复杂的网状。而在学科教学中，知识呈现则相对简单，通常按照“先学习长度单位，再学习测量”的线性逻辑或者是按照“分单元学习长度测量和高度测量”把知识割裂开来分块学习。同时在项目学习中，知识的深度和广度都有进一步扩展。学生会特别深入到与测量桥相关的知识中去，甚至会碰到一些与数学课上的测量无关但却必须解决的问题。比如，桥的长度和跨度的区别是什么？如何根据测量目标选择适合的测量工具？当站在桥上使软尺下垂测量桥的高度时，遇到风，影响尺的自然下垂怎么办？这些问题既有对测量知识的深化，也有跨学科知识的扩展。

他们提出的第一个问题是：关于桥，你们最想研究的是什么？学习小组在这个大问题框架下进一步讨论并提出各种设想，例如，研究桥的种类，研究某一座具体的桥，研究人类造桥的历史，等等。这些设想往往会成为接下来的研究主题。

学习小组确定了研究主题后，组织者需要和他们一起继续追问，例如，如果选择研究一座具体的桥，需要研究这座桥的哪些方面？可能包括要研究桥的

Golden Apple Jincheng No.1 Secondary School

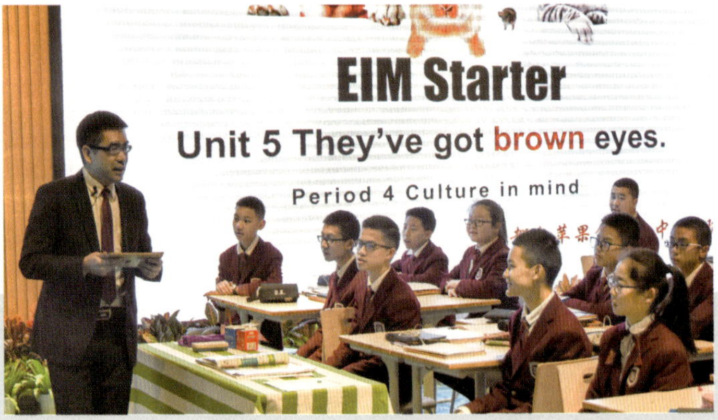

创建“全息育人课堂”　打造优质学习生命体

Golden Apple Jincheng No.1 Secondary School

走向远方

GOING
THE DISTANCE

Golden Apple Jincheng No.1 Secondary School

长度、高度，桥的外形、力学结构，桥的交通流量，桥的历史、传说，等等。这就把研究主题具体化为几个支撑性的研究领域。

接下来，还要进一步将问题引向操作层面，例如，我们是通过查资料还是实际测量的方式得知桥的长度？如果需要实际测量，适宜用什么工具？需要几个人参与？测量时要注意哪些问题……

由此可以看出，项目学习的问题是由一个大问题开始，逐步分解、层层推进，最终形成一个倒树形的结构化问题链。学习者就是在这样不断提出和解决一个个小问题的过程中使自己的认识得到深化，理解变得深刻。在整个过程中，只要哪一个问题还没有具体化到可以研究的程度，老师就需要适时介入，追问学生，引发思考。还有一些问题，完全超出了学生的最近发展区，无法解决，则需要及时删除。

因此，项目学习活动的时间带有不确定性，根据研究的进程，一天、一周或者一个月、一学期都有可能。学生有可能打乱班级的限制，重新构建合作学习小组，甚至可能有不同年级的学生加入同一小组。

为了实现生生之间顺畅协作，项目学习的组织形式就需要打破传统班级、课时等限制。海安实小常常用两种方式来组织项目学习：一种是以项目活动周的方式，学校集中拿出几天时间，不按课表、班级上课，让学生自由组成学习小组，学习进程究竟推进到哪里由各个学习小组自行把控；另一种贯穿学期始终，每个星期拿出两节课或半天的时间，作为项目学习的集中研讨时间，具体的研究和实践则由各个学习小组自行安排在课余时间进行。

在项目学习当中，师生协作的重点在于老师的“收”。项目学习中的一切都带有不确定性，项目的推进是在讨论、思考和实施中不断生长、不断修正的。教师团队和学生通过商讨确定了大的项目内容，接下来研究的方向、需要的时间和支持、可能遇到的困难等都不在老师的掌控之下。老师只是一个学习的同行者、一个敏锐的旁观者，在学习进程陷入泥沼的时候及时给予鼓励，根据需要给予学生一些解决问题的参考思路。

基于项目的开放性，项目学习有时需要借助更为专业的力量协作深入推进。例如，在“桥”的项目学习中，有的学习小组为了测量桥的载重量，最终和全国有名的桥梁专家进行了视频通话；有的小组为了对比不同时段的车流量，到交警大队调用了桥头的监控视频，和交通局的技术人员一起反复测算不同时段的车流量。

项目学习一般以成果的展示作为活动的结束。在项目结束时，学习者以团队的方式展示他们的活动，展示的方式因项目活动的内容而异。例如，“桥”的项目学习的成果展示是多种形式的。我们在学校的主干道两侧搭起近百个展位，学生可以向老师、同学展示自己的研究成果，包括关于桥的书法、诗歌、歌曲、模型，甚至有的小组拍出了关于桥的微电影。每个展位设置了一个评价板，看展的来宾每人发20张“点赞卡”，可以选贴在自己认为最好的展位的评价板上，这是一种评价。学生们把项目学习成果上传互联网，有的小组制作的某座桥的简介通过了百度百科的审核，可供所有人阅读下载，这也可以作为评价依据。

当然，除了对于学习成果的评价，项目学习还需要对每一个参与者的表现做出精细化的评价，关键考查学生在学习过程中的参与程度、在团队中的贡献程度、有没有独特的精彩观点和重要的贡献等。①

②强化设计，促进设计思维与“四力”的整合

项目学习需要学生提高设计思维能力。设计思维是美国社会科学家赫伯特·A. 西蒙于1969年在《人工智能科学》一书中提出的，他首次将设计视作一种思维方式；1987年美国心理学家彼得·罗出版了《设计思维》一书，首次将“设计思维”视作一个专门术语。设计思维是一种创造性解决问题的方法，一般遵循同理心、下定义、构思、原型和测试五个步骤。

一是同理心。这是设计思维的出发点，即接受与用户感同身受的体验，进行换位思考，从客户的立场为当前问题提出具有创新性的解决方案。这是进行项目学习设计的对象意识和开展项目的需求意识和价值意识。

二是下定义。即对项目所要解决的问题进行界定，明确其内涵和外延，给即将开展的项目下定义。这是项目学习设计的边界意识，即明确本项目要解决什么问题，在什么范围内解决这一问题，需要什么条件来解决这一问题等。

三是构思。根据同理心、下定义和前期对本项目的了解，提出解决问题的方案或活动过程等。这一环节的关键，是项目参与者尽可能多地从不同角度和层面提出解决问题的办法或活动策略，在众多的办法或策略中选择大家认为最好的办法或策略。这是项目学习设计方案的发散与收敛过程。

四是原型。即执行设计方案，把设想的内容进行实践，“利用身边一切材料，来将头脑中的想法做成产品的原型”，将苦思冥想的结果变为行动，并在

① 周振宇. 项目学习，让学习自然生长［J］. 人民教育，2016（11）：70～73.

行动中深化。这是项目学习中的执行与转化。

五是测试。即检验项目学习成果的质量，从用户的角度考察项目成果满足用户需求的程度。这是项目学习中的成果评析、分享与展示。①

项目学习设计要创造性地采用设计思维的操作办法，提高学生的设计思维能力，让学生像设计师一样思考，为提高自主学习能力和内生发展力奠定基础。

③执行设计，促进方案执行与“灵动生成”的整合

引导项目学习小组根据设计的项目学习方案开展项目学习活动时，要引导学生形成五个意识：一是自主探究意识，引导学生养成根据学习方案积极参与、主动发现、丰富体验的习惯；二是团队协作意识，引导学生在独立学习的过程中或完成独立学习任务后，及时与小组成员分享自己的发现，提出自己的疑惑，依靠团队的力量提高解决问题的能力；三是综合融通意识，引导学生综合运用跨学科、跨领域、跨媒体知识，在解决项目问题的过程中学会融会贯通地运用知识，提高自己的综合发展能力；四是资源整合意识，引导学生学会整合各种资源，继而完成项目学习任务，提高项目学习质量；五是过程生成意识，引导学生在执行方案的过程中，学会根据项目实施的具体情况，灵活调整和完善已有方案，使之更利于项目学习的深入推进。

④展示成果，促进学习成果与优势发展的整合

分享和展示成果是项目学习的评价方式，优势增值课要引导学生根据自己的兴趣和优势，选择自己的学习项目，在开展项目学习的过程中进一步发现和发展自己的优势，在自己的优势领域或“优势点”上形成成果，并有创意地表达和分享自己的学习成果，提高学习成果的表达力。

（4）优势增值课的开设步骤

优势增值课的开设一般根据以下步骤推进。

①教师申报

学校教师包括校外导师，根据学校的课程框架和自身的优势领域，填写“金苹果锦城第一中学项目学习（特色课程）申报表”（表3.28）。

① 梁慧芳．设计思维：像设计师一样思考［J］．上海教育，2016（26）：28～30．

表 3.28　金苹果锦城第一中学项目学习（特色课程）申报表

项目（课程）名称＿＿＿＿＿＿＿＿　适用年级＿＿＿＿　教师＿＿＿＿

所属课程模块		时间长度		涉及学科	
课程类型		参与对象			
课程目标					
课程内容提纲					
课程实施方式					
学习成果要求与展示方式					
需要学校提供的条件					
对选课学生的基本要求					
学校审核意见					
学校对课程开设的考核结论					

说明："所属课程模块"，是指学校课程框架中的基础素质课程、涵养气质课程、个性发展课程和英才奠基课程；"课程类型"，是指必选课程和任选课程。

②学校审批和排课

学校审批通过后统筹安排，排入优势增值课所属时段。

③课程实施

推进项目学习活动时，要"以项目为载体，以整合为路径，以设计为策略，以展示为平台"，引导和组织学生完成四项基本任务：一是明确目标和任务，通过教师讲解或师生共同讨论，对项目的目标和任务达成共识，激活学生参与项目探究活动的动力；二是设计项目实施方案，在教师引导下，生生协作，设计、讨论和通过项目实施方案，提高学生自主设计方案的能力；三是执行方案，引导和促进学生整合各种资源，提高资源整合力，将方案付诸实践，并根据实际情况调整方案，以更好地完成项目任务；四是形成项目成果，并通过多种方式分享和展示，提高学习成果的表达力。以项目学习方式开展的优势增值课，在设计与实施时可参考表 3.29 的框架。

表 3.29　金苹果锦城第一中学项目学习的优势增值课设计与实施框架

项目名称				
项目持续时间				
项目主要任务				
项目实施过程	活动模块	活动具体内容与流程	活动开展方式	活动成果
	明确任务			
	设计方案			
	实施方案			
	成果展示			
项目指导要点	活动要求			
	方法指导			
	知识介绍			
	安全事项			
活动过程关键事件记录				
项目学习的反思与调整				

④课程评价

特色课程的评价分为教师评价和学生评价。每位教师在三年期间至少组织三次以上的项目学习活动；每位学生必须参与必选课和任选课，达到一定学分才能获得学校的直升资格与毕业证。必选课为套排的历史和道德与法治、生物与地理的跨学科优势增值课，周一至周五下午阅读、书法、科创、艺术、体育中的某一类优势增值课；任选课为每学期第一个短学程的学习项目。学生参与项目学习后，经考核合格方能获得学分。

Ⅰ　学生项目学习评价

学生项目学习评价分为三个部分：一是学生自己记录的《项目学习手册》，

二是项目学习成果，三是教师的过程性评价。三个部分整合后的结果，作为学生是否能够获得这一项目学分的依据；如果学生在某一项目学习中不能获得学分，可以重选项目，重新学习。

学生填写《项目学习手册》时，可直接采用电子输入方式，作为学生的电子档案数据。《项目学习手册》的主体内容可参考表 3.30 的框架制定。

表 3.30　金苹果锦城第一中学《项目学习手册》框架

项目名称________　教师______　学生姓名______　年级____　班级______

<table>
<tr><td>我们的团队</td><td colspan="4">（鼓励学生有创意地呈现自己的团队，树立团队意识，培养团队精神）</td></tr>
<tr><td>我们的项目计划</td><td colspan="4"></td></tr>
<tr><td>我的权利与责任</td><td colspan="4"></td></tr>
<tr><td rowspan="3">我们的活动过程</td><td>活动 1 的体验与收获</td><td colspan="3"></td></tr>
<tr><td>活动 2 的体验与收获</td><td colspan="3"></td></tr>
<tr><td>……</td><td colspan="3"></td></tr>
<tr><td rowspan="7">对本次项目学习的自我评价</td><td rowspan="2">评价项目</td><td colspan="3">评价结论</td></tr>
<tr><td>是</td><td>不是</td><td>不清楚</td></tr>
<tr><td>喜欢研究这一项目</td><td></td><td></td><td></td></tr>
<tr><td>自己能够策划和调整学习过程</td><td></td><td></td><td></td></tr>
<tr><td>能够整合多种资源研究这一项目</td><td></td><td></td><td></td></tr>
<tr><td>能在项目学习中大胆表达自己的想法</td><td></td><td></td><td></td></tr>
<tr><td>在项目学习中收获很大</td><td></td><td></td><td></td></tr>
<tr><td>我给老师的建议</td><td colspan="4"></td></tr>
<tr><td>我给自己的建议</td><td colspan="4"></td></tr>
</table>

对学生的项目学习成果，主要从提炼和展示成果的态度、真实程度、创意、影响范围等角度进行评价，分为“优秀”“良好”“待改进”三个等级；既可以是团队成果，也可以是独立完成的代表性成果；项目学习的代表性成果收入个人成长电子数据库。评价框架参照表 3.31。

表 3.31 金苹果锦城第一中学学生项目学习成果评价表

项目名称_______ 学生姓名_______ 年级_______ 班级_____ 评价者_______

<table>
<tr><td rowspan="2">成果类型</td><td>团队成果</td><td></td><td>成果展示时间</td><td colspan="2"></td></tr>
<tr><td>个人成果</td><td></td><td>成果展示形式</td><td colspan="2"></td></tr>
<tr><td colspan="3" rowspan="2">评价项目</td><td colspan="3">评价结果</td></tr>
<tr><td>优秀</td><td>良好</td><td>待改进</td></tr>
<tr><td colspan="3">1. 积极提炼和展示成果</td><td></td><td></td><td></td></tr>
<tr><td colspan="3">2. 成果与学习项目一致</td><td></td><td></td><td></td></tr>
<tr><td colspan="3">3. 成果表达了真实体验，成果形成过程真实</td><td></td><td></td><td></td></tr>
<tr><td colspan="3">4. 成果表达有创意</td><td></td><td></td><td></td></tr>
<tr><td colspan="3">5. 成果影响范围较广</td><td></td><td></td><td></td></tr>
</table>

教师在项目学习中对学生的过程性评价，主要以“四力”为主，引导学生在项目学习中发展“四力”，实现“四力共生”的目标。教师对项目学习的日常评价可参考表 3.32 的框架。

表 3.32 金苹果锦城第一中学学生项目学习的过程性评价表

（教师使用）

项目名称_______ 学生姓名_______ 年级_______ 班级_______ 教师_______

<table>
<tr><td rowspan="2">评价项目</td><td colspan="3">评价结果</td></tr>
<tr><td>优秀</td><td>良好</td><td>待改进</td></tr>
<tr><td>1. 积极主动参与项目学习</td><td></td><td></td><td></td></tr>
</table>

续表

评价项目	评价结果		
	优秀	良好	待改进
2. 能在项目学习中提出建议			
3. 能根据实际情况调整设计好的方案			
4. 能整合多种资源推进自己的项目学习			
5. 具有成果表达意识			
6. 在项目学习中进步明显			

II 评价教师的项目教学质量

对教师的项目教学质量进行评价，主要以特色课程建设的思路进行评价，评价时可参考表 3.33 的框架。

表 3.33 金苹果锦城第一中学教师项目教学质量评价表

项目名称________________ 教师______ 学生__________ 实施时间______

评价项目	评价结论		
	优秀	良好	待改进
1. 项目主题与学校课程框架中某一类型的课程吻合			
2. 以特色课程建设的思路推进了项目学习			
3. 项目学习促进了跨学科、跨领域、跨媒体整合			
4. 项目学习激发了学生的学习内生力			
5. 项目学习培养了学生的自主学习能力			
6. 项目学习提高了学生的资源整合力			
7. 项目学习提高了学生的学习成果表达力			

续表

评价项目		评价结论		
		优秀	良好	待改进
8. 项目学习成果产生了较大影响				
9. 项目学习促进了教师自身成长				
项目教学完善建议				

七、师生课堂行为的持续修炼

实现上述课堂建设的战略目标，需要师生共同修炼课堂行为，师生的课堂行为修炼内容可参照师生课堂行动的20条公约展开。

金苹果锦城第一中学教师课堂行动的20条公约

◎在课堂上成就每一位学生，我能做到：

1. 我熟悉班上每一位学生的现状、兴趣和潜力；
2. 我知道每位学生需要重点关注的方面和方法；
3. 我每周在课内或课外发现了每位学生的闪光点，并及时进行了鼓励；
4. 我持续关注了每位学生的课堂进步，并及时表扬了他们；
5. 我能根据每位学生在课堂上的反应，及时调整教学内容和方式。

◎在课堂上成就学生的未来，我能做到：

6. 我随时关注社会发展和技术革新的趋势，并把它们整合进课堂；
7. 我特别关注中考和高考命题改革如何体现未来要求；
8. 我特别关注课堂教学内容与方法是否对学生的未来发展有价值；
9. 我能够依托所教学科开阔学生视野；
10. 我既关注了学生今天在课堂上的成功感，也考虑了学生未来的成功。

◎让每一节课都精彩，我能做到：

11. 我能精心准备每一节课，对每一节课负责；

12. 我能珍视、尊重和利用好每位学生对每一节课的反馈；

13. 我能研究、区分和完善三种课堂形态的教学；

14. 我能在不同形态的课堂上强化学生的“四力”培养；

15. 我能通过研究和改革，突破教学实践中的难题。

◎为保障课堂的持续精彩，我能做到：

16. 我能根据“轻负高质”的要求改革传统课堂；

17. 我能在课堂上进行有效的学法指导；

18. 我能和学生一道共同研究课堂的改进办法；

19. 我能收集和编辑每位学生有代表意义的课堂作品；

20. 我能精简和优化学生的作业，把课业负担控制在合理范围内。

金苹果锦城第一中学学生课堂学习的20条公约

1. 我每节课都能情绪饱满地参与学习。

2. 我能根据老师提供的学习单独立预习。

3. 我能分享、聆听和吸收同伴的学习经验与成果。

4. 我能利用各种资源主动发现、思考和解决问题。

5. 我每节课都能感受到自己的进步。

6. 我每天都能小结自己在课堂上的收获与困惑。

7. 我能以多种方式主动向老师请教课堂中遇到的问题。

8. 我能为老师提出课堂教学建议，表达自己的学习想法。

9. 我每周至少在课堂上发言五次。

10. 我每两周主动和所有科任老师至少交流一次。

11. 我每月能总结当月的课堂学习情况，整理我课堂上的优秀作品。

12. 我能根据自己的学习情况主动安排和调整自己的学习计划。

13. 我能借助各种资源改进自己的学习，提高资源整合能力。

14. 我能利用最新技术，有创意地表达自己的学习成果，提高学习表达力。

15. 我能主动培养良好的学习习惯，积累和运用适合我的学习方法。

16. 我能选择最适合自己发展的班级，自主规划自己的学习。

17. 我能选择最适合我的课程，主动发现和培育我的优势领域。

18. 我在艺体方面各有一项特长，并向同学们展示了我的成果。

19. 我每学期至少完成了一个项目学习任务，并形成了有质量的学习成果。

20. 我每学期至少参与了一个社团，并形成了自己的学习成果。

实践掠影

金苹果锦城第一中学“全息课堂”战略规划实践掠影（一）

2017～2018(上)后半期作息时间表

周日		周一		周二、周三、周四		周五	
时间	具体安排	时间	具体安排	时间	具体安排	时间	具体安排
		6:30	起床				
		6:55～7:10	早操				
		7:11～7:39	早餐				
		7:40～7:58	早读				
		8:00～8:40	升旗	8:00～8:50	升旗		
		8:50～9:40	第二节	9:00～9:40	第二节		
		9:50～10:40	第三节				
		10:50～11:30	第四节				
		11:40～12:20	第五节				
		13:00～13:40	午休				
		13:55～14:35	第六节(自习、差异发展)			第六节	
		14:45～15:25	第七节				
		15:26～15:30	眼保健操				
16:00～18:00	篮球、足球校队训练	15:40～16:20	第八节			15:40～16:30	第八节 科创类选修课
17:00	学生返校	16:30～17:20	第九节			16:40～18:00	放学
		17:30～18:30	周一 1～5 班书法 6～10 班阅读;周二 1～5 班体育 6～10 班艺术 周三 1～5 班阅读 6～10 班书法;周四 1～5 班艺术 6～10 班体育				
晚餐							
18:50	班主任组织收作业	19:10～19:20	班级总结				
19:10～20:30	社团时间	19:20～20:20	19:20～19:50 英语作业 30 分钟;19:50～20:20 语文作业 30 分钟(19:50 有短促提示铃声提醒孩子们切换为语文作业时间)				
20:40～21:30	学生自习 (自主拓展)	20:20～20:30	快速收英语、语文作业;如厕				
		20:20～20:30	数学作业 40 分钟				
		21:10～21:30	周一、周三观看新闻视频;周二、周四全班练字;21:30 迅速收数学作业,整理教室,清场,回寝室				
22:08	就寝预备铃						
22:10	就寝						

注意:
1. 周一、周三下午的书法课,每次两个班在一楼书法教室开展,阅读课在班级进行;周二、周四下午的体育、艺术课程在指定地点上课。
2. 周三下午教职工会议时间也是全年级统一测试的时间;如有测试,年级上采用"打开监控、无人监考、专人巡视"的管理方式。

金苹果锦城第一中学“全息课堂”战略规划实践掠影（二）
分解和明确学习目标

数学学科以学科关键能力培养（数学抽象、直观想象、逻辑推理、数学运算、数学模型、数据分析）为主线，制订三年的数学课堂规划，确定教材的整合点（包括数学学科内部、数学文化、实际生活），制定学习目标和实现指标，为学生打下有价值的共同基础，培养学生的学科关键能力，为培育学生聚焦未来的核心素养打下坚实基础。

学年目标	1. 能从实物中抽象出几何图形，从具体的实际情景抽象出数学符号、代数式、一元一次方程、一元一次不等式、简单的变量关系，建立数感、符号意识，发展抽象思维。 2. 经历借助图形（简单的几何体、线、角、三角形、轴对称图形）思考问题的过程，初步建立几何直观，发展空间观念。 3. 初步体会证明的必要性、演绎推理的严谨性和结论的确定性，初步树立步步有据的推理意识，初步掌握推理格式。 4. 经历数与代数的运算，理解和灵活运用运算并简化运算，熟练并准确进行有理数的加、减、乘、除、乘方及整式的加、减、乘、除运算，会解一元一次方程、一元一次不等式，体会计算过程的严谨性和结果的准确性。 5. 利用一元一次方程、一元一次不等式解决具体问题，借助表格、图象分析变量关系，初步感受模型思想。 6. 经历数据的收集、整理、描述、分析等数据处理过程，感受随机现象、随机事件发生的可能性大小，初步用概率思维解释身边的现象，建立数据分析观念。

续表

上学期	规定性目标	1. 能从实物中抽象出几何图形，从具体的实际情景抽象出数学符号、代数式、一元一次方程、一元一次不等式等，建立数感、符号意识，发展抽象思维。 2. 经历借助图形（简单的几何体、线、角）思考问题的过程，初步建立几何直观，发展空间观念。 3. 初步树立步步有据的推理意识，初步掌握推理格式。 4. 经历数与代数的运算，理解和灵活运用运算律并简化运算，熟练并准确进行有理数的加、减、乘、除、乘方及整式的加、减运算，会解一元一次方程、一元一次不等式，体会计算过程的严谨性和结果的准确性。 6. 经历数据的收集、整理、描述、分析等数据处理过程，建立数据分析观念。
	弹性目标	会进行简单的绝对值化简，能从多种情景中抽象出数学规律，能进行稍复杂的有关线段和角的计算，能解简单的含参数的一元一次方程，会利用一元一次方程模型解决更多的实际问题。

金苹果锦城第一中学“全息课堂”战略规划实践掠影（三）
学校教学改革指导小组成员与职责

为了聚集各种资源指导学校的课堂教学改革，建设学校课堂教学改革的“智库”，学校决定建立“金苹果锦城第一中学教学改革指导小组”，指导小组由校内外专家构成，根据小组成员的履职情况和指导需要增换。

（一）“金苹果锦城第一中学教学改革指导小组”首批成员

组长：杨斌

副组长：张新民　张伟　罗丽容

成员：陈明华　何刚　雷国亮　黄悦　唐杨　张晓梅　程瑜　朱莉　晏学渊　王晓梅　陈玉芳　李帛阳

（二）“金苹果锦城第一中学教学改革指导小组”职责

1. 研究和细化“全息课堂”的实施策略。

2. 讨论、决定教学改革的重大事项。

3. 制订持续推进学校教学改革的实施方案。

4. 听课议课，指导年轻教师成长。

5. 总结学校教学改革经验，在本学科组和全校引领、推动教学改革。

金苹果锦城第一中学“全息课堂”战略规划实践掠影（四）

2017～2018学年（上）第一阶段课堂教学改革任务

分学科组（语文、数学、外语、综合一、综合二）逐一看课、议课、总结、调整，根据学生、班级和学科教学的实际情况，调整开学前已经形成的目标、学习单和教学资料等，使之更适应学生和学科。

本阶段重点强化教学目标（实现指标）的呈现与落实，学习单的设计、使用与优化，学生组织与管理（含课堂常规、学习习惯、教学行为、教室环境、课堂氛围等）三个方面，在目标、学习单、现场管理三个方面“入格”，在“入格”中求效益。这一阶段主要完成三项任务。

一、提高全体教师呈现和实现学习目标（实现指标）的能力

1. 切实树立“教有目标、课有焦点”的意识，避免课堂上的“浅、泛、乱”，提高学生在课堂上的获得感。

2. 提高引导学生知晓和利用学习目标（实现指标）的能力，避免学无方向、学无目标的弊端，提高学生的目标意识与自我反馈、调整的能力。

3. 提高围绕学习目标展开教学过程的能力。

4. 提高学习目标的实现程度。

二、提高全体教师设计、使用和优化学习单的意识与能力

1. 树立“把学习单作为师生共同使用的教与学工具”的意识。

2. 提高学习单的设计质量。

3. 提高根据学生实际情况调整和优化学习单的能力。

4. 提高指导学生使用学习单的能力。

三、提高课堂现场的组织与管理学生的能力

1. 树立组织与管理学生的意识。

2. 提高建立和落实课堂常规的能力。
3. 提高引导、督促学生养成良好学习习惯的能力。
4. 提高关注课堂情况和纪律管理的能力。
5. 提高掌控和引导课堂情绪的能力。
6. 能及时处理课堂上的突发事件。

金苹果锦城第一中学“全息课堂”战略规划实践掠影（五）

金苹果锦城第一中学第一阶段观课议课要点

听课时间________ 学科________ 授课教师________ 听课教师________

维度	观课议课要点	基本情况记录
目标呈现与实现	1. 有目标意识	
	2. 引导学生知晓和利用目标（学习指标）	
	3. 能围绕目标展开教学过程	
	4. 能通过引导学生勾画、批注、记录、记忆等方式，强化与学习目标有关的内容	
	5. 目标实现程度高	
学习单的设计、优化和使用	6. 学习单实用、好用	
	7. 发挥了学习单这一工具的作用	
	8. 能根据本班学生情况优化学习单	
	9. 能指导学生使用学习单	

续表

维度	观课议课要点	基本情况记录
课堂组织与管理	10. 强化和落实了课堂常规	
	11. 注意培养学生的学习习惯	
	12. 关注课堂情况，管理课堂纪律	
	13. 能引导课堂情绪	
	14. 能处理课堂突发情况	
主要优点		
主要建议		

金苹果锦城第一中学“全息课堂”战略规划实践掠影（六）

2017～2018 学年（上）第二阶段课堂教学改革任务

在巩固第一阶段成果的基础上，根据学生反馈和随堂听课的基本情况，确定“优化升格”的具体方案。这一阶段重点强化目标定位是否准确、内容整合是否加强、学习单的使用是否高效、评价反馈是否精细四个方面，主要完成以下任务。

（1）巩固第一阶段成果

继续强化目标的呈现与落实，学习单的设计、优化与使用，课堂组织与管理三个方面。

（2）提高准确定位课堂教学目标的能力

①从高质量推进 7～9 年级的整体教学入手，合理定位每一节课的课堂教学目标。

②能根据所在班级层次合理调整本班的教学目标。

③能根据核心（基础）素养课、差异发展（综合素养）课、优势增值课的不同要求确定教学目标。

（3）提高教学内容的整合能力

①能整合教材内容、相关知识点和能力点，避免课堂教学内容零散、烦琐。

②能整合生活与书本知识等多种资源。

③课堂教学重点突出，难点突破有力。

④课堂教学容量恰当。

（4）提高增加学习单使用效益的能力

①使用学习单的意识明显。

②能根据现场情况及时调整学习单的内容与使用方式。

③充分发挥了学习单的作用。

（5）提高精细评价和反馈的能力

①能及时引导学生对照实现指标进行自我评价。

②优化作业和补偿性作业紧扣学习目标。

③注重培养学生的自我调整能力。

金苹果锦城第一中学“全息课堂”战略规划实践掠影（七）

金苹果锦城第一中学第二阶段观课议课要点

听课时间________ 学科________ 授课教师________ 听课教师________

维度	观课议课要点	基本情况记录
准确定位和实现学习目标（学习指标）	1. 目标定位有利于提升初中教学的整体质量	
	2. 目标定位符合所在班级层次	
	3. 目标定位符合课形要求	
	4. 落实和用好了学习目标（实现指标）	
	5. 目标实现程度高	

续表

维度	观课议课要点	基本情况记录
教学内容的整合程度高	6. 具有整合意识	
	7. 较好地整合了教材内容	
	8. 较好地整合了生活中的教学资源	
	9. 教学重点突出	
	10. 教学难点突破有力	
学习单使用高效	11. 教师能熟练而充分地使用学习单	
	12. 学生逐步形成了使用和保管学习单的意识与习惯	
	13. 能根据课堂教学实际，及时调整学习单的内容与使用方式	
	14. 充分发挥了学习单的作用	
评价与反馈精细	15. 指导学生对照实现指标进行自我评价	
	16. 优化作业紧扣学习目标	
	17. 运用好了补偿性作业	
	18. 注重培养学生的自我调整能力	
主要优点		
主要建议		

金苹果锦城第一中学“全息课堂”战略规划实践掠影（八）
金苹果锦城第一中学分阶段推进教学改革的主要措施

1. 集中听议常态课

根据观课议课要点，分学科组集中听议常态课。集中听议常态课的流程如下：

（1）集中听课阶段，每位老师至少呈现一节常态课供观察评议。

（2）可以分散评课，听一节课评议一节课；也可以集中议课。

（3）集中议课时，各教研组可提出本教研组在教学改革方面存在的困惑，与教学改革指导小组共同商量解决办法。

（4）每一学科组听课议课结束后，教研组从学科建设和学校的观课议课要求两个方面，对本教研组的课堂教学提出改进措施，并在和课堂教学改革指导小组商议确定后，有计划地在本组推行。

（5）集中听课结束后，教学改革指导小组采取重点听课或分散听课的方式，跟踪各教研组的课堂，观察和评议各教研组落实改革措施的情况。

（6）集中听课阶段安排的所有课，向全校开放，无课的老师参加听课议课活动。

2. 集体观摩优质课

每一阶段结束后，分语文、数学、英语、综合一组、综合二组五个组，每个组推荐一位老师面向全校上优质课，观摩这些老师是如何达到本阶段“观课议课表”中的各项要求的，在全校推广这些老师的经验。

3. 以赛代培

针对青年教师组织赛课活动，赛课评议标准采用第一阶段或第二阶段的观课议课要点。在赛课中促进更多老师达成阶段教学改革目标。

4. 组内“转转课”

集中观课议课活动结束后，各教研组根据确定的教学改革措施，组内上“转转课”研讨。“转转课”安排表提交学校备案，学校根据情况安排教学改革指导小组成员参与听课议课。

5. 分阶段编印学习资料

筛选各学科组的优质学习单、课件和相关学习资料，编辑成册，供各学科组学习和借鉴。

金苹果锦城第一中学“全息课堂”战略规划实践掠影（九）
金苹果锦城第一中学2017～2018（上）青年教师赛课要求

一、指导思想

在学校课堂改革战略规划的统领下，建设高效优质的“全息育人课堂”，采用“逐层推进，螺旋发展”的思路，推进学校教学改革，巩固和优化研究与实践成果，落实“全息育人课堂”的有关要求，全面提升青年教师专业素养。

二、本次活动具体步骤及要求

（一）活动流程

1. 活动准备阶段

时间：第8周（10月23日～10月27日）

内容：确定赛课课题、时间、班级（各备课组于10月28日前交教学管理部，以便教学管理部统一协调安排）。

2. 活动实施操作阶段

时间：第9周～第14周（10月30日～12月8日）

地点：各班教室

步骤：

①先由青年教师个人备课，然后在备课组内集体备课，形成教学设计初步方案；

②青年教师试讲，组内教师听课、评课；

③青年教师根据组内教师的建议或参考学科专家意见后修改学习单；

④试讲（不限次数），组内教师继续听课、评课；

⑤赛课。

3. 活动总结表彰阶段

时间：12月

内容：

①教学管理部召开评委会和活动领导小组成员会议，审核确定获奖名单；

②活动总结表彰。

（二）活动具体要求

1. 赛课教师

①高度重视此次赛课活动，把赛课活动当成提升自己专业素养的一次契机。

②加强学习研究，加强自身对目标的呈现与落实，学习单的设计、优化与使用，课堂组织与管理的理论和实践认识。

③参赛教师提前1天准备好学习单和辅学单。

④参赛教师须有效运用现代教育技术上课。

⑤参赛教师课前提前做好学生组织准备。

2. 教研组（备课组）

①由教研组长（备课组长）负责提前在组内布置安排，在教研组（备课组）内认真动员，做好报名及相关准备工作。

②组织本组教师帮助参赛教师认真备课。

③组织好本组教师帮助青年教师进行好集体备课活动和试讲活动。

④组织好本组教师认真参加听课、评课活动。

⑤认真总结，强化本学科对目标的呈现与落实，学习单的设计、优化与使用，课堂组织与管理的研究和认识，确保每一节课都精彩。

金苹果锦城第一中学“全息课堂”战略规划实践掠影（十）
金苹果锦城第一中学的英语课堂

“锦一”的英语课堂，以原版教材 *English in Mind* 作为主教材，以 *Go For It* 教材作为辅助教材，既满足了不同层次学生的需求，更带来了国际化的视野与多元文化的熏陶和冲击。通过对教材单元内部及不同材料的大刀阔斧的整合和优化，通过增、删、补、调、合等技术处理，打通了不同材料间的通道，基本实现了材料的互补共生。此外，丰富的阅读材料、原汁原味的语言素材，使学生产生了对英语学习的浓厚兴趣，保持了学生对时事的敏感度和对信息的更新速度；对经典书目的精读，使得学生在学习语言材料的同时提升了自己的内涵与思维深度。我们力求把这些内容整体规划进“三形课堂”中，打造“五味”俱全的外语课程。

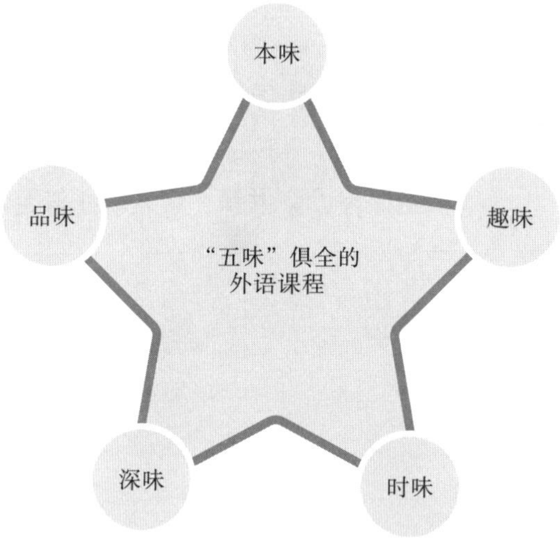

金苹果锦城第一中学“全息课堂”战略规划实践掠影（十一）
金苹果锦城第一中学的历史、道德与法治、音体美和舞蹈课堂

“锦一”的历史学科多线索、多角度整合历史素材，多元路径培育历史素养；道德与法治学科站在国家认同、价值观引领的高度，为“锦一”学生量身打造教材。本学期思品组、历史组选择多个话题进行跨学科整合。比如，“丝绸之路的前世今生”就与学生短学程的研学旅行项目学习进行了有机整合。

“锦一”的音乐课堂根植于“全息育人”的教育理念，本学期的音乐教学以“合唱项目式学习”为主，在音乐集体实践活动中提升学生的音乐感受与鉴赏能力，培养学生之间相互合作、相互信任的意识，以此增加每一个新班级的凝聚力。同时，将音乐与信息课程融合，开展 GarageBand——音频剪辑与制作的跨学科整合课程。

每周四节的体育课堂学习，采用学生参与体验的方式整体规划，每个学生在班级参加一个运动队，进行运动员资格认证，同时引进外教执教的篮球、足球、橄榄球课程，注重激发学生参与体育锻炼和学习的兴趣。

每周 50 分钟的美术课堂学习，以“项目式学习为主，采用体验式学习，注重跨学科融合和学生成果表达”的指导思想进行整体设计。

在“锦一”“全息育人”理念指导下的舞蹈课堂，打破了以往单一、片面的艺术灌输方式。本学期舞蹈课程以蒙古舞、藏族锅庄舞鉴赏等中国少数民间舞蹈项目为主。

04

学校教育的载体：全息课程

XUEXIAO
JIAOYU DE ZAITI:
QUANXI KECHENG

知识在有关学习的任何讨论中都是核心议题，可以理解为个人和社会解读经验的方法。因此，可以将知识广泛地理解为通过学习获得的信息、理解、技能、价值观和态度。知识本身与创造及再生产知识的文化、社会、环境和体制背景密不可分。

学习可以理解为获得这种知识的过程。学习既是过程，也是这个过程的结果；既是手段，也是目的；既是个人行为，也是集体努力。学习是由环境决定的多方面的存在。获取何种知识，以及为什么、在何时、在何地、如何使用这些知识，是个人成长和社会发展的基本问题。①

——《反思教育：向“全球共同利益”的理念转变?》

---

① 联合国教科文组织．反思教育：向“全球共同利益”的理念转变?［M］．联合国教科文组织总部中文科，译．北京：教育科学出版社，2017：8～9．

课程是学校教育的重要载体，是学生学习的基本凭借。一套优质课程有可能成就一所高品质的学校；一所高品质的学校，必然会建构一套高品质的课程。

一般认为，课程是选择有价值的知识，并以结构化形式呈现给学生的过程与文本。这一观点认为，课程既是学习知识的活动与过程，也是组织和呈现知识的文本，这种文本在学校里通常被称为教材，是学生学习的基本凭借。

但随着教育改革的不断深入，课程观与课程建设的逻辑起点发生了较大变化。“传统上，典型的学科课程发展大多始于并止于学科内容，课程发展的核心问题在于如何选择相关的知识、技能并加以有序地组织”，“随着学科门类的不断丰富和发展，原有的学科课程无法应对迅速的知识增长，课程组织尝试由学科走向学习领域，把相近的学科内容打包成学习领域”；随着时代的变化，“教育成功不再是对内容知识的复制，而是将我们所学外化和应用到新的情境中”，因此，“核心素养在很短的时间内一跃成为国际课程改革的风向标”，“即使从学科课程的发展史来看，学科素养以及围绕学科群来组织内容，将成为学科课程发展的动力与趋势”，“这标志着课程发展的逻辑起点需要重构：从学科内容走向核心素养”①。学科知识、学习领域、核心素养，不同的课程逻辑起点建构出了不同形态的课程，彰显了不同的课程建设理念和学校的育人观。

诚如联合国教科文组织所言，在今天，知识和学习的概念已发生了较大变化，知识已成为信息、理解、技能、价值观、态度等，如果以知识为课程的逻辑起点，则必须树立新的知识观，只有把学生展开自我生命过程和应对生存困境所需要的各种信息、技能、价值观和态度等包容其中，才能不断丰富和发展课程；如果以学习过程为课程的逻辑起点，就应把过程与结果、手段与目的、个人与群体结合起来，为学生营造一个全息发展的学习环境；如果以学生的核心素养为课程的逻辑起点，更应以课程为载体，为学生建构全息发展的、开放的立体时空。因此，“全息课程”成了新时代课程改革的努力方向和突破重点，也只有建构好“全息课程”，学校才能以学生的“全人”发展为核心，科学地

① 崔永漷，邵朝友. 试论核心素养的课程意义［J］. 全球教育展望，2017（10）：24～33.

解决“获取何种知识，以及为什么、在何时、在何地、如何使用这些知识”等关键问题。

正是基于新时代课程观的上述变化和学校提出的“全人”发展的基本要求，成都金苹果锦城第一中学于2016年底提出了“建构‘全息课程’，建设育人生态”的战略构想，并开始了论证和规划；2017年4月，《华西都市报》向社会介绍了金苹果锦城第一中学“全息课程”的理论思考与实践架构；2017年5月，学校完成规划文本的编制，并将其作为教师的培训教材，供全体教师学习、研讨和完善；2017年9月开始在全校正式实施，一学期的全面实践后，课程受到了学生和家长的欢迎，获得了社会好评。

战略规划

优化“全息课程”生态　建设富含发展力的学校课程

——成都金苹果锦城第一中学学校课程建设战略规划

（试行）

根据“为天地立心，为生民立命，为往圣继绝学，为万世开太平”的学校精神和“涵养创造未来的智慧，沉淀行走全球的品格”的学生成长目标，结合学校发展和课堂改革的战略规划，制定“优化‘全息课程’生态，建设富含发展力的学校课程”发展战略。

第一部分　战略篇

一、课程愿景：让学校课程提高每位师生的发展力

金苹果锦城第一中学的课程建设愿景是：以“联结世界，引领未来”的发展格局，建设具有“中国风骨、世界眼光，当下意义、未来价值”的学校“全息课程”体系，这一课程体系包括学生和教师两个系列的课程：一是以“在发现世界中发展自己”的学生成长价值观，建设具有“整合资源、引领发现、活化基础、锻造韧性”功能的学生成长型课程体系；二是以“修身乐群，敬业精艺”的教师专业发展理念，建设具有“专业提升、风格养成、改革活力、研究意义”功能的智慧型教师课程体系。在体系化的学校课程建设中提高课程发展力，在具有发展力的课程建设与实施中，让每一门课程都能提高每位师生的发展力。

（一）建设促进学校持续发展的“全息课程”体系

主要以“全息课程”的建设思路，立体化地设计具有“中国风骨、世界眼光，当下意义、未来价值”的融合性“全息课程”。“中国风骨”，是指学校发展具有中国文化根基和民族发展意识，师生具有中国人的风范与气度；“世界眼光”，是指学校课程体现世界一流中学的要求，师生胸怀世界，具有全球意识和探究全球性问题的能力，为将来提高全球胜任力奠定基础；“当下意义”，是指设置的课程既能促进学校在短时间内获得成功，也能让学生感受到当下的自信与成功，能激活学生目前的学习内生力、自主学习力、资源整合力与成果表达力；“未来价值”，是指学校的课程内容、设置方式等，能促进学生不断向前发展，能为学生的未来成长奠定良好的基础。中国、世界、现实、未来四个要素相互交织，共同构成学校的“全息课程”体系。

（二）“全息课程”体系建设的核心目标，是建设引领学生持续成长的成长型课程体系

以“培养成长型思维”为基本任务，从学生成长的视角，建设促进学生有效成长的“全息课程”体系。学生的有效成长主要体现在“整合资源、引领发现、活化基础、锻造韧性”四个方面。“整合资源”，是指学生筛选和调动有利于解决课程问题的课程资源，高质量完成课程学习任务；“引领发现”，是指课程设计与实施能有效激发学生探究的兴趣，能增强学生的发现体验，能运用、拓展和提升学生的发现成果，树立学生的发现意识，提高学生在发现世界中发展自己的能力；“活化基础”，是指学校的课程设置和改革有利于学生活化基础知识，创造性地运用自己学到的基础知识解决具有一定挑战性的综合性问题；“锻造韧性”，是指充分运用课程内容及其实施方式，培养学生坚毅的品格，帮助学生“在坚持中改变，在改变中坚持”，在日积月累的坚持与改变中突破自己的发展极限。培养学生的全息成长型思维，促进学生持续有效地全息成长，是“全息课程”建设的核心任务。

（三）“全息课程”体系建设的保障性目标，是建设有效促进教师智慧发展的智慧型课程体系

以提升教师的发展智慧、培育智慧型改革团队、形成教师的教学风格和培

养专家型教师为主要任务，从保障学生高质量成长的视角，建设有利于教师专业水平不断提升的教师智慧型发展课程体系。有利于教师专业水平不断提升的课程体系一般具有“改革活力、研究意义、专业提升、风格养成”的特征与价值。“改革活力”，是指课程设置打破了原有框架和惯常做法，具有实践探索与不断超越的改革活力；“研究意义”，是指课程建设具有引领教师学习、促进教师研究的意义，在实施过程中具有一定的学术含量，是有思想的实践，并在实践中产生了思想；“专业提升”，是指学校的课程建设能帮助教师突破专业瓶颈，走出专业发展高原期，促进专业水平的持续发展；“风格养成”，是指教师通过有计划的、系列化的课程开设，形成自己的优势领域和教育教学风格，为成为专家型教师创造条件。要建设高水平的有利于教师智慧成长的学校“全息课程”，需要体现开放的要求，在全息中开放，在开放中进一步体现全息发展的水平。

学校“全息课程”体系的四个关键词，是学生成长型课程和教师智慧型发展课程的总纲，教师智慧型发展课程的四个关键词为学生成长型课程的四个关键词服务。在建设学生成长型课程体系的过程中，要整合体现中国风骨的资源，要以世界眼光关注、筛选、聚合和运用资源，发掘和发挥这些资源的当下意义与未来价值；要在课程设计与实施的过程中，引领学生发现中国风骨的养成价值与世界意义，用世界眼光发现和解决课程学习中面临的问题，并把课程学习的当下意义转化为自我发展与社会进步的未来价值；要在培育中国风骨与世界眼光的关键处活化基础，提升基础知识与基本技能的当下意义和未来价值；要在应对世界变化和未来挑战的预备性学习中锻造韧性，在不断提升坚韧程度的过程中促进当下意义和未来价值的融合，培育具有世界格局和未来意义的中国风骨。教师的教育教学改革，要在全球发展大势和世界教育改革趋向的引领下，不断发展，形成具有中国特色、体现中国文化和道路的改革方案，在改革方案的实施与优化中实现专业提升与风格养成的目标。教师的所有研究与改革，要围绕帮助学生整合资源，引领学生不断发现与活化基础，为学生持续不断地锻造韧性创造更好的条件，只有这样，才能真正提升智慧发展品质，养成自己的教育教学风格。因此，教师智慧型发展课程体系的建设是保障，学生成长型课程体系的建设才是核心。其关系如图 4.1。

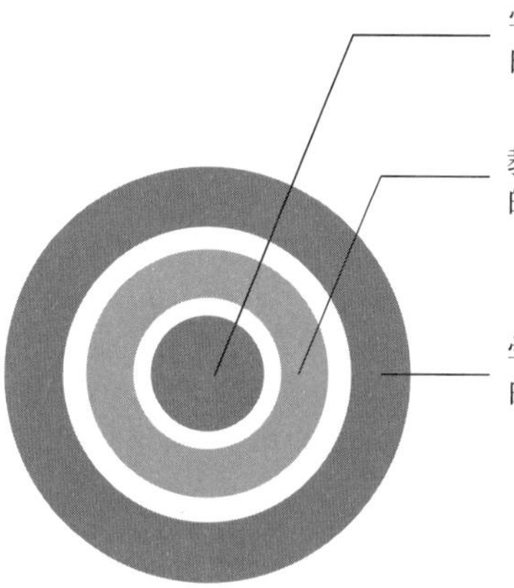

图 4.1 金苹果锦城第一中学课程追求与特征关系图

（四）学生成长型课程和教师智慧型发展课程建设的战略目标是提高课程发展力，这是学校“全息课程”建设的着力点

课程发展力，是指学校课程在促进学校发展和师生成长等方面所具备的良好条件。学校课程的发展力主要体现在四个方面：一是学校文化的发展力。学校课程体系具有涵养、沉淀和生长学校文化的能力，能把学校文化转化为课程，能在课程建设中深化和发展学校文化，即学校课程具有学校文化的内生力。二是优势（特色）发展力。课程内容具有引领、促进师生成长和培育自我优势的能力，能帮助师生始终保持自主成长与自我超越的状态，能指导学生在课程学习中发现和发展自己的优势领域，形成自己的发展特色。三是学习发展力。课程实施方式能促进某一具体课程持续发展和不断拓展，课程实施过程中开展的活动，能激发学生持续参与的热情，能帮助学生调动多种知识解决具体问题，能培养学生整合多种资源完成探究性任务和有创意地表达自己的学习成果的能力。四是课程更新力。学校课程具有自我更新与不断发展的能力，能整合多种社会资源，能根据学生需求不断发展和更新课程内容与实施方式，即学校课程具有自我超越的能力。金苹果锦城第一中学的这四种课程发展力，简称为“课程四力”，“课程四力”集中体现在学校、学生和教师三个方面的发展上。

综合以上内容，金苹果锦城第一中学的课程愿景、战略目标和主要特征可归纳为表 4.1。

表 4.1 金苹果锦城第一中学课程建设愿景、战略目标与主要特征

课程愿景	战略目标	主要特征
建设和优化“全息课程”生态，提高课程发展力	学校“全息课程”	中国风骨　世界眼光　当下意义　未来价值
	学生成长型课程	整合资源　引领发现　活化基础　锻造韧性
	教师智慧型发展课程	改革活力　研究意义　专业提升　风格养成

综上，金苹果锦城第一中学课程建设的整体框架如图 4.2。

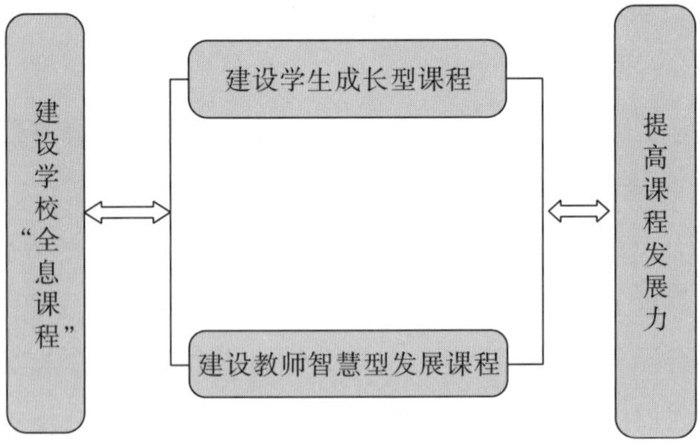

图 4.2 金苹果锦城第一中学课程建设愿景框架图

从表 4.1 和图 4.2 看，金苹果锦城第一中学的“课程四力”和“课堂四力”联系紧密，因为具有发展力的课程，能激活学校文化和师生发展的内生力，能提高师生的自主学习力，能促进师生有效整合资源，及时表达学习成果。“课堂四力”既是课程发展力的支撑，也是课程发展力的表现，“课程四力”和“课堂四力”共同作用于学校、学生和教师三方面的发展。

“锦一”的“课程四力”“课堂四力”和学校、师生发展的关系如图 4.3。

Golden Apple Jincheng No.1 Secondary School

修身乐群　　敬业精艺

Golden Apple Jincheng No.1 Secondary School

让课堂成就学生　用课程引领未来

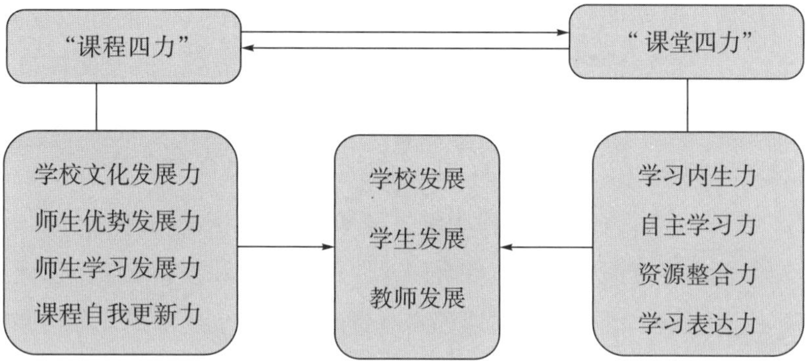

图 4.3　金苹果锦城第一中学“课程四力”“课堂四力”与学校、师生发展的关系

二、课程旗帜：在“全息课程”生态的建设与优化中提高课程发展力

为了实现上述课程愿景与战略目标，金苹果锦城第一中学将以建设和优化“全息课程”生态为旗帜，推进学校课程建设的整体变革。

“全息课程”生态，是以全息原理为指导，合理组织和协调影响课程全程、全面、全员实施的各要素，使之呈现出和谐运行、共生共荣的课程发展状态。建设和优化“全息课程”生态，就是以提高课程发展力为核心任务，抓住学校课程设计与实施的关键环节和必备要素，以一定的组织管理措施和资源为保障，促进课程建设的全程优化、全面优质和全员优秀，使学校课程具有立体培育学生成长型思维，促进全体学生最优成长的发展力。

全程优化，是指统筹规划课程建设的全过程，使课程设计与实施和谐高效，螺旋式上升。“全息课程”生态，表现为课程建设的全过程和谐运行，相互促进，螺旋式上升。从纵向上看，课程建设包括课程设计、课程实施、课程评价三个主要环节。影响课程设计质量的要素主要有课程理念、课程目标、课程内容、课程实施方案等；影响课程实施质量的要素主要有学生参与状态、活动及体验的丰富程度、课程资源的整合力度、课程实施的保障条件等；影响课程评价质量的要素主要是评价主体的多元化、成果表达的多样化和评价标准的科学性等。影响课程设计、实施、评价三环节和谐运行、螺旋式上升质量的关键要素是评价，评价的理念、内容、方式及其结果的应用，直接影响全程优化的质量。

全面优质，是指课程目标、内容和实施方式等考虑学生的整体发展要求，从“全人”发展的角度设计目标、内容与课程实施方式，确保课程目标的确定、课程内容的选择和课程实施过程具有“全人”发展力，能够满足学生高质量全面发展的要求。“全息课程”生态中的全面，首先要在课程目标上体现“全人”的发展要求，在中学阶段为学生将来的卓越发展打下全面发展的基础；其次是在课程内容方面，能有效整合国家课程、地方课程和学校特色课程，能开齐开足所有课程，既保证每门课程高质量地开设，也逐步提升各门课程的整合发展质量；第三是在课程实施的方式上，力求丰富多样，能以多样化的形式，从不同角度促进学生的全面发展；第四是全面处理好主体与环境、遗传与变异、平衡与失衡、竞争与共生这四种生态关系，优化课程生态。

全员优秀，是指课程实施者与参与者的涉及面广，能促进全体师生积极参与，并引导他们在课程开发与学习中变得更加优秀。“全息课程”生态中的全员，首先是学校课程建设要考虑全体学生的需求，注重差异发展与课程种类的多样性；其次是全体学生都能积极投入，主动参与必修和选修课程的全过程；第三是学校全体教师都参与了课程建设，都成为课程开发、实施、评价的主体力量，并在课程建设中获得了发展；第四是有条件的学生和家长参与了课程开发、实施与评价。

要举好“全息课程”生态这面旗帜，需要综合考虑全程优化、全面优质、全员优秀各要素的基本要求，一体化设计各要素的运行内容与方式，在设计、实施和评价具体课程时，应重点关注以下内容维度和基本要素（表 4.2）。

表 4.2　金苹果锦城第一中学“全息课程”生态建设的关键环节与必备要素

<table>
<tr><th colspan="2">全程优化的关键环节与要素</th><th>全面优质的关键环节与要素</th><th>全员优秀的关键环节与要素</th></tr>
<tr><td>课程设计</td><td>◎课程理念
◎课程目标
◎课程内容
◎课程实施方案
……</td><td rowspan="2">◎课程目标体现“全人”发展要求
◎课程内容融合三级课程
◎课程实施满足多样化需求
◎全面处理四种生态关系
……</td><td rowspan="2">◎课程设计面向全体学生
◎课程门类关注差异发展
◎学生选择课程的空间大
◎全体学生积极参与课程设计、实施与评价
◎全体教师参与了课程建设
◎学生和家长参与了课程建设
……</td></tr>
<tr><td>课程实施</td><td>◎学生参与状态
◎活动及体验的丰富程度
◎课程资源的整合力度
◎实施过程的保障力度
……</td></tr>
</table>

续表

全程优化的关键环节与要素		全面优质的关键环节与要素	全员优秀的关键环节与要素
课程评价	◎评价主体的多元化 ◎自我评价的真实性 ◎成果表达的多样化 ◎评价标准的科学性 ……		

要举好“全息课程”生态这面旗帜，还要处理好全程优化、全面优质、全员优秀的关系。即在纵向上体现课程建设的动态发展特征（全程），在横向上体现课程建设的系统性（全面），在课程建设的参与主体上照顾全体师生（全员），在全程、全面、全员的协调运行中提高课程质量与“课程四力”。三者关系如图 4.4。

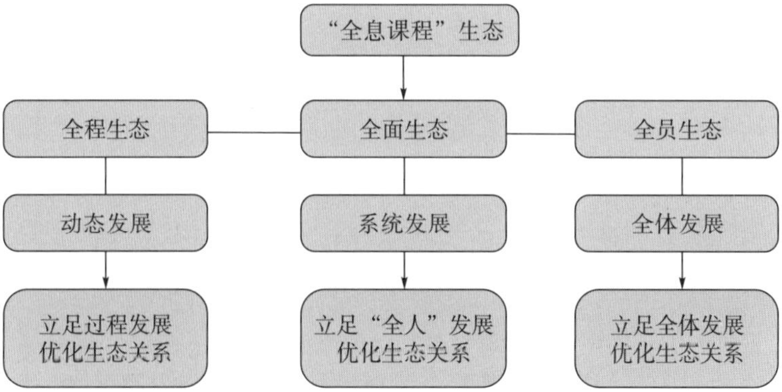

图 4.4　金苹果锦城第一中学“全息课程”生态运行框架图

三、课程主张：让课程创造有意义的成长经历

课程建设就是为师生创造有意义的成长经历，一门课程就是师生共同创造的一次有意义的特殊经历，这是金苹果锦城第一中学建设“全息课程”生态应坚持的基本主张。

创造有意义的成长经历，是把课程开发与学习和自身成长结合起来，实现课程发展与自身成长的良性互动。就学生而言，学习一门课程就是发现一个世界，发现一个世界就洞开了一片自我成长的新天地；就教师而言，开发和实施一门课程，就是迈向了自我专业发展的新阶梯，既丰富了自我的人生经历，也拓宽了专业发展视野，既深化了专业发展认识，又提高了专业发展境界。“锦一”“全息课程”生态的建设，就是要不断优化师生的成长经历，提升师生教与学活动的成长意义。要有效落实这一主张，需要确立如下的课程设计与实施理念。

（一）全程优化的关键：在课程建设中优化师生成长型思维的发展历程

“全息课程”以培养师生的成长型思维为核心任务，全程优化的重点任务和基本思路，就是以课程建设为载体，优化师生成长型思维的发展历程。

成长型思维，是一种正视现实、直面困难、勇于挑战、乐于改变的人生态度、价值取向、处世行为与思考方式。斯坦福大学心理学教授卡罗尔·德韦克将人的思维方式分为成长型思维和固定型思维。他认为，具有成长型思维的人能精准地评价自己，清楚和正视自己的优势与劣势，能在现有基础上整合各种有利资源发展自己，能不断学习新知识，应对新环境，能在应对各种新挑战的过程中保持持久的学习兴趣和热情。具有成长型思维的人拥有改变的意识和决心，具备坚毅的品质，所以能够在各类学习中获得成长，最后走向成功。心理学家认为，拥有坚毅品质的成长型思维人才主要具备四个特点：“第一，目标指向性，即知道自己的目标以及实现目标的途径；第二，动机，即拥有实现确定目标的坚强意志和动力；第三，自我控制，即避免分心并专注于目前手头的任务；第四，积极的心态，即具有拥抱挑战，并将失败当作学习机会的乐观态度。”①

优化师生的成长型思维，需要在课程设计、实施与评价的全程优化中，强调自我评估、目标指向、探索热情、坚持改变四个关键。自我评估，是指引导师生正确评估自己的发展基础与优势，准确定位自己的发展起点，理性选择自己的学习层次、速度和课程，走好“属于自己的路”；目标指向，是指明确每门课程、每一层次的课程或每一形态的课程的目标和实现指标，让学生知道学习目标和实现目标的途径，并能始终专注于自己确立的目标，避免走弯路；探索热情，是指激发学生自主探索的内生力，帮助学生保持持续探索的热情，即使面临众多挑战和失败，也能拥有实现既定目标的坚强意志和动力，也具有坚定不移的、积极向上的乐观态度；坚持改变，是指在课程的设计、实施与评价

① 赵鹤．坚毅改变人生［J］．上海教育，2017（14）：25.

中，引导师生关注如何提高和改善自我，把课程实施的过程变为不断整合资源、积极应对挑战和改变自我的过程，即使获得很高成就或遇到较大挫折，也能坚持不断地改变和超越自己。这四个关键既是成长型思维的体现，也是师生养成坚毅品质的重要途径，要贯穿课程设计、实施、评价与优化的全过程。

优化师生成长型思维的发展历程，就是在课程设计、实施与评价中明确课程建设的现实起点，确定课程学习的目标与实现指标，根据目标展开持续探索的过程，在持续探索中促进和反思自我改变的程度与发展的价值，把课程推进的过程变为成长型思维不断发展的过程，具体要素和内容见表 4.3。

表 4.3　金苹果锦城第一中学优化成长型思维发展历程的课程关键要素

环节 要素	课程设计	课程实施	课程评价
自我评估	◎学习基础 ◎课程起点 ◎所需帮助 ……	◎适应能力 ◎胜任能力 ◎课程进展 ◎自我改变 ……	◎参与状态 ◎发展程度 ◎成长价值 ……
目标导向	◎明确目标与学习指标 ◎明确主要任务 ◎明确主要途径和方式 ……	◎紧扣目标展开探索 ◎不断逼近学习目标与实现目标	◎目标达成度 ◎目标达成后的成长意义 ◎坚持实现目标的韧性
探索热情	◎选择探索内容 ◎设计探索方式 ◎明确探索要求	◎积极主动探索 ◎积累探索体验 ◎收获探索发现	◎体验的丰富 ◎收获的意义 ◎坚持的程度
坚持改变	◎明确变化点 ◎分析变化的成长意义	◎促进超越与变化 ◎坚持超越与变化	◎变化的程度 ◎变化的价值 ◎变化的持续性

（二）全面优质的关键：在课程建设中创造高质量的培育鲜活生命的成长事件

全面优质是高质量满足师生“全人”发展的需求。“全人”发展，是指在课程建设中，把学生看成一个活生生的具有多种需求的鲜活生命，学生的发展是完整的鲜活生命的发展，而不仅是分数或某一方面的发展。“全人”发展是鲜活生命的整体发展，鲜活生命的整体发展需要经历一连串的具有成长意义的具体事件。因此，“全息课程”建设实现全面优质的又一关键，是在课程建设中创造高质量的培育鲜活生命的一连串成长事件。

只有把每一门课程变为学生成长的一连串的有意义的事件，把学生在不同时段选修的不同课程变为学生成长历程中经历的一连串有意义的事件，让学生在有意义的课程事件中潜移默化地收获有意义的成长，才能促进“全人”的高质量发展。

要创造高质量的培育鲜活生命的成长事件，需要在生命意识、问题解决、综合体验、学习获得四个方面狠下功夫。生命意识，是把整体生命的鲜活发展作为课程设计的起点，把为生命的成长服务作为课程实施的宗旨，把是否促进了师生生命的真实、丰富、有效与持续成长作为课程评价的内核，变学校课程、教师课程、专家课程、悬置课程为学生生命发展的课程，使课程沿着学生生命发展的真实轨迹行走，让课程为生命成长服务，让生命在课程实施的过程中不断超越。问题解决，是指课程设计与实施始终围绕发现、探究和解决与现实生活或未来世界密切相关的问题展开，能帮助学生发现和认识问题，并调动多学科知识与不同资源解决问题，在发现和解决问题的过程中感受生命的丰富，提高生命的承受力、发展力与未来应对力。综合体验，既指分层级、多领域、立体化、全方位的课程设计与实施带给学生不同的生命成长体验，也指某一门具体课程具有综合推进，并给学生带来多种体验的特征，其目的是强化课程设计与实施的综合性，以及由此带给学生的体验的丰富性。课程事件中的综合体验应关注两个方面：一是学生的适切参与，二是学生的真实变化。学习获得，是指课程设计与实施能给学生成长带来有价值的收获，这种收获既包括现实成功，如分数、作品等，也包括为学生的未来发展奠定基础。只有在课程建设中提高了师生的获得感，才能更好地激发学习内生力和自主学习力，才能进一步彰显课程事件的成长价值。课程全面优质的关键要素及其内容见表 4.4。

表 4.4　金苹果锦城第一中学课程全面优质的关键要素与内容

环节 要素	课程设计	课程实施	课程评价
生命意识	◎关注生命发展的真实需要 ◎关注生命发展的多样化需要	◎把知识转化为生命成长的养料 ◎把课程学习过程转化为生命成长的经历	◎是否促进了生命的真实成长 ◎是否有利于生命的持续成长

续表

环节 要素	课程设计	课程实施	课程评价
问题解决	◎选择具有成长意义的问题 ◎设计解决问题的方案 ◎明确问题解决后的成果	◎提供发现、解决问题的必要支持 ◎把发现、解决问题的过程转化为课程事件	◎主动积极的态度 ◎解决问题的多种方法 ◎抗挫能力与坚持程度
综合体验	◎设计独立体验和团队体验的内容与方式	◎提供体验的机会 ◎搭建体验的平台 ◎提升体验的能力	◎主动体验的态度 ◎真实体验的经历 ◎多样化体验的感受
学习获得	◎明确获得目标 ◎设计获得关键点	◎获得课程内容 ◎获得学习方法和习惯 ◎获得生命成长的体验	◎改变了什么 ◎发展了什么 ◎丰富了什么成果

（三）全员优秀的关键：在共同基础的平台上铺就多条走向远方的路

“全息课程”是帮助每位学生走向成功并变得优秀的课程。初中阶段的全员优秀主要体现在两个方面：一是在共同基础方面的全员优秀，即在国家、地方和学校规定的初中生必须发展好的关键能力与必备品格方面，实现了共同优秀；二是根据自身基础和发展潜能形成的特色和优势领域，虽然不同学生的特色和优势领域不尽相同，但都能得到各得其所的发展，即实现了“特色优秀”。全员优秀的理想状态是“共同优秀+特色优秀”。

因此，建设全员优秀的“全息课程”生态，就是形成“共同优秀+特色优秀”的课程实践框架，即在搭建好优质的共同基础平台的前提条件下，铺就适应不同学生特色发展需要的多条通向未来的道路，并加大道路的可选择性。“全息课程”生态的建设，首先是搭建优质的共同基础发展平台，做强做优国家课程的校本化实施过程，提高国家课程的校本化质量，确保共同基础中的人人优秀；其次是拓展和优化学生的特色发展课程，做活做宽学生的“特色通道”，为学生的多样化发展创造更好的条件。

四、战略任务

要实现上述愿景和战略目标，举好建设“全息课程”生态的旗帜，落实建设“全息课程”生态的主张，学校将通过3~6年的努力，实现以下战略任务。

（一）建设具有师生发展力的课程内容体系

以是否有利于发展学习内生力、自主学习力、资源整合力和学习表达力为重要指向，筛选和确定课程内容，在提高“课堂四力”的同时，提升全校师生的“课程四力”。

以基础素质课程、气质涵养课程、个性发展课程和英才奠基课程为课程模块的主体框架，不断细化和充实每一模块的课程内容，提高每一课程模块的师生发展力。

上述四个模块的课程分为三个层次的课程内容：一是多元基础层次，包括国家规定课程、强体健心课程、发展指导课程、国际语言课程四个门类的基础课程，重点提高学生文化、身心、生活、学习、语言等基础性发展力。二是修身养性层次，是在多元基础的基础上发展了的层次，主要包括人文滋养课程、科学素养课程、艺术修养课程三个门类的修养课程，重点是涵养学生的高雅气质和理性精神，为学生更快更好的发展提供修养和气质保障，切实有效地提高学生心性积极向上的发展力。三是优势强化层次，主要包括个性发展和英才奠基两个模块的课程。个性发展课程主要包括特色发展课程和兴趣增值课程两个门类；英才奠基课程主要包括创新类课程、创业类课程、领导力课程和国际交往课程四个门类，重点发掘学生的兴趣、潜能和优势，把学生的优势发挥得更强更优，为学生今后的专业选择做铺垫。在这三个层次的课程中，多元基础和修身养性为必选，优势强化为任选。

四个模块和三个层次的课程内容，在三条路径的整合中构建具有发展力的学校课程内容体系：一是实现必修课程在核心（基础）素养课、差异发展（综合素养）课和优势增值课三种形态的课堂上整合，建构具有“锦一”特色的国家课程校本化实施体系；二是以学校特色课程建设的方式，将课程内容与短学程、必修课时内的跨学科选修课和周一至周五下午的优势增值课整合，建构地方课程校本化和校本特色课程内容体系；三是将课程内容与社团活动、德育活动等整合，建构学校特色活动内容体系。三条整合路径相辅相成，共同建构“锦一”具有师生发展力的课程内容体系（图4.5）。

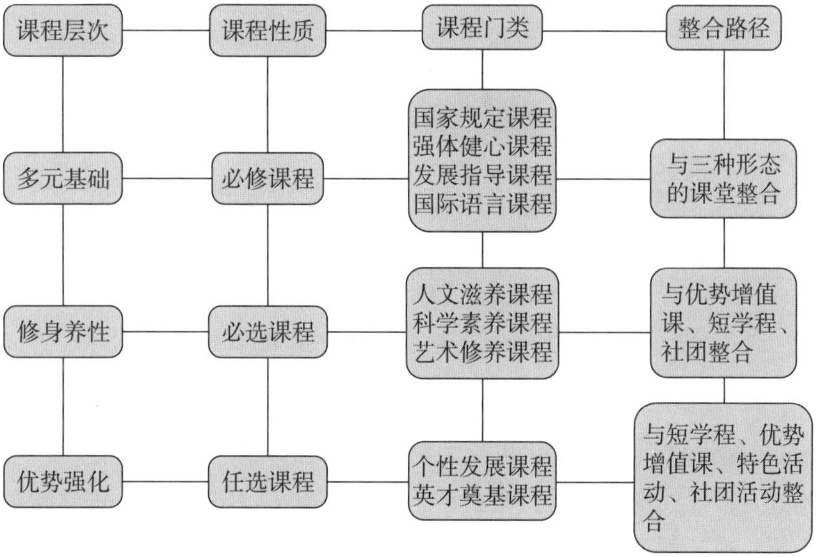

图 4.5　金苹果锦城第一中学课程内容体系建设框架

（二）建设整合“课程四力”与“课堂四力”的实施策略体系

根据“在发现世界中发展自己”的学生成长价值观，以“体验·探究·发现·发展”为关键词，建构各类课程的实施策略体系，让学生在发现中激活学习内生力，发展自主学习力、资源整合力和学习表达力。

多元基础课程，以“发现·发展”为主线建构实施策略体系。根据核心（基础）素养课、差异发展（综合素养）课和优势增值课的不同要求，分别以“理解·发现”“综合·发现”和“体验·发现”为主线建构不同形态的课堂实施策略体系。

修身养性课程，以“体验·发展”为主线建构活动实施策略体系，引导学生在体验中提升自己的修养，涵养自己的气质。

优势强化课程，以“探究·发现·发展”为主线，建构项目学习的实施策略体系，在项目学习或系列化的活动中发展和强化学生的优势。

金苹果锦城第一中学课程实施策略体系建设框架如图 4.6。

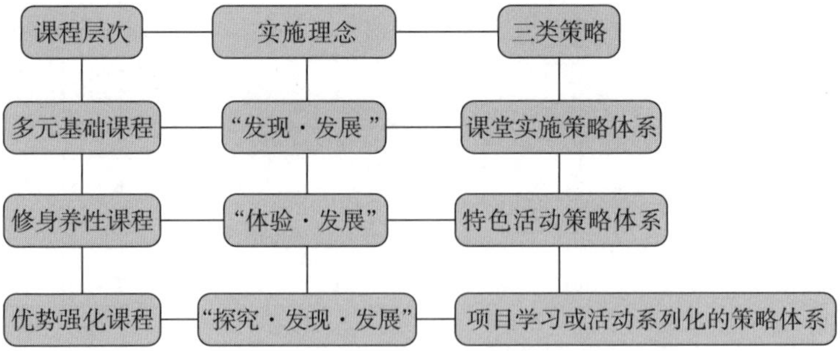

图 4.6　金苹果锦城第一中学课程实施策略体系建设框架

（三）建设具有学校文化生长力的特色课程体系

除规定开设的国家课程和地方课程外，根据金苹果锦城第一中学的学校价值观、学生成长观和教师发展观，在四个模块和三个层次的课程体系中，强化和扶持体现学校文化追求的校本特色课程，并在校本课程的设计与实施中增加"学校文化生长力"的评价维度，从多方面建设具有学校文化生长力的特色课程体系，开发体现学校"课程四力"与"课堂四力"的系列校本教材。

第二部分　实践篇

为落实上述战略规划，金苹果锦城第一中学的课程建设将遵循如下实践思路，并逐步建立和完善如下实践措施。

一、明确实践思路

要使"全息课程"的战略目标、任务、旗帜、主张等切实落地，需要明确和遵循"立体设计、整合推进、分类实施、项目探究"的思路。

（一）立体设计

立体设计，是指整合全程优化、全面优质、全员优秀的课程要求，全方位、多维度、多层次设计学校课程，形成有效促进学生、教师和学校互动发展的“全息课程”生态。金苹果锦城第一中学课程建设的立体设计主要包括四个方面的内容。

1. 课程内容的立体设计

根据“全人”发展的理念，充分考虑不同学生群体对未来发展的不同期待，结合国家和省、市、区对初中学生的规定性要求，对基础素养课程、优势发展课程、气质涵养课程、英才奠基课程等进行立体化设计，不仅在具体内容上体现鲜活生命的多样化发展需求，而且在课程内容涉及的空间上，尽量兼顾中外等不同地域，实现课程内容空间分布的立体化；在课程内容反映的时间上，兼顾过去、现在和未来，实现课程内容时间分布的立体化，在多样化内容和时空分布的立体化设计中促进学校课程的全面优质。

2. 实施方式的立体设计

采用多样化的可选择的方式实施立体化的课程内容。在课程形态的设计上，可采用课堂学习、活动开展、项目研究等方式灵活实施课程；在课程种类的设计上，采用“必修+必选+任选”结合的方式推进课程建设；在课程研习的具体方式上，可独立学习，也可以小组方式进行探究；在课堂学习的时间安排上，可集中一段时间完成一个项目，也可长时间分散完成一个项目；在课程学习的场地安排上，可在校园内完成某一项目，也可在校外基地或校外相关地方完成项目探究任务；在校内时空的优化上，整体设计每一角落或每一季节的课程，让校园成为具有强劲发展力的立体化课程集合体，以促进“全息课程”的全面优质。

3. 发展过程的立体设计

高质量的课程是一连串的动人事件和流动跳跃的音符，要让零散的事件和流动的音符创造出发展生命的整体意义，需要对课程建设的过程和生命发展的轨迹进行引领性的立体设计。一是以评价为统领，对课程设计、实施、评价进行一致性设计。把课程评价贯穿于课程设计和课程实施全过程，在评价标准和评价方式的引领下，对课程建设的全过程进行立体设计。二是以改进为动力，对课程实施的反馈、反思、改进和再实践进行立体设计，以建设和优化“全息课程”生态为标准，促进课程建设的螺旋式上升。三是对课程理念、目标、内容、方式、活动评价等具体要素进行立体设计，确保课程理念和目标落实到课程设计与实施的各环节，提高每门课程或每一项目的全程学习质量，实现“全息课程”建设的全程优化目标。

4. 课程主体的立体设计

课程主体在课程建设中处于支配和引领地位。不少人认为，课程开发的主体是国家和地方教育行政部门，以及少数具有课程开发能力的学校；课程实施的主体是教师；课程受益的主体是学生。“锦一”课程建设主体的设计，将打破这一常规，根据整合各种有利资源开发和实施多样化课程的原则，立体设计、激活和培育课程建设的多主体。一是课程开发主体的立体设计。将教育专家、行业精英、高校资源、优秀家长、优秀学生等引入学校，与学校教师一道，根据学校的办学目标与课程建设的要求，开发学校特色课程，形成多行业、多身份、跨年龄的课程开发主体，实现课程开发团队的立体化发展目标。二是课程实施主体的立体设计。根据课程实施的需要，以“所用不一定所有”的原则，聘请外校、其他行业的精英、优秀从业者和本校师生一道，成为我校课程实施的主体。三是课程受益主体的立体设计。不但让学生成为课程建设的最大受益主体，也让教师、家长和社区成为学校课程建设的受益主体，实现“全息课程”建设的全员优秀的目标。

5. 课程资源的立体设计

要在课程建设中提高师生课程资源的整合力，需要对课程资源的建设和使用进行立体设计。一是课程资源建设的立体设计。充分调动学科资源、学生资源、学校资源、集团资源、家长资源、行业资源、社会资源等，根据学校课程建设框架，依托信息技术平台，建设立体化、多层次、多类型的课程资源库，为不同门类的课程实施和不同学生发展自己的特长提供资源保障。二是课程资源使用的立体设计。以信息技术为依托，建立开放、交互使用课程资源的平台和课程资源更新制度，为“全息课程”生态建设的全程优化、全面优秀提供资源保障。

（二）整合推进

由于课程门类多、学习任务重、学生时间紧等现实问题，要有效完成“全息课程”生态建设的任务，需要确立并遵循整合推进的思路。

1. 三级课程的整合推进

以国家课程的校本化实施为重点，整合推进国家课程、地方课程和校本特色课程。国家课程以学科核心素养的培育为着力点，为学生的学科学习打好基础；地方课程要么整合进国家课程，要么与学校特色课程融合，在国家课程校本化和学校特色课程本土化的过程中，培养学生的家国情怀和家乡意识；校本特色课程主要以跨学科整合，学科与生活整合，中外整合，历史、现实与未来整合的思路，拓展、加深和转化国家课程，提高课程开设的现实联结水平与学生解决综合问题的品质，体现生命意识、问题解决、综合体验与学习获得等全面优质的要求。

2. 三类实施策略的整合推进

三类实施策略，是指常态课堂实施策略、活动体验实施策略、项目探究实施策略。常态课堂实施策略主要用于多元基础课程，以常态课堂为学习的主阵地，重点完成国家课程的校本化实施任务。活动体验实施策略主要用于修身养性或优势强化课程，以活动的形式开展，是常态课堂类课程和项目探究类课程的延展、强化和补充。项目探究实施策略主要用于优势强化课程，以跨学科学习为主要形式，是常态课堂学习的深化和延展。三类策略采用整合推进的思路实施，常态课堂实施策略主要在40分钟的核心（基础）素养课和50分钟的差异发展（综合素养）课上完成，活动体验实施策略主要在跨学科必选课、周一至周五下午60分钟的优势增值课、社团活动、班队会活动中完成；项目探究实施策略主要在短学程时段和跨学科必选课上实施。三类实施策略统筹安排，形成整体推进学生、教师和学校发展的合力。

3. 课程建设与学校日常工作的整合推进

强化课程是育人的主要形式、以课程建设统领学校日常工作的办学理念与思路，将学校的课程建设和其他工作整合起来，形成办学合力。一是学生发展指导课程与学校德育工作的整合。将德育专题、班会课内容、德育主题月活动等转变为学生发展指导的课程内容，将学生发展指导的规律性或规则性内容，转变为学生成长评价的标准或学生行为公约，形成学生发展指导课程和学校德育工作的整体推进合力。二是活动体验、项目探究与学生社团、学校品牌形象塑造工作的整合。将学生的特长培养、知名学生培养、学校名项目培育、知名教师培养等工作整合到活动体验、优势增值课程、学生社团的建设过程中去，扶持精品课程和精品社团的建设，有计划地培养知名学生和教师，以课程建设为依托，借助其他资源孵化学校的知名项目，支持和打造一批精品课程及有影响力的成果，以师生的课程成果塑造学校的品牌形象。三是常态课堂实施策略与课堂改革、教师研修、教学管理等工作的整合。通过课堂改革和教学管理改革，保持常态课堂实施策略的发展活力，提高常态课堂效益，在课堂教学及其管理的改革中，提高教师的研究能力与学术水平，为专家型教师的成长提供平台与条件。四是三类实施策略与学校的整体改革相结合。根据三类策略有效实施的需要，建立学校的人力资源配置制度、激励评价制度等，以课程改革推动学校的整体变革。

（三）分类实施

分类实施，首先是指针对三类实施策略分别建立不同的评价标准，确定各有侧重的内容和学习方式，使课程实施过程既符合不同类型课程的特点与要求，也逐步形成和强化每一类课程的发展特色。其次是针对对未来发展有不同规划的学生分类开设课程。七、八年级主要打好共同基础；九年级分三类学生群体设置课程：一是针对直升金苹果锦城第一中学高中部的学生团队，强化初高衔接课程；二是针对参加各地中考的学生，强化中考适应课程；三是针对到国外就读的学生，强化国外学习的适应性课程。

常态课堂类实施策略以如何引导学生高效益地把握学科知识、发展学科核心素养、提高中考应考能力为主要任务，以国家课程的校本化实施为手段，在核心（基础）素养课、差异发展（综合素养）课和优势增值课三种课堂形态中实施常态课堂策略，落实课程任务，打好学生的共同基础。

活动体验类实施策略以修身养性、成长指导、做强优势、丰富体验、增强活力为主要任务，以活动设计、活动实施、活动表现为关键环节，在不同形式的系列化活动中完成相关课程的学习任务，在丰富多彩的活动中激活和保持学生持续发展的活力。

项目探究类实施策略以综合运用知识解决问题，学会探究、合作与发现，提高学生高阶思维能力和全球胜任力，进一步做强学生优势领域为主要任务，以项目学习为主要手段，在项目设计、实施、成果展示与分享等活动中完成相关课程任务。分类实施的基本框架见表 4.5。

表 4.5　金苹果锦城第一中学课程分类实施框架

课程实施策略类型	实施思路	实施策略	效益评价
常态课堂类实施策略	国家课程的校本化实施	◎整合三种形态的课堂 ◎发展“课堂四力”	◎掌握了学科知识 ◎提升了学科核心素养 ◎应考能力增强

续表

课程实施策略类型	实施思路	实施策略	效益评价
活动体验类实施策略	以丰富多彩的系列活动推进课程有序、有效、有活力地实施	◎整合周一至周五下午的优势增值课 ◎整合社团活动 ◎整合班队会活动 ◎整合德育序列活动	◎涵养了德性 ◎发展了特长 ◎促进了成长 ◎保持了活力
项目探究类实施策略	以短学程为依托开展项目学习	以项目管理的思路推进课程实施	◎能综合运用知识解决问题 ◎学会了探究、合作与发现 ◎发展了高阶思维 ◎提高了全球胜任力

（四）项目探究

以项目学习的方式建设学校的特色课程。在推进项目学习时重点抓好项目选择、项目设计、项目论证、项目实施和成果展示五个环节。

1. 项目选择

项目选择包含两个层次：一是教师选择和确定自己擅长且有价值的项目，作为一门课程提供给学生选择。二是学生选择学习项目。选择一个项目就是选择一门课程，探究一个项目就是学习一门课程。因此，项目选择非常重要。学生选择自己的探究项目时，可根据自己的兴趣，在《金苹果锦城第一中学课程指南》的指导下，选择适合自己的学习项目；也可和老师、家长协商选择学习项目。这一环节的重要任务是提高学生的项目识别、理解与选择能力。

2. 项目设计

这一环节也包括两个方面的设计：一是教师确定了引导学生探究的项目后，对项目的目标与实现指标、主体内容、活动流程、基本要求、评价要点等进行的框架性设计，供学生选择项目时参考。二是学生选定项目后，根据教师提供的项目设计框架，在教师的指导下，对自己或团队如何开展项目探究进行具体设计，形成项目学习方案，可以是学生独立设计，也可以是学习小组共同设计。学生的项目设计是对教师项目设计的进一步细化，具有更强的可操作性。这一环节的重要任务是提高学生的项目感知、预估、猜想与设计能力。

3. 项目论证

项目论证是在项目设计后，对项目价值与目标实现的可能性进行再认识，对项目设计进行反思，对项目实施过程中可能遇到的困难和需要提供的帮助再一次进行探讨，对即将采取的所有措施的合理性、可行性、科学性、创新性等进行再分析，据此修改已有的项目设计，并对教师的教学或学校的相关措施提出建议。这一环节的重要任务是提高学生深化项目认识、多角度分析项目价值、多角度反思项目设计、合作探究改进设计的意识与能力，为项目的顺利实施提供保障。

4. 项目实施

根据项目论证后修改过的项目设计方案开展项目实施活动。项目实施过程中应主要强化四个方面的内容：一是高质量的教师指导和学校提供的其他帮助；二是学生个体或团队开展项目学习时的情况记录与资料收集；三是执行项目设计方案时遇到意外及临时采取的措施；四是项目实施过程中师生的新体验、新发现与新收获。

5. 成果展示与分享

在项目实施过程中或项目学习任务完成后，整理或有创意地表达项目学习成果，可以独立展示项目学习成果，也可以学习小组为单位展示项目学习成果。

二、编制课程菜单

采用自上而下和自下而上相结合的方式编制和丰富学校课程菜单，以此为基础形成学生个体的课程表。自上而下主要包括学校老师、家长和行业精英提出的建议性课程。学校分别征求家长、教师和行业精英等关于课程开设的建议，根据学校现有课程资源和能够聚集、使用的课程资源，提出拟开设的课程，并明确相关要求。自下而上是根据学生的发展需求，特别是兴趣与优势领域的发展需求，提出课程开设建议。如果在学校已有的课程菜单中没有满足学生需求的课程，学校将根据需求人数的多少和课程资源的整合情况，不断优化和丰富已有的课程菜单，努力扩大学生课程选择的空间。

（一）征求教师的课程开设意向

每学期课程结束前，由教务处征集每位老师下学期准备开设的课程意向，由学校进行统筹、协调，期末时学校确定下学期的选课菜单，假期中教师根据学校确定的选课菜单完善自己即将开设或已开设的课程。征求教师课程开设意向可使用表 4.6。

表 4.6 金苹果锦城第一中学特色课程开设意向表

（教师使用）

教师姓名		教研组		拟开课程的学生范围	
拟开课程策略	活动体验类策略（ ）项目探究类策略（ ）其他（ ）				
拟开课程时间	周一至周五下午（ ）短学程时间（ ）跨学科整合时间（ ） 德育活动时间（ ）社团活动时间（ ）其他（ ）				
拟开课程时长					
拟开课程名称					
拟开课程的大体内容					

说明：请在“拟开课程策略”和“拟开课程时间”相应栏目的括号内画“√”。若选择“其他”，请备注您的想法。

（二）征求行业精英和校外导师的课程开设意见

有目的、有计划地了解行业精英和校外导师在学校开设课程的意向，供学生选择。征求行业精英和校外导师的课程开设意见可使用表 4.7。

表 4.7 金苹果锦城第一中学课程开设意见征求表

（校外导师使用）

尊敬的　　　　： 　　感谢您接受邀请，成为我们的校外特聘教师。学生们非常期待您能为他们开设课程或做讲座，为了根据您的想法和时间安排这门课程，烦请您在百忙之中填写下表。非常感谢！ 　　敬祝一切安好！ 金苹果锦城第一中学 年　月　日

续表

您希望为我们的学生	开设一门或几门课程（　　） 做一场或几场讲座（　　） 既开设课程也做讲座（　　）	
如果您为我们的学生做讲座	讲座题目	
	内容概要	
	时间和时长	
	学生年级与规模	
	需要学校提供的条件	
如果您为我们的学生开设课程	课程名称	
	内容概要	
	开设年级	
	所需时长	
	需要学校提供的条件	

（三）征求家长的课程开设意见

征求家长的课程开设意见，发掘家长队伍中的课程资源，在编制课程菜单时力求满足家长的期望。征求家长的课程开设意见可参考表 4.8。

表 4.8　金苹果锦城第一中学课程开设意见征求表

（家长使用）

您孩子的姓名		所在班级	
您最希望孩子的发展状态是			
您对孩子目前的发展状态	满意（　　）　　比较满意（　　） 不太满意（　　）______ 不满意（　　）______		
除必修课程外，你最希望学校开设的选修课程			
如果您能为我们的学生开设课程，您希望开设的课程名称与主要内容			

（四）调查学生的课程需求

在了解校内教师和校外导师愿意和能够开设的课程的同时，每学期选择合适的时间，由教务处负责调查学生希望学校开设的课程。如果学校开设的课程能满足学生的需求，则根据校内教师和校外导师提供的课程编制学校课程菜单；如果不能满足学生需求，学校则根据其他课程需求的学生量，利用校外课程资源丰富课程门类。学生的课程需求调查可参考表 4.9。

表 4.9 金苹果锦城第一中学课程需求调查表

（学生使用）

姓名		性别		班级		特长
你最喜欢的选修课程						
你选修的课程	收获大（ ） 收获比较大（ ） 收获不太大（ ）					
除学校已经开设的选修课程外，你还希望开设的课程						
你对学校开设选修课程的建议						

（五）编制学校必选课程菜单

1. 编制学校必选课程总菜单

综合上述多方面的信息编制学校必选课程总菜单。必选课程是除必修课程外，学生必须在多元基础课程中的强体健心课程、发展指导课程，修身养性课程中的人文滋养课程、艺术修养课程、科学素养课程和优势强化课程中的个性发展课程等课程门类中选修的具体课程；同时每位学生还必须参加一个社团；必须选择性参加跨学科整合课。可参照表 4.10 编制课程总菜单。

表 4.10 金苹果锦城第一中学必选课程总菜单

(×学年度×期)

时间	课程策略类别	课程层次	课程模块	课程门类	课程名称
周一至周五下午 17：05 ～ 18:20	活动体验为主，项目探究为辅	多元基础课程	强体健心课程	田径	课程 1 课程 2 ……
				水上项目	课程 1 课程 2 ……
				形体	同上
				球类	同上
				武术	同上
				棋类	同上
				……	
		修身养性课程	人文滋养课程	阅读	课程 1 课程 2 ……
				书法	课程 1 课程 2 ……
				……	同上
				中华文化体验	同上
				世界文化体验 ……	同上
			艺术素养课程	绘画艺术	课程 1 课程 2 ……
				声乐艺术	同上
				表演艺术	同上
				影视艺术	同上
				生活艺术	同上
				……	
			科学素养课程	学科拓展	课程 1 课程 2 ……
				学科深化	同上
				科创课程	同上
				手工制作	同上
				……	

续表

时间	课程策略类别	课程层次	课程模块	课程门类	课程名称
周日晚19：00～21：30	活动体验或项目探究	有目的、有计划开展的系列社团活动	人文社团	社团1	
				社团2	
				社团3	
			艺术类社团	同上	
			科学类社团	同上	
学科套排课	活动体验或项目探究	跨学科学习的优势增值课程	个性发展课程	兴趣增值课程	活动（项目）1 活动（项目）2 ……
			英才奠基课程	领导力课程	同上
德育活动月（班会课）	活动体验	多元基础课程	发展指导课程	心理指导	
				生活指导	
				学习指导	
				做人指导	
				生涯规划指导	

2. 细化必选课程总菜单

（1）细化周一至周五的活动体验课或项目探究课菜单

表4.10中周一至周五下午17：05～18：20的优势增值课，以学生活动体验为主，个别学科可开设拔尖学生辅导课，无论何种课形，均要尽量避免教师一讲到底的辅导模式。每位学生根据学校提供的课程菜单，在阅读、书法、体育、艺术素养、科学素养五个课程模块或门类中各选一门课程修习，保证每天下午参加一门课程的学习，从不同侧面提升自己的基础素养与人文、艺术、科学素养。

要完成上述任务，需要细化课程总菜单中的内容。每学期确定开设的供学生选择的课程，可参照表4.11细化课程内容。

表 4.11 金苹果锦城第一中学必选课程简表一

（周一至周五下午 17:05～18:20）

课程名称			开课教师		
课程模块		课程门类		课程时长	
课程宣传语					
对选修学生的要求					
课程目标		课程实现指标			
课程内容提纲					
课程实施方式					
课程评价					
课程实施所需条件					

填写“课程名称”时，尽量指向明确，用语简洁、生动，对学生有吸引力；“开课教师”可以是一人，也可以是几人，牵头人排在第一位；“课程模块”是指课程总菜单中的强体健心课程、人文滋养课程、艺术素养课程、科学素养课程；“课程门类”是指课程模块下的某一个大类，如田径、形体、阅读、表演等；“课程时长”是指课程开设的时间大约需要多少周，一门课程一般为5～8周，也可是一个学期，长线课程报学校批准后可开设一年、两年或三年；“课程宣传语”是用简短而富有吸引力的语言介绍本门课程，相当于本门课程的广告语，目的是提高所开课程的吸引力与选课率；“对选修学生的要求”包括选修学生的年级、性别、身体状况、专业知识与文化基础、其他方面的条件等，供学生选课时参考；“课程目标”和“课程实现指标”以条款方式简明表述；“课程内容提纲”主要包括每一次学习的主题、任务、关键内容要点等，向学生呈现课程学习的内容框架；“课程实施方式”包括活动形式、成果要求等；“课程评价”主要包括评价内容和方式，周一至周五下午 17:05～18:20 的必选课以表现性评价为主，一般不采用纸笔考试的方式进行评价；“课程实施所需条件”，主要是向学校说明开设本门课所需的时间、场地等其他条件。

在填写完表 4.11 后，将其提交学校审批；学校批准后，提供给学生和家长，供学生选课时使用；学生选课完毕后，教师按这一简表实施本门课程，在实施过程中不断丰富和完善这一简表。

（2）细化每周日晚 19：00～21：30 的社团活动菜单

每周日晚 19：00～21：30，是各社团开展活动或展示成果的时间。应以课程建设的思路开展社团活动，社团活动由德育处（或学生发展指导中心）总体策划，既要与其他课程相结合，使社团活动成为深化和拓宽学生课程学习成果、增强学生发展兴趣和做强学生优势领域的重要载体，也要使社团活动成为学生提高学习内生力、自主学习力、资源整合力和成果表达力的重要阵地。社团活动的成果展示可与德育活动整合，分时段设置社团活动展示月，如人文社团活动展示月、艺术社团活动展示月、科学社团活动展示月等。在校学生会设立社团活动工作部，帮助学生参与整体策划、设计、实施社团活动，提高社团活动的开展质量和学生发展力，将特色社团建设、成果展示与学校品牌形象的塑造工作结合起来。

参照表 4.12 细化社团成立申请表，提高社团建设的规范化水平。

表 4.12　金苹果锦城第一中学社团成立申请表

社团名称	
社团理想	
团训	
社团活动的主要内容	
社团活动的主要形式	
社团公约	
社团负责人简介	
社团参与人员的基本条件	
需要学校提供的条件	
学校审批意见	

表 4.12 中的“社团名称”，主要由学生自己确定，力求富有活力与个性，体现美好追求与志存高远、坚韧不拔的正能量；“社团理想”，是用简明的语言表述本社团在校学习期间的最高追求，可以用短语呈现，也可以用条款式的语言表达；“团训”是社团成员需要遵守的箴言或应秉持的精神，可用词语、短语或简洁生动的句子表达；“社团活动的主要内容”与“社团活动的主要形式”

是指本社团的主要活动范围、项目与开展活动的主要方式，突出重点内容与方式即可；“社团公约”是社团成员之间共同遵守的约定；“社团负责人简介”主要介绍团长与本社团活动有关的优点和组织、管理才能等。“社团参与人员的基本条件”，供学生选择社团时参考；“需要学校提供的条件”，主要包括开展社团活动时需要学校、老师和家长提供的支持与帮助等。

社团成立后，各社团在负责人的领导下完成社团活动策划书。策划书可以一学期或一学年为单位，简要规划各次活动的内容、形式及成果展示等，在老师的指导下完善策划书，在充分讨论后形成全体成员的共识。策划书的编制可参考表 4.13 的框架。

表 4.13　金苹果锦城第一中学社团活动策划书

社团名称		活动策划时长	
社团活动的阶段目标、任务与方式			
社团活动的主要成果内容与形式			
活动成果展示的初步设想			
活动保障条件			
指导老师意见			
社团成员签名			
社团负责人签名			

表 4.13 中的“活动策划时长”，是指本策划书所策划活动的时间长度，可以是一学期，也可以是一学年，甚至可以是三学年，即一学期策划书、一学年策划书、两学年策划书或三学年策划书；“社团活动的阶段目标、任务与方式”，是以条款式的语言，简要说明本社团在不同阶段的主要活动，这些活动的目标是什么，要实现这些目标需要完成哪些具体任务，以什么方式完成这些任务等，目标、内容、方式要相互匹配、彼此呼应，不同阶段的目标、内容与方式最好具有不断递进或逐层拓展的关系，以提高有序推进社团活动的水平；

“社团活动的主要成果内容与形式”，是在完成某一阶段或某几个阶段的活动任务后，应该呈现出怎样的成果以及怎样呈现这些成果的初步打算，以强化社团活动的成果意识。“活动成果展示的初步设想”，是就如何有创意地展示本社团的成果进行设计，以便在平时的社团活动中为此做好准备；“指导老师意见”，是社团邀请指导老师对策划方案进行指导，就活动策划的可行性等进行评价。

各社团完成策划书后，一方面交学校备案，另一方面据此实施，并在实施过程中不断调整和完善。各社团开展活动时，要对活动过程、重大事件、主要收获等进行简单记录，对相关资料进行整理，形成社团活动档案袋。社团活动档案袋封面可参照以下格式设置：

金苹果锦城第一中学社团活动档案袋封面

社团名称＿＿＿＿＿＿＿＿＿＿＿＿＿＿＿＿＿＿＿＿＿＿＿

社团负责人＿＿＿＿＿＿＿＿＿＿＿＿＿＿＿＿＿＿＿＿＿＿

社团成员＿＿＿＿＿＿＿＿＿＿＿＿＿＿＿＿＿＿＿＿＿＿＿

过程资料目录

①………

②………

③………

④………

…………

代表性成果目录

①………

②………

③………

④………

…………

各社团原则上一学期展示一次本社团的活动成果，展示的时间、内容、形式、地点、分享人群等，首先由各社团自主策划，然后由校学生会和德育处统筹安排，确保展示成果的质量，力求发挥成果展示的多种价值。

（3）细化学科套排课的跨学科活动（项目）菜单

学科套排课主要是地理和生物、历史和道德与法治套排之后形成的兴趣增值课程和领导力课程，是跨学科学习的一种尝试，由相关教研组协商决定活动体验主题或项目探究专题。一个学期体验的主题或探究的项目，原则上设置为一门跨学科课程，提倡以地理、生物，历史、道德与法治为主，多学科参与，逐步形成涉及面宽的跨学科课程建设的特色。

学科套排课的活动体验或探究项目，由文科综合组组长和理科综合组组长统一协调安排，形成跨学科活动（项目）开展计划，并于每学期开学前提交教务处统一安排，跨学科活动（项目）开展计划的制订可参照表 4.14 的框架。

表 4.14　金苹果锦城第一中学跨学科活动（项目）开展计划

活动（项目）名称	
活动（项目）负责人	
参与教研组和教师	
活动（项目）目标与成果	
活动（项目）整合的主要知识点与内容	
活动（项目）开展的主要形式与环节	
学生组织与考勤办法	
需要学校和其他教研组提供的支持	
学校意见	

表 4.14 中，“活动（项目）名称”是指本学期开展的跨学科主题活动的名称，跨学科主题活动或项目不是几个零散的知识点的拼凑，而是以一个主题、专题、话题、任务或事件为引领，综合运用相关学科的知识深化这一主题，完成这一专题或话题的探究任务。由主题、专题、话题、任务或事件提炼出来的核心词，再进行适当修饰，就可作为活动（项目）名称。相关学科组在套排的

课时内一学期完成一个主题、专题或话题的跨学科学习，时间为4～8个优势增值课（90分钟）。“活动（项目）负责人”，是指本次活动的主要策划者和组织者。“参与教研组和教师”，以套排的学科为主，可根据需要邀请其他教研组参加。“活动（项目）目标与成果”，是指本次活动或项目要达成的跨学科学习的目标，以及活动或项目结束后学生应形成的主要成果，强化成果的展示与分享，树立学生的学习成果意识。“活动（项目）整合的主要知识点与内容”，需简要列出不同学科需要在此活动中运用与整合的知识点，以及本次活动或项目需要完成的主要任务等。“活动（项目）开展的主要形式与环节”，是指以讲座、学生活动、辩论、表演、实际操作等形式开展的跨学科学习，最好明确教师的分工、主要活动和需要聘请的教师等。“学生组织与考勤办法”，是进行跨学科学习时，相关学生如何选择自己感兴趣的内容，如何进行合作探究等。

（4）细化发展指导课程菜单

发展指导课程，是对学生的做人、学习、生活、心理等进行指导的课程。金苹果锦城第一中学的学生发展指导课程与学校德育工作紧密结合，除每周用一节必修课对学生的发展进行指导外，还利用班会课时间、德育活动月、午间一刻钟、学科教学、其他课程的开设时间等进行发展指导。既要建设单独的发展指导课程，更要提高融合性发展指导的质量，在不同领域和不同环节强化对学生的发展指导，切实提高学生的自主发展能力。

发展指导课程以活动体验为基本方式，以心理指导、生活指导、学习指导、做人指导、生涯规划指导为主要内容，整合班会课和发展指导课程，以发展指导为核心，建构德育活动月主题和班会课系列内容，把发展指导内容变为学生的意识与行为，并通过配套的学生素质评价制度的建设提高发展指导课程的效益。

首先是做人指导课程。做人指导的重要任务是引导学生学会善待自己、善待他人、善待社会、善待自然，教会学生待人处事和积极发展。因此，金苹果锦城第一中学做人指导课程的核心词是“善待”，善待的基本表现是“积极乐观，善于发现，具有韧性，坚持改变”。“积极乐观”，是指积极乐观地对待自己和他人，用发展的眼光看待社会和自然。“善于发现”，是指善于发现自己的优点与不足，能够精确地评估自己；善于发现别人的闪光点，在尊重和向别人学习的过程中善待他人，学会与他人相处；发现社会积极向上的力量，在社会的光明面中积极成长，学会正确对待社会的阴暗面；发现自然之美，在珍惜和善待自然中提高审美境界，形成良好的成长格局。“具有韧性”，是指培养学生具备坚韧的品格，使之形成百折不挠的意识与精神，学会与困难、挫折和不幸相处；“坚持改变”，是指永葆一颗向上的心，能积极整合各种资源不断发展自己，实现自我的不断超越。做人指导课程包括常规课程和“善待”课程两类，常规教育可利用午间一刻钟和班会课进行专门教育，也可在必修课和“善待”课程中渗透。“善待”课程主要以班会课为阵地实施，是班会课课程建设与实施的主线；发展指导的必修课可以专题方式选点突破，彼此呼应，形成合力。

其次是生活指导课程。生活指导的重要任务是引导学生树立独立生活的意识，提高独立生活的能力。生活指导课程的核心词是“自理”，自理的主要表现是“学会独立，文雅生活，形成习惯，持之以恒”。“学会独立”，是指引导学生快速适应住校生活和形成自主发展的意识与能力；“文雅生活”，是指引导学生做文明的孩子，做有文化的学生，做雅正的社会公民；“形成习惯”，是指在细节上引导学生形成良好的生活习惯；“持之以恒”，是指引导学生在生活细节中坚持，在长期坚持中形成独立而文雅生活的良好习惯。生活指导课程主要包括住校生活指导、家庭生活指导、健康生活指导、文明生活指导等，通过入学教育、住校生活表现、一日三餐、专题教育等活动进行，据此建立系列指导内容，并作为学生素质发展评价的重要指标。

第三是心理指导课程。心理指导的主要任务是培养学生的积极心理，“积极心理”是心理指导课程的关键词。积极心理的主要表现是“乐观向上，开放包容，管理情绪，体验快乐”。“乐观向上”，是指勇于挑战，积极应对困难，努力进取的人生态度与发展状态；“开放包容”，是指具有开放的思维和理解、包容不一样的想法与做法的心胸；“管理情绪”，是用乐观向上的情绪化解不利于正向发展的消极情绪；“体验快乐”，是在学习与生活中体验和享受快乐的意识与能力。心理指导课程以活动体验为基本形式，重点突出学习心理和青春期心理两个方面，以发展指导必修课和日常心理健康指导为主阵地，系统建构心理指导课程。

第四是学习指导课程。学习指导是指引导学生不断积累、形成和运用课堂学习、活动体验、项目探究等的学习方法与习惯，以提高学生的学习效益和自主发展能力。“课堂四力”是学习指导的核心词，无论是通适性的学习指导还是学科学习指导，都应围绕如何提高学生的学习内生力、自主学习力、资源整合力和成果表达力建构学习指导内容。课堂学习根据“三形课堂”的需要确定指导内容，活动体验类课程根据自身特点确定指导内容，项目探究以如何有效推进项目实施为重点确定指导内容。除学习心理指导课程外，还要利用班会课和入学指导时间建构学校的通适性指导课程；学科学习指导由各学科组设计，在入学指导和常态课堂（活动）中进行渗入式指导。

第五是生涯规划指导课程。生涯规划指导，是在引导学生感受社会行业，体验职业经历的基础上，根据自身的发展基础与兴趣，对未来的专业学习与职业愿景进行设计的过程。“自我设计”是生涯规划指导课程的核心词，学生要能理性地设计自我，需要抓好“职业体验，行业趋势，自我潜能，自身兴趣”四个关键。“职业体验”，是学生在现实或虚拟的职业场景中获得的真实感受与思考；“行业趋势”，是指学生对未来职业的变迁与社会对行业的新要求有一定的预测能力；“自我潜能”，是学生对自我发展的优势领域进行的评估和判断；“自身兴趣”，是自己对职业或行业的偏爱。生涯规划课程由知识了解、职业（学校）体验和自我设计三部分内容构成，主要在发展指导必修课、班会课和短学程中进行系统安排。

综合上述内容，学生发展指导课程菜单可参考表 4.15 细化。

表 4.15 金苹果锦城第一中学学生发展指导课程菜单

课程门类	核心词	课程实施载体	课程名称	课程主体内容	课程开设时段
做人指导课程	善待	班会课；发展指导必修课；学科渗透；日常评价	课程 1		
			课程 2		
			课程 3		
			……		
生活指导课程	自理	入学指导；班会课；宿舍日常表现与评价	课程 1		
			课程 2		
			课程 3		
			……		
心理指导课程	积极心理	发展指导必修课；日常心理健康指导	课程 1		
			课程 2		
			课程 3		
			……		
学习指导课程	“课堂四力”	班会课；入学指导；学科随堂指导	课程 1		
			课程 2		
			课程 3		
			……		

续表

课程门类	核心词	课程实施载体	课程名称	课程主体内容	课程开设时段
生涯规划指导课程	自我设计	发展指导必修课；班会课；短学程	课程 1		
			课程 2		
			课程 3		
			……		

（六）编制学校任选课程菜单

任选课程主要是在短学程时间内开设的课程。每学期上半学期的短学程，主要以项目学习的方式设计任选课程；每学期下半学期的短学程，由教师根据需要安排补偿性课程，补偿性课程为分层分类必选课程。

短学程的学习项目主要由教师、学生和社会各行业提供，学校在开学第一个月内公布项目学习菜单，供学生选择。每一个项目学习小组由 6～10 人组成，一个学习项目可以由多个小组同时展开探究。每一个学习项目根据学生的选择情况配设指导老师。

根据实践思路中项目探究的项目选择、项目设计、项目论证、项目实施和成果展示等要求，编制和细化任选课程的项目学习菜单。

1. 明确短学程学习项目的优先遴选要求

根据学校课程战略和实践思路的基本要求，优先选择具备以下特点的短学程学习项目。

金苹果锦城第一中学短学程学习项目的优先遴选条件

◎能促进跨学科学习。

◎能综合运用多种知识解决现实生活中的问题。

◎能运用多种学习方式，有增强学生综合体验的可能性。

◎具有深度探究的价值。

◎具有创新的可能性。

2. 征集短学程学习项目

首先向教职员工征集短学程学习项目。向校内教职员工征集短学程学习项目时，可参考表 4.16 的框架。

表 4.16　金苹果锦城第一中学短学程学生学习项目征集表

（教师使用）

<table>
<tr><td>教师姓名</td><td colspan="2"></td><td>教研组</td><td></td></tr>
<tr><td rowspan="5">推荐项目一</td><td>项目名称</td><td colspan="3"></td></tr>
<tr><td>项目的大体设想</td><td colspan="3"></td></tr>
<tr><td>项目产生的主要成果</td><td colspan="3"></td></tr>
<tr><td>参加项目的学生条件</td><td colspan="3"></td></tr>
<tr><td>项目所需条件</td><td colspan="3"></td></tr>
<tr><td>推荐项目二</td><td colspan="4">同上</td></tr>
<tr><td>推荐项目三
……</td><td colspan="4">同上</td></tr>
<tr><td>学校审核意见和建议</td><td colspan="4"></td></tr>
</table>

在向教职员工征集学习项目的同时，学校将随时向学生征集希望研究的学习项目，鼓励学生自主成立项目学习小组，对自主确定项目和组建项目组并切实推进项目研究，且有一定成效的，学校将进行扶持和奖励。向学生征集短学程学习项目时，可参考表 4.17 的框架。

表 4.17　金苹果锦城第一中学短学程学生学习项目征集表

（学生使用）

<table>
<tr><td>学生姓名</td><td colspan="2"></td><td>班级</td><td></td></tr>
<tr><td rowspan="5">建议项目一</td><td>项目名称</td><td colspan="3"></td></tr>
<tr><td>项目的大体设想</td><td colspan="3"></td></tr>
<tr><td>目前已具备的条件</td><td colspan="3"></td></tr>
<tr><td>希望参加此项目的同学</td><td colspan="3"></td></tr>
<tr><td>需要学校提供的帮助</td><td colspan="3"></td></tr>
</table>

续表

建议项目二	同上
建议项目三 ……	同上
学校回复	

除征集教师和学生的学习项目外，还可征集家长的意见。向家长征集学习项目时，可以参考表 4.18 的框架。

表 4.18　金苹果锦城第一中学短学程学生学习项目征集表

（家长使用）

<table>
<tr><td>家长姓名</td><td></td><td>学生姓名</td><td></td><td>学生所在班级</td><td></td></tr>
<tr><td rowspan="4">推荐项目一</td><td>项目名称</td><td colspan="4"></td></tr>
<tr><td>项目的大体设想</td><td colspan="4"></td></tr>
<tr><td>哪些孩子能够参加该项目</td><td colspan="4"></td></tr>
<tr><td>学校需要提供的条件</td><td colspan="4"></td></tr>
<tr><td>推荐项目二</td><td colspan="5">同上</td></tr>
<tr><td>推荐项目三
……</td><td colspan="5">同上</td></tr>
<tr><td>学校审核意见和建议</td><td colspan="5"></td></tr>
</table>

除教师、学生和家长外，还可向社区和其他精英征集学习项目，并聘请他们担任项目学习导师。向社区和其他精英征集短学程学习项目时，可参考表 4.19 的框架。

让课堂成就学生　用课程引领未来

Golden Apple Jincheng No.1 Secondary School

Golden Apple Jincheng No.1 Secondary School

表 4.19　金苹果锦城第一中学短学程学生学习项目征集表

（社区使用）

<table>
<tr><td>推荐人姓名</td><td colspan="2"></td><td>从事职业</td><td></td></tr>
<tr><td rowspan="4">推荐项目一</td><td>项目名称</td><td colspan="3"></td></tr>
<tr><td>项目的社会价值</td><td colspan="3"></td></tr>
<tr><td>项目推进的建议</td><td colspan="3"></td></tr>
<tr><td>是否愿意做本项目的导师</td><td colspan="3"></td></tr>
<tr><td>推荐项目二</td><td colspan="4">同上</td></tr>
<tr><td>推荐项目三……</td><td colspan="4">同上</td></tr>
<tr><td>学校回复</td><td colspan="4"></td></tr>
</table>

3. 编制任选课程总菜单

以征集到的学习项目为基础，根据学校的育人目标和拥有的优势课程资源，以人文类、科学类、艺体类和综合类为大致分类标准，将项目进行归类、提升，并适当补充必须开展的学习项目，形成学校的任选课程总菜单，供学生选择学习项目时使用。人文类，是指主要涉及人文学科的学习项目；科学类，是指主要涉及自然科学的学习项目；艺体类，是指主要涉及艺术、体育学科的学习项目；综合类，是指跨越人文、自然或艺体等学科的学习项目。编制任选课程总菜单时可参考表 4.20 的框架。

表 4.20　金苹果锦城第一中学短学程任选课程总菜单

（×年级第×学期）

<table>
<tr><th>课程类别</th><th colspan="2">项目名称</th><th>指导教师</th><th>选修学生条件</th></tr>
<tr><td rowspan="3">人文类</td><td>1</td><td></td><td></td><td></td></tr>
<tr><td>2</td><td></td><td></td><td></td></tr>
<tr><td>……</td><td></td><td></td><td></td></tr>
</table>

续表

课程类别	项目名称	指导教师	选修学生条件
科学类	同上		
艺体类	同上		
综合类	同上		

4. 细化项目内容

根据任选课程总菜单的框架，指导教师细化每一项目的具体内容，既供学生选择项目时参考，也作为师生开展项目探究活动的依据。细化每一具体项目的内容时，可参考表 4.21 的框架。

表 4.21　金苹果锦城第一中学短学程学习项目框架

项目名称	
项目的主要内容与实施方式	
项目成果与展示方式	
项目选修建议	

三、有效实施

学校必选课程和任选课程菜单经校长办公会通过后，在全校实施。为提高实施效益，学校将逐步建立和完善以下选修课程实施措施。

（一）建立和完善选课制度

1. 规范选课流程

金苹果锦城第一中学的选修课程按照以下流程实施。

金苹果锦城第一中学课程选修流程

1. 学校教务处每学期期末在学校信息平台上公布全校选课菜单。

2. 学生在放假后第一周内按照学校要求，结合自身实际，选择好自己下学期选修的课程，并在网上提交。

3. 教务处汇总后，在放假后第二周形成学校下学期选修课课程表，并通知相关教师和学生。

4. 因特殊原因未能实现自己选修课程意愿的学生，教务处提前告知班主任，或直接与学生交流，和学生一起协商课程调整事宜。

5. 学校选修课程确定后，为每位学生制作一张学期选修课程表，既提交给学生和家长，也存入学生成长档案袋。

6. 师生按照课程菜单和课程表实施选修课程。

7. 课程结束后提交学生作品或活动类照片，在全校有创意地展示学生的选修课成果。

8. 将学生的选修课代表作品、典型活动或获奖证书等存入学生成长档案袋。

9. 以多种方式对学生的选修课进行简要评价，评价结果存入学生成长档案袋，同时反馈给学生和家长。

10. 根据评价结果，确认学生的选修课学分。

2. 明确学生的选课要求

形成学生研习选修课公约，明确学生的选课要求。学生选修课公约的细化和完善可参考以下内容。

金苹果锦城第一中学学生修习选修课公约

1. 我将根据学校的课程菜单和我的兴趣，认真选修必选课程和任选课程，形成适合我自己的选修课程表。

2. 我将根据学校规定，选修周一至周五下午的活动体验课或优势增值课，发展自己的特长和兴趣。我将在每一个下午的活动课时间选修一门课程，积极投入，努力发展，力争获得10个学分（每门课程2个学分）。

3. 我在三年内至少参加一个社团，并认真开展活动，展示社团活动成果，获得社团活动的4个学分。

4. 根据我的兴趣或优势，在七、八年级每学期上半期的四个短学程中选择一个项目进行探究，积极投入，有创意地展示自己的探究成果，力争获得项目学习的24个学分（完成一个项目获得6学分）。

5. 我将在完成38个选修学分后，顺利获得金苹果锦城第一中学颁发的毕业证书和纪念章。

6. 我将在选修课中独立思考，与同伴合作探究，发挥自己的优势，力求让选修课成果在成都市、四川省乃至全国或国外获得荣誉，成为金苹果锦城第一中学的荣誉学生，受到学校的表彰、奖励。

3. 建立教师开设选修课的奖励制度

细化这一制度时可参考以下内容。

金苹果锦城第一中学教师选修课开设与奖励制度

1. 每位教师每学期除完成必修课任务外，在周一至周五下午至少开设1门活动体验课，至少策划、指导3个短学程学习项目，至少指导1个社团开展活动。

2. 指导的学生或学生团队，在校内比赛或成果展示中获得一等奖的，授予“优秀指导教师”称号；在高新区获得一等奖及其以上的，除授予“优秀指导教师”称号外，给予5000元人民币奖励；在成都市获得二等奖及其以上的，给予8000～10000元人民币奖励；在四川省获得二等奖及其以上奖励的，给予13000～15000元人民币奖励；获得全国三等奖及其以上的，给予20000～40000元人民币奖励。如果奖次重复，以最高级别奖励，不重复记奖。认定奖励等级时，以各级政府、教育行政部门或教研部门组织的活动为准，其他单位或学会组织的比赛，由学校重新认定等级后再确定是否奖励。

3. 每学期评选“最受学生欢迎课程”和“学校精品课程”，学校优先建设入选课程，并给予一定奖励。

4. 以选修课程为依托，支持出版校本教材。具体办法见《教师发展规划》。

5. 教师研发和开设选修课程的情况，纳入考核和评优晋级等。

4. 编制《金苹果锦城第一中学学生选课指南》

以本战略规划和课程菜单等为主要内容，以学期为单位，编制《金苹果锦城第一中学学生选课指南》，引导学生科学合理地选择适合自己的课程。

（二）规范实施过程

记录和规范选修课学习过程，学生在学习过程中简要填写“金苹果锦城第一中学选修课学习手册”，可直接采用电子输入方式，作为学生的电子档案数据。手册的主体内容可参考表 4.22 的框架，并根据不同类型的课程细化。

表 4.22　金苹果锦城第一中学选修课学习手册

选修课名称________　教师________　学生姓名________　年级________　班级________

我们的团队	（鼓励学生有创意地呈现自己的团队，树立团队意识，培养团队精神）	
我们的选修课计划		
我的权利与责任		
我们的活动过程	活动 1 的体验与收获	
	活动 2 的体验与收获	
	……	

续表

	评价项目	评价结论		
		是	不是	不清楚
对学习本课程的自我评价	喜欢这一课程			
	自己能够策划和调整学习过程			
	能够整合多种资源学习这一课程			
	能在选修课中大胆表达自己的想法			
	在选修课的学习中收获很大			
我给老师的建议				
我给自己的建议				

（三）建立过程质量跟踪制度

课程实施的过程质量监控，主要采用临时抽查和学生反馈两种方式。

临时抽查选修课的评价维度与内容可根据表 4.23 细化或改造。

表 4.23　金苹果锦城第一中学选修课评价框架

评价维度	评价指标	达到程度		备注
		达到	未达到	
学习状态	学生出勤情况好			
	学生学习情绪高			
	学生专注度高			

续表

评价维度	评价指标	达到程度		备注
		达到	未达到	
学习内容	符合课程菜单中的目标与实现指标			
	注重实施过程中的生成性内容			
	为学生提供了必要的学习支持与指导			
学习形式	促进了学生独立学习			
	促进了学生的合作学习			
	学习形式有一定创意			
过程记录	重要活动与事件有记录			
	有音像资料			
值得推广的经验				
需要研讨的地方				

选修课的学生反馈，可根据表 4.24 的内容进行细化或改造。

表 4.24　金苹果锦城第一中学选修课学生学习反馈表

反馈内容	反馈结论		
	符合	不符合	不清楚
1. 我很喜欢选修的这门课			
2. 学习内容对我有启发			
3. 我有独立学习的时间			
4. 我很喜欢我的学习伙伴			
5. 我从同伴那儿学到了很多			
6. 学习这门课时老师给了我很大的帮助			
7. 我学习这门课很有收获			
6. 我给老师的建议是			

（四）建立和完善选修课评价制度

选修课评价包括过程评价和成果评价。教师在选修课实施过程中对学生的评价，主要以“课程四力”和“课堂四力”为主，引导学生在选修课学习中发展“四力”，实现“四力共生”的目标。教师在选修课中对学生的日常评价，可根据不同类型的选修课，改造表 4.25 的框架性内容。

表 4.25　金苹果锦城第一中学学生选修课学习过程评价表

（教师使用）

选修课名称________　学生姓名________　年级________　班级________　教师______

评价项目	评价结果		
	优秀	良好	待改进
1. 积极主动参与选修课学习			
2. 能在选修课学习中提出建议			
3. 能根据实际情况调整设计好的活动方案			
4. 能整合多种资源推进自己的选修课学习			
5. 具有成果表达（活动展示）意识			
6. 在选修课学习中进步明显			

评价学生的选修课学习成果，主要从活动状态和展示成果的态度、真实程度、创意、影响范围等角度进行评价，分为“优秀”“良好”“待改进”三个等级。既可以是团队成果，也可以是独立完成的代表性成果；选修课学习的代表性成果收入个人成长电子数据库。不同类型选修课的学习成果评价表可参照表 4.26 的框架改造。

表 4.26　金苹果锦城第一中学学生选修课学习成果评价表

项目名称________　学生姓名________　年级________　班级________　评价者________

<table>
<tr><td rowspan="2">成果（活动）类型</td><td>团队成果（活动）</td><td></td><td>成果（活动）展示时间</td><td colspan="2"></td></tr>
<tr><td>个人成果（活动）</td><td></td><td>成果（活动）展示形式</td><td colspan="2"></td></tr>
<tr><td colspan="3" rowspan="2">评价项目</td><td colspan="3">评价结果</td></tr>
<tr><td>优秀</td><td>良好</td><td>待改进</td></tr>
</table>

续表

1. 积极提炼和展示成果（活动）			
2. 成果（活动）与选修课程一致			
3. 成果（活动）表达了真实体验，过程真实			
4. 成果表达（活动开展）有创意			
5. 成果（活动）影响范围较广			

四、成果分享

建立选修课成果展示、分享与奖励制度，每学期举办 1～2 次学生选修课成果大型展示会，与家长开放日结合，让学生介绍自己的成果。每学期评选一次学生选修课优秀成果，对获得一、二、三等奖，优秀奖，创意奖，发展潜能奖等的学生，学校颁发证书与获奖纪念品。

实践掠影

金苹果锦城第一中学“全息课程”实践掠影（一）
优势增值课

书法课：外聘书法家、书法老师现场指导，孩子们在指导下练一手好字，终身受益。

阅读课：前半期，外请文学教授指导学生如何读书；语文组指导孩子们精读《世说新语》，课前 3 分钟交流，分享读书心得；数学组成功地开展了学科阅读，引导孩子们读《数学阅读精粹》，为孩子们自编《读数学》一书。

艺术、体育优势增值课：周二、周四各开设 18 门艺术、体育优势增值课，增加了学生的活动时间，学生的兴趣、特长得到培植。

科创及学科竞赛选修课：18 门学科及科创类选修课在周五开展，学校组织了对课程的问卷调查，学生评价非常高，课程受欢迎度达到 95%以上。

外教体育课程：外教体育课不仅能让学生接受更专业的篮球、足球、橄榄球的指导，还可以让孩子们爱上体育课。

戏剧课：让孩子们经历专业的戏剧课程学习，锻炼语言运用能力、表达能力、组织协调能力等，提升学生的综合素质。

金苹果锦城第一中学优势增值课程

星期	课程类别	课程名称
周一	人文滋养课程	书法
周二	艺术修养课程 特长发展课程	上半期：田径、健美操、羽毛球、乒乓球、跆拳道、武术、太极、篮球（外教） 下半期：田径、健美操、羽毛球、足球、乒乓球、排球、跆拳道、篮球（外教）、橄榄球（外教）
周三	人文滋养课程	语文、数学、英语、历史

星期	课程类别	课程名称
周四	艺术修养课程 特长发展课程	上半期：国画、油画、歌声飞扬、拉丁舞、街舞、民族舞、舞动青春、啦啦操 下半期：国画、油画、素描、水粉、书法、街舞、舞动青春、歌声飞扬
周五	科学素养课程	上半期（共18门） 下半期（共22门）

金苹果锦城第一中学“全息课程”实践掠影（二）

必选课课表

时间	课程	班级	场地	人员
周五	科学素养	汉字趣谈	1班	刘缓岑
		一蓑烟雨任平生 ——走近一代文豪苏东坡	2班	李月月
		曹文轩带你学写作	10班	黄晓芳
		数学与魔术	英语小教室3	杨兰、刘婷
		全国初中数学联赛	5班	黄力博
		数学思维提升训练	4班	晏学渊、付松
		英语竞赛	3班	程瑜
		英语诗歌，约不约？	英语小教室2	刘媛
		英语流利说——自然拼读的奥妙	英语小教室1	黄雨萌
		迷之配音	英语小教室4	张迷
		述历史，品侠客	7班	王静思
		一张全球通行的名片 ——中西方礼仪文化修养	9班	于文丽
		植物大陆	英语小教室5	张晓梅
		霓裳羽衣“T台秀” ——中国服装变迁史	6班	雍晓夏
		小小设计师，等你来战	8班	赵晶、刘欢
		丰富多彩的生物趣味小实验	生物实验室 （中学部4楼）	刘静
		趣味心理学	心理教室 （中学部5楼）	龙洲
		Muse影视艺术	iSpace教室	李帛阳

金苹果锦城第一中学“全息课程”实践掠影（三）

环保校园　绿色行动

一、活动目标

1. 通过系列实践探究活动丰富学生的环保知识。

2. 在实践探究中培养学生项目主题探究式学习的方法。

3. 在活动体验中培养学生的环保意识及树立绿色生活的理念。

二、活动内容

围绕学生校园学习生活的方方面面，确定低碳环保生活的实践活动项目，学生可以从已有活动项目中进行选择，也可以自定题目进行探究学习。

三、活动方法

调查、实践、体验、表达。

四、组织形式

小组合作探究。

五、活动项目列表

序号	活动名称	负责教研组	备注
1	环保实木家具诞生记	生物组	
2	探究：垃圾分类有必要吗?	生物组	
3	如何利用餐厨垃圾自制尿素	生物组	
4	校园节约水资源项目设计	地理组	
5	探究：雨水回收与海绵城市	物理组	
6	校园节约用电项目设计	物理组	
7	探究：太阳能及风能利用	物理组	
8	探究：纸的前世今生	生物组	
9	环保主题小品剧表演赛	语文组、英语组	双语
10	环保主题作文创作	语文组、英语组	文体不限

续表

序号	活动名称	负责教研组	备注
11	环保主题广告语征集	语文组	
12	环保主题演讲比赛	语文组、英语组	双语
13	环保主题绘画创作大赛	美术组	
14	调查：建筑环保知识知多少	化学组	
15	探究：PM2.5 检测及雾霾天气知多少	化学组	
16	屋顶生态农场的建设思路设计	生物组	
17	植物种类在校园的合理分布设计	生物组	
18	模拟联合国论坛——共同爱护我们的地球家园	政治组牵头，所有教研组参与	
19	特别的家庭会——绿色出行，幸福你我他	学生成长指导中心	
20	环保歌曲创作大赛	音乐组	
21	环境保护与可持续发展	清华大学公开课	网易公开课
22	环保主题班会	班主任	

金苹果锦城第一中学“全息课程”实践掠影（四）

“环保实木家具诞生记”实践探究活动

一、活动目的

1. 学生初步体验主题式学习的过程与方法。

2. 引导学生了解环保实木家具的生产过程。

3. 培养学生爱护家具、保护大自然的良好习惯，形成绿色环保的生活理念。

二、活动时间：2017 年 4 月 22 日

三、活动地点：乐山市沐川县国林木业有限责任公司

四、活动准备

1. 活动要求

（1）遵守交通法规，乘车时不能将头、手伸出窗外。

（2）听从老师指挥。在工厂参观时，听从指挥，未经允许不要触碰工作器械和电源等危险品。

（3）加强团队意识，不擅自离开集体，若有紧急事情需要离队，请向随行老师请假，并有家长陪同，及时归队。

2. 带着问题出发

（1）环保家具知多少？（学生查阅资料）

（2）你对家具制作有何疑问？

（3）你知道一棵松树长到可以用于家具生产需要多少年吗？

（4）你知道复合板和实木板的区别吗？（学生查阅资料）

（5）你认为上述哪种材料更环保无害？为什么？

（6）你对本次活动有什么期望？

五、行程安排（略）

六、活动成果

总结你的收获，发挥你的能力——制作小报：

1. A3 纸张大小

2. 图文并茂，文体不限（诗歌、绘画、散文、故事等）。

3. 深度思考：你对未来家具生产有什么更好的设想？

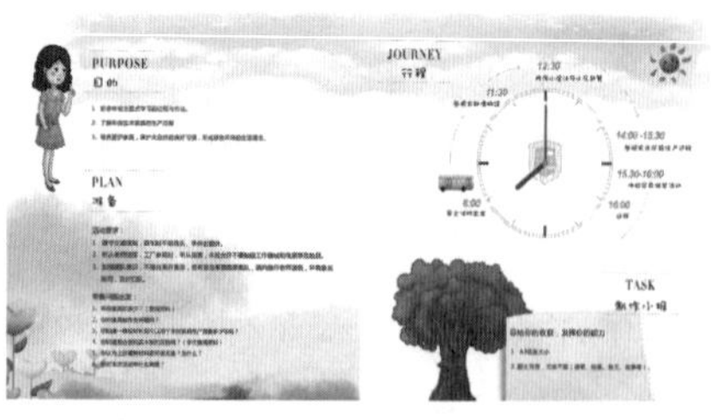

金苹果锦城第一中学“全息课程”实践掠影（五）

信息技术中的创造

在“锦一”，我们更艺术地学习信息技术。我们不仅仅告诉孩子们如何使用技术，更重要的是引领孩子们去创造性地使用技术，生成有意义的作品。

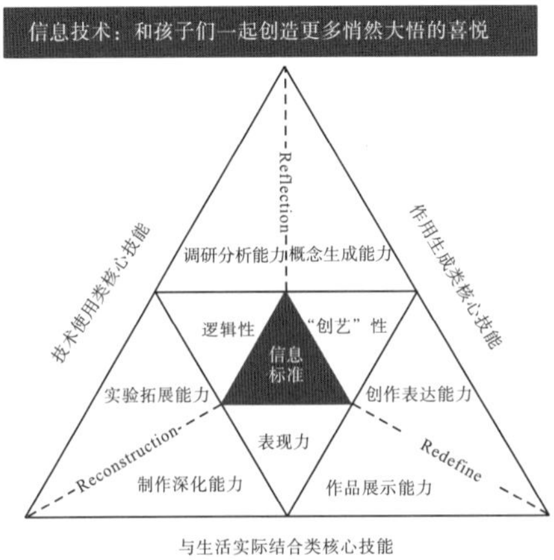

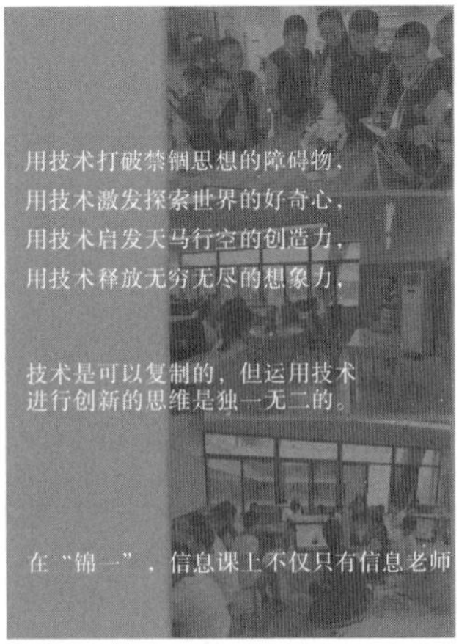

信息技术与美术跨学科整合：以七年级信息技术学科的“定格动画”为载体，解决了信息技术课堂上只重技术、忽略艺术的问题。

“定格动画”教学设计框架图

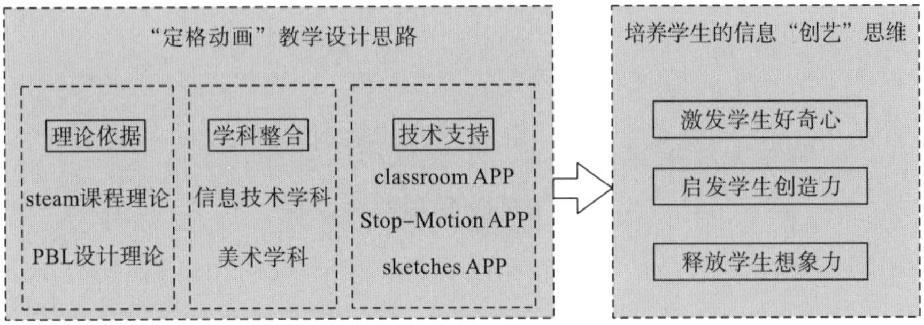

金苹果锦城第一中学“全息课程”实践掠影（六）

成长指导、心理健康、道德与法治学科与班会的整合

我们认真研究了学生发展指导、心理健康教育、道德与法治、班会课，发现其中有很多交叉内容，功能定位模糊，所以我们加大了对这三个板块的课程整合力度。其中的学生发展指导课程，以培养“能感受和创造幸福的人”为终极目标，以积极心理学理念为指导，分为心理指导、学习指导、生涯指导三大课程模块，分别由三位老师执教。其中心理指导模块以“卡内基情商与领导力”训练课程为主。

指导课程	课程内容	课时	实施部门
心理健康	心理档案		
	个体辅导	8/周	
	心理社团（心理剧、心理委员）	2/周	
生涯指导	认识自我	5课时	
	走进社会	5课时	
	规划设计	5课时	
	社会实践	5课时	
学习指导	学习心理	5课时	
	学习方法	5课时	
	学习工具	5课时	

指导课程	课程内容	课时	实施部门
	规则与法律	6课时	思品组
	理想、责任与荣誉	4课时	
学科学习指导	学习方法（班主任、学科老师）	5课时	学生工作部

金苹果锦城第一中学“全息课程”实践掠影（七）

生物、地理跨学科整合课程

本学期，我们积极开展了基于主题的深度学习，地理、生物学科整合了教材内容，正在开展“如何制作美味四川泡菜”的主题学习。学生们有很多想

法，准备研究四川泡菜的历史，还要把数学、技术学科等内容整合进去。

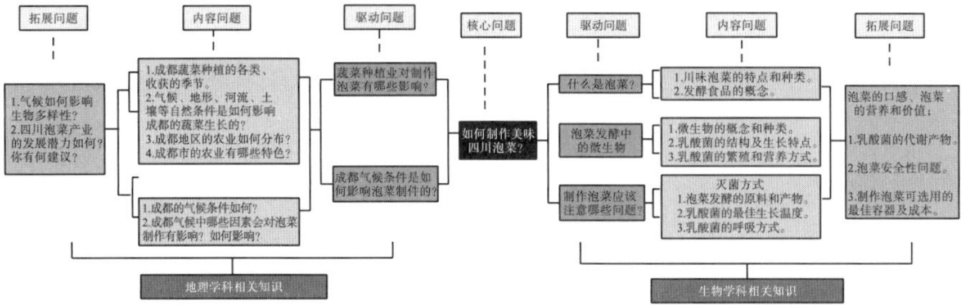

金苹果锦城第一中学“全息课程”实践掠影（八）
社团活动

星期天晚上是孩子们喜欢的社团活动，社团是孩子们自发组建的，由学校学生工作部牵头管理。社团指导老师负责安全管理，社团从组织到活动内容，全部由孩子们自己负责。孩子们组建的社团大大超出我们的预期，社团活动对孩子们的领导力培养和学习兴趣的激发起到了重要作用。

金苹果锦城第一中学社团活动

社团名	指导老师	社长
动漫社	王晓梅	余思阳
烘焙社	赵晶	谌颖
街舞社	李月月	王嘉怡
“锦一”电视台	黄晓芳	仉昱衡
模拟法庭	何耀宋	汪晨昕
模拟联合国	王静思	岳天慧
辩论社	刘欢	曾嘉奕
计算机编程社团	伍冬莉	刘纯辅
“锦一”乐队	杨兰	陈星潼
乒乓球社	毛皓	郭潼

续表

社团名	指导老师	社长
园艺社	张晓梅	陈海兴
话剧社	胡荣	唐艺园
“锦一”联合管乐团	张玲芮	李子熙
“锻鹰飞”叠杯社团	刘伟	陈梓洋
合唱团	杨帆	戢紫晗
摄影社	高萌蔓	陈乐怡
书法社	朱莉	张凯越
中鸣机器人社团	张锐	刘力行
疯狂创客	龙洲	秦彦睿
棋类俱乐部	向颖	鲁昳乐
军事社团	葛赛	谭淏文
推理小说社	王潇旭	石杉
环游电影	李硕	王柄森
乐高创意场景拼搭	李帛阳	董博文
中国舞社	路霞	胡锦汐
健美操队	颜敏	付依灵
锦色华年——“锦一”新闻社	雍晓夏　刘媛岑	谢维思　周映涵
排球社	刘燕	刘成玺
羽毛球社	王尚斌	姚爱希

金苹果锦城一中“全息课程”实践掠影（九）

生物组的特色选修课

在学校“创建全息育人课堂，打造优质学习生命体”课堂品牌建设的战略部署下，生物学科启动了“开发和设计增值课程，挖掘学科优势”的课程建设工作，开设了“植物大陆”和“生物趣味小实验”这两门选修课。

课程涉及生化检测与魔幻花青素、菜园种植与收获、艺术盆景设计与栽培、生态肥料与制作等体验式活动。学生可以体验不同季节蔬菜及植物的种植；可以尝试利用不同植物的生长周期、色彩，不同植物的韧性制作不同的艺术品……从而培养有生态文明意识、有动手动脑能力、有艺术欣赏和艺术设计情趣的“全人”。

05

学校教育的支柱：智慧型教师团队

XUEXIAO JIAOYU
DE ZHIZHU：ZHIHUI
XING JIAOSHI TUANDUI

教师重要，就在于教师的工作是塑造灵魂、塑造生命、塑造人的工作。一个人遇到好老师是人生的幸运，一个学校拥有好老师是学校的光荣，一个民族源源不断涌现出一批又一批好老师则是民族的希望。国家繁荣、民族振兴、教育发展，需要我们大力培养造就一支师德高尚、业务精湛、结构合理、充满活力的高素质专业化教师队伍，需要涌现一大批好老师。①

——习近平

---

① 习近平．做党和人民满意的好老师——同北京师范大学师生代表座谈时的讲话［N］．人民日报，2014-09-10（1）．

教师是学校发展的支柱，一所学校教师群体的高度、境界、格局和智慧，决定了这所学校的发展速度、力度、程度与可持续发展水平。成就卓越而智慧的教师团队，是一所学校的万代基业。

习近平说："教师是立教之本、兴教之源，承担着让每个孩子健康成长、办好人民满意教育的重任。"① 他希望"广大教师要做学生锤炼品格的引路人，做学生学习知识的引路人，做学生创新思维的引路人，做学生奉献祖国的引路人"②。要做好这样的"引路人"，需要每位教师都具有高尚的品德、积极的理想信念、较高的生命境界、博大宏远的发展智慧和好学不倦、改革创新的精神。让自己走在"路"的前方，只有这样，才能以自己独有的姿态引领学生在正确的道路上走向远方。然而，教师也是鲜活可感的普通生命，在他们的生命过程中，也会经历各种不同的生命困境，只有修炼出不断超越的生命智慧，才能在自己和团队的超越性努力中从容应对生存困境，和学生一起执着而成功地走向远方。

正因如此，习近平总书记才多次指出"教师要牢固树立中国特色社会主义理想信念、牢固树立终身学习理念、牢固树立改革创新意识；要着力培养有理想信念、有道德情操、有扎实学识、有仁爱之心的'四有'好老师；要'坚持教书和育人相统一，坚持潜心问道和关注社会相统一，坚持学术自由和学术规范相统一'……" "为好老师明确了根本标准，为广大教师指明了成长路径"③。

成都金苹果锦城第一中学的所有师生都知道，要建设世界一流中学，必须首先拥有世界一流的教师队伍。从现有的研究结论看，世界一流的教师队伍，

① 习近平．做党和人民满意的好老师——同北京师范大学师生代表座谈时的讲话［N］．人民日报，2014-09-10（1）．

② 刘博智，刘盾．引路人是新时期教师努力方向——习近平考察北京八一学校重要讲话在教育系统引起强烈反响［N］．中国教育报，2016-09-12（1）．

③ 杨银付，涂端午，俞可．发展具有中国特色、世界水平的现代教育［J］．人民教育，2017（19）：13～20．

具有尊重和促进“全人”发展的高尚师魂和改革智慧，具有广阔的视野和“联结世界，引领未来”的格局，更有“为天地立心，为生民立命，为往圣继绝学，为万世开太平”的理想与豪情。世界一流中学的教师，不仅个人具有扎实的专业功底、优良的专业精神和持续改革的能力，更重要的是具有团结协作、共同攻坚、集体研究、彼此完善的智慧型改革团队，以团队的杰出表现和可持续发展能力，支撑起世界一流中学的建设。世界一流中学的教师，还具有在实践中研究，在研究中实践的特征，他们既是有思想的实践者，也是有实践的思想者，研究、思考和实践互动共生，构成了鲜活生动、不断超越的专业体验经历，在成就学生的同时成就了自己的专业人生和幸福生活。

根据世界一流中学建设的需要，同时为了更好地落实“全景德育”“全息课堂”“全息课程”“三全”战略规划，成都金苹果锦城第一中学把教师发展作为学校大计，摆上了非常重要的战略位置，据此编制了教师发展战略规划，有目的、有计划地培育智慧型改革团队，以促进所有教师从优秀走向卓越。

战略规划

在改革中联结世界　在研究中引领未来

——成都金苹果锦城第一中学教师发展战略规划

（试行）

根据“创办世界一流中学，做好受益终身的教育”的办学定位和“为天地立心，为生民立命，为往圣继绝学，为万世开太平”的学校精神，结合“全景德育”“全息课堂”和“全息课程”的建设要求，以教师团队的发展现状为基础，以未来教育的改革趋势为依据，制订本规划。

第一部分　战略篇

一、建设愿景：培育有信念、有情怀、有本领、高境界、大格局、宽视野的智慧型改革团队

金苹果锦城第一中学的教师队伍建设愿景是：培育有信念、有情怀、有本领、高境界、大格局、宽视野的智慧型改革团队。以“创办世界一流中学，做好受益终身的教育”为宗旨，以“为天地立心，为生民立命，为往圣继绝学，为万世开太平”为引领，在“全景德育”“全息课堂”和“全息课程”的建设中，培育有信念、有情怀、有本领、高境界、大格局、宽视野的智慧型改革团队。

（一）培育具有“四为”信念的教师团队

“四为”信念，是指以“为天地立心，为生民立命，为往圣继绝学，为万世开太平”为精神支柱和价值引领，在自我修养、团队建设、专业发展、育人活动、绩效评估等方面，坚定不移地涵养天地正气，培育自己和学生的君子品性；始终心系万民，成就自己和学生的优质生命；致力于光大圣贤学统，修炼自己和学生的生命智慧；在点点滴滴中奠定万代基业，共创“大同”世界；和学生一起，竭尽全力地做有德性的人、有奉献精神的人、有智慧的人和有境界的人。金苹果锦城第一中学在培育具有“四为”信念的教师团队方面，主要着力实现如下目标。

1. 提高生生不息的正气涵养能力，坚守“为天地立心”的发展信念

“为天地立心”，是“锦一”所有教师坚守的基本信念。天地之“心”，是天地运行的基本法则和天地大美蕴含的生生不息的精神，树立“为天地立心”的信念，就是坚守如下育人信条：

遵守天、地、人和谐运行的法则，在“天人合一”中遵循规律育人，这是“锦一”教育的理想追求；

遵循天地万物的生长规律，在天地万物的生长规律中探寻和建设育人生态，这是“锦一”提升教师发展智慧的基本战略；

发现天地大美，化天地大美为宝贵的教育资源，坚守天地大美向真、向上、向善的正气特质，这是“锦一”教师智慧发展的重要准绳；

秉承天地生生不息的精神，让生生不息成为天地间的正气，在生生不息的正气中涵养师生的蓬勃精神与进取状态，这是“锦一”教师高效能发展的主要衡量指标。

“锦一”的教师“为天地立心”，就是在“锦一”的教育天地里遵循发展规律，不扭曲和异化教育；按照万物生长的节律培育学生，避免“假性成长”和“恶性成长”；在天地大美中培育学生生生不息的正气，不矮化和窄化学生的成长空间。这就是“锦一”教师始终坚守的教育信念。

要坚守这样的信念，“锦一”的所有教师和不同团队，都要力争通过3～5年的时间，形成“为天地立心”的如下精神特质与教育能力：

好学。学习和领悟天地大美与学生的成长规律，提高遵循规律育人的意识与能力。

力行。将育人的每一个细节做到极致，在“视思明，听思聪，色思温，貌思恭，言思忠，事思敬，疑思问，忿思难，见得思义”的坚持中，涵养向真、向善、向上的精神与能力。

知耻。和学生一道辨识是非美丑，在“养天地正气，法古今完人”的坚守中涵养生生不息的正气。

2. 提高“立己达人”的生命自觉品质，坚守“为生民立命”的信念

“为生民立命”，是帮助每一个生命找到适合自己的位置，支持他们在适合自己的位置上各得其所，彰显生命意义。因此，“为生民立命”有三项基本任务：一是让每一个生命都有自己的位置，这是“为生民立命”的前提；二是帮助每一个生命认识到他们的独特性，找准自己的发展位置，这是“为生民立命”的重点；三是支持每一个生命以适合自己的方式活出生命精彩，彰显生命意义，这是“为生民立命”的目标。“锦一”的所有教师和不同团队要坚守“为生民立命”的信念，需要确立如下专业发展观念和育人理念：

找到位置。在“锦一”找到自己的立身之所，夯实专业发展的根基，赢得自我发展的一席之地；帮助“锦一”学生明确他们在“锦一”学习的重要意义，引导他们学会珍惜自己在“锦一”的学习机会，勤奋努力，为自己的成长获取一席之地。

找准位置。在全面提升教育教学质量的前提下，找准自己的优势，发掘自己的潜能，在自己的优势领域内形成“绝学”，为形成自己的教育教学风格创造条件。在“全景德育”“全息课堂”和“全息课程”的设计与实施中，帮助学生明确自己的发展潜能，定位自己的发展优势；引导学生在课程选择与活动参与中形成自己的优势领域，找准自己现在和今后的发展位置，为选择更加适合自己的道路铺垫基础。

活出精彩。在自己的专业领域内提升自己的发展价值，创造出更多令自己和学生难忘的惊喜，在让教育人生精彩的同时活出自己的精彩；帮助学生在不同形式的学习中，提升自己的学习效益，活出现在和未来的精彩。

要找到位置、找准位置、活出精彩，“锦一”的所有教师和不同团队，都要力争通过3～5年的努力，形成“为生民立命”的如下精神特质与教育教学能力：

夯实专业根基。学科知识扎实，教育教学理论和实践性知识不断丰富，视野不断开阔，知识结构逐步多元，提高为学生的有效发展提供坚实保障的专业能力。

盘活发展优势。发现自己的发展优势，逐步实现“优秀+特色”的“立

己”目标；发现同行的长处，欣赏和学习同行的优势，帮助同行变得更加优秀，在“立己达人”中建设优质团队；引导学生发现自己的潜能，尊重学生的发展个性，帮助学生实现“优秀+特长”的发展目标，形成在优势领域中“立己达人”的意识与能力。

彰显生命价值。在盘活发展优势的基础上，让自己和团队的工作更有价值，提高彰显自我生命意义的能力；引导学生思考生命的价值，参与更有意义的活动，提高引导学生彰显生命价值的能力。

3. 培育广纳中外圣贤之学的气度，坚守“为往圣继绝学”的信念

张载心中的“往圣”，只是中国的古圣先贤；“锦一”文化中的“往圣”，是指中外的古圣先贤，包括人类一切优秀文化的创造者及其展示出来的智慧。“为往圣继绝学”，主要有三项任务：一是认识、理解和传承中外圣贤的优秀文化及其智慧；二是在现实生活中运用这些智慧，让古圣先贤的文化与智慧在现实生活中焕发出生命活力；三是融合与创新中外智慧，为“往圣”的“绝学”开创新的局面。“锦一”的所有教师要坚守“为往圣继绝学”的信念，需要逐步树立和形成如下专业发展观念和育人理念：

传承。传承中外文化精粹，发展自己和学生。

运用。把中外文化精粹运用到自己的工作中，并引导学生将其运用到学习与生活中，这才是真正的“继绝学”。

融合。融合中外文化精粹，融通过去、现在和未来，以大格局、大视野“继绝学”。

创新。与时俱进，根据自己、学生和学校的发展需要，丰富和发展已有“绝学”，不断开创“绝学”的新天地，提升“绝学”的新境界，形成新的“绝学”。

要坚守“为往圣继绝学”的信念，“锦一”的所有教师和不同团队，都要力求通过3～5年的努力，形成和培育如下精神特质与能力：

弘扬“绝学”。领悟中华文化精髓，把握国外文化概貌，明晰中外文化的共同追求与核心差异，既提升自己在“绝学”的浸润中发展文化修养与专业根基的能力，也提高抓住关键引导学生认识、理解“绝学”的能力。

生成智慧。在弘扬“绝学”的过程中，提高转识成智的意识与能力，把“绝学”变成“为人”“为学”的钥匙，在领悟和运用中生成做人、做事、做学问的智慧，提升专业发展和学习的境界与效益。

创造“绝学”。在已有“绝学”的滋养下，提高研究能力与学术水平，结

合自己和学生的优势，提高创造自己和团队的新“绝学”的意识与能力，提升成就学生、自己、团队“圣贤”梦想的能力。

4. 发展成就未来的素质，坚守“为万世开太平”的信念

“万世”，意即时间久远；“为万世开太平”，意即创造美好的未来。美好的未来，是和谐发展、蓬勃向上、积极进取、快乐幸福的未来。“为万世开太平”的信念，就是“为美好的未来而创造”的信念。要坚守这一信念，需要树立如下专业发展观念和育人理念：

为创造美好的未来而学。教师是为了创造自己和学生的美好未来而学，学生是为了创造自己和社会的美好未来而学，只有立足未来、服务未来，才能创造美好未来，“为万世开太平”。

为开拓美好的未来而教。学校是未来的栖息地，教师是未来的开拓者。让未来变得更美好，是学校教育的重要目的；培养学生创造和开拓美好未来的意识与提高他们的能力，是教师肩扛的责任。只有面向未来推进教育教学改革，才能和学生一道“为万世开太平”。

要形成上述专业发展观念和育人理念，“锦一”的所有教师和不同团队，都要力求通过3~5年的努力，以格物之方法、致知之行动、诚意之品性、正心之精神、修身之毅力、齐家之艺术、治国之智慧、平天下之情怀，形成“对未来负责，成就美好未来”的精神特质与能力：

成就自己的未来。对自己的未来负责，增强成就自己未来的决心和毅力。

成就学生的未来。对学生的未来负责，发展成就学生未来的眼光与能力。

成就同行的未来。对团队中每一个成员的未来负责，修炼成就同行未来的胸怀与品质。

成就学校的未来。对学校的未来负责，提高成就学校未来的胆识与素质。

成就社会的未来。对社会的未来负责，培育成就社会未来的精神与责任。

（二）培育具有生命境界的教师团队

生命境界，是在认识生命、对待生命和发展生命等方面具备的思想观念、精神高度、价值追求与格局视野等。具有生命境界的教师团队，能够充分认识每一个生命的独特价值，能够尊重、热爱和善待每一个生命，能以最优的方式和最有力的手段提升每一个生命的价值，实现生命培育和生命发展的价值最大化和效益最优化。“锦一”培育具有生命境界的教师团队，其主要目的和重要

任务集中体现在以下三个方面。

1. 在常态工作中彰显生命价值，提高常态工作的生命境界

常态工作，是指与专业发展和立德树人等有关的校内外各类日常事务与活动。“锦一”的常态工作，包括课堂教学、优势增值课、项目学习、社团活动、德育活动、班会课，班级管理、年级管理、后勤管理、行政管理，备课、观课、议课，及各项专题活动等。在常态工作中彰显生命价值，是以“精心培育每一个优质生命”为工作宗旨，树立工作的神圣感、责任感、使命感和积极的教育信念、情怀；是把自己的工作视为有生命力的工作，用自己饱含激情的生命与工作相遇，让工作变得鲜活、灵动而精美，以此树立工作的过程观与发展观；是把“学生生命发展的优质程度”作为教育教学的结果追求，整合升学与生命、分数与素质，在提高生命发展质量的过程中提高学生分数，帮助学生进入理想的高一级学校。

要在常态工作中彰显生命价值，需要所有教师和不同团队不断提升如下能力和生命境界。

提高在“全景德育”中促进“全人”发展的生命境界。要落实“建设现代德育生态，打造‘全景德育’品牌”的战略规划，“锦一”的所有教师和不同团队，都应不断提升在“全景德育”中促进“全人”发展的生命境界。首先是发展提高自我生命境界的能力。不断提高自己的生命境界，让自己成为“中国脊梁、世界担当、坚韧自强、卓越发展”的“全人”。其次是发展用高境界的生命观善待学生发展过程与结果的能力。尊重每一位学生的生命独特性与鲜活性，树立每位学生都能铸炼优质生命的观念，以高境界的生命观善待每位学生，以精心呵护的责任观陪伴每位学生，以坚韧不拔的意志静待学生“花开”，通过不同方式促进每位学生生命的优质发展。第三是帮助学生成为高质量的“全人”。依托自己所教的学科和具体工作，根据“身心健全发展的合格‘全人’”“迎难而上、不断超越的优秀‘全人’”“知行合一、成果丰硕的卓越‘全人’”的发展要求，发掘工作内容与方式中的生命教育要素，帮助学生在立品立德、立学立业、立身立心、立艺立美中提高生命质量，在学生的责任心和“四为”精神培育的过程中，涵养大格局、大思路的生命境界，并帮助学生在思想品德、学业成就、身心健康、艺术修养、社会实践等领域得到充分发展。

提高在“全息课堂”中促进全体发展的生命境界。在分阶段推进的“全息课堂”中，始终以“锦一”学科教学目标体系、学习单、PPT、学习资源等的

优化为抓手，不断渗透全体优秀、“活态优质”、过程优化的基本理念，不断落实“立足未来需求活化过去形成的书本知识，立足未来趋势整合现有教学内容，使教学过程具有对接未来的改革活力，教学结果具有走向未来的价值”，立足未来促进全体优秀，提高全体学生的生命境界；不断增强“以整合促效益，以效益换时间，以时间活结构，以结构育素养”的意识与能力，在整合性的改革中引导学生提高生命境界；不断增强“盘活校内学习时空，让每一个学习时段都产生效益，让每一块教育场地都发挥作用；整合校内与校外的学习时空，把校外的世界引入课堂，把学生的学习足迹延伸至校外，让校内外有价值的时空都为学生的成长服务，以此建设立体优化的课堂”的意识与能力，在广阔的教育教学时空中提高师生共同的生命境界。

提高在“全息课程”中促进个性发展的生命境界。以“让生命多姿多彩”为重要追求，逐步深化和细化现有的优势增值课程；在加大“整合资源、引领发现、活化基础、锻造韧性”的力度的基础上，为不同学生的不同需求“创造有意义的成长经历”，以兼顾全面发展和个性发展为宗旨，培育学生的成长型思维；在落实“自我评估、目标指向、探索热情、坚持改变”四个关键中，强化学生的生命意识和综合体验，提高解决问题的能力，提升学生的学习获得感，帮助学生实现“共同优秀＋特色优秀”的目标。在此基础上，加大“后勤”课程开发力度，如“食育”课程等，让学校的每一件事和每一项工作都成为有意义的教育活动，都具有开发成特色课程的可能。

2. 在“联结世界”中拓展生命宽度，提高覆盖全球时空的生命境界

生命宽度影响生命境界，要有效提升师生的生命境界，需要不断拓展师生的生命宽度。“锦一”教师在常态生命中提高生命境界时，需要提高在“联结世界”中拓展生命宽度的能力，提高覆盖全球时空的生命境界。

提升联结古今世界的能力与境界。树立和提高把过去、现在和未来有机衔接起来的意识与能力，有意识地在过去中知晓现在的来路，在未来中明了现在的去向，以此确定教育教学管理改革的重点与方向，提升在历史的厚重感和未来的方向感中延展自己和学生生命长度的能力与境界。

提升联结中外的能力与境界。以中国发展感知世界，以世界之眼赏识中国，在“地球村”里整合教学和课程资源，以全球发展的趋势审视知识的价值，选择有意义的课程内容，在提高自己联结世界的能力的过程中，引导学生发展在全球视野中拓展生命宽度、提升生命境界的能力。

提升联结学校内外世界的能力与境界。打破学校围墙，借助多种手段拓展学习时空，把学校所得用于校外世界，把校外世界引入学校，联结书本世界和生活世界，融通知识与生活，实现校内校外的有效整合，在“无围墙”的学习中拓展自己和学生的生命宽度，提升生命境界。

提升跨界教学（工作）的能力与境界。突破学科和工作领域局限，逐步提高跨学科、跨领域等跨界教学或跨界工作能力，在拓展学科教学宽度和工作宽度的过程中，提升课程与教学的综合性程度，在引导学生解决综合性问题（跨界问题）的过程中开阔自己和学生的视野，增加自己和学生的生命宽度，提高自己和学生的生命境界。

3. 在引领未来中优化生命质量，提高创造未来的生命境界

“锦一”的“引领未来”主要有两层意思。一是“用未来引领现在的教育教学改革”。只有分析未来的发展趋势，明确未来社会对人才的要求，根据未来社会对人才的要求，把握教育改革的方向和学校建设的基本样态，以此推进具体的教育教学改革，才能实现“为创造美好的未来而学”“为创造美好的未来而教”的目标，当前推进的教育教学改革才会具有未来特征，才能适应未来的需要。二是“用卓越的发展引领未来的潮流与改革”。首先是教师群体在同行中具有持续发展的引领水平；其次是学生在同辈中具有持续的领跑能力；第三是学校在5～10年内具有成为同类学校样本的可能；第四是学校在德育、课堂、课程、管理等方面的改革具有长期的示范作用。而这两层意思的背后都是优化生命质量，即用美好的未来引领现实生命的优化，用生命的发展质量引领未来的教育教学改革。因此，“锦一”的教师和不同团队要提高生命境界，需要在引领未来中持续优化生命质量，形成如下境界：

预测未来。在认识未来、把握和利用未来发展趋势的过程中，形成利用未来引领自己和学生生命发展的教育教学境界。

有效转型。根据未来需求对教育教学提出的新挑战，加速改革步伐，加大改革力度，在不间断的教育教学改革中，促进现有教育教学的不断转型，提高“在改革中优化生命质量”的境界。

创造未来。在积极的创造性工作中，建构学校的未来形态，强化未来生命的培育意识，提高“在创造性的工作中优化未来生命”的境界。

引领未来。以高平台、高标准树立学校建设、学生发展和教育教学改革的未来标杆，引领和影响教育行业的发展，提高“在引领改革和行业发展的过程

中优化生命质量”的境界。

（三）培育智慧型的改革团队

智慧型的改革团队，是指在道德智慧和专业智慧的支撑下，通过“全景德育”“全息课堂”和“全息课程”的建设，集聚校内外资源，凝聚校内外力量，形成的有助于创建学校德育、课堂、课程品牌的团队力量。“锦一”的所有老师和不同团队，要力争通过3~5年的努力完成以下任务，实现以下目标。

1. 培育道德智慧与专业智慧交融发展的改革团队

道德智慧，是自我道德素质提升和引领学生道德素质发展的有效的意识、方法与能力等的综合。“锦一”的道德智慧主要包括四方面内容。

一是体现“四为”信念的道德智慧。“为天地立心，为生民立命，为往圣继绝学，为万世开太平”的意识与能力，即生生不息的正气涵养意识与能力，尊重生命和彰显生命价值的意识与能力，传承、运用和创新圣贤精神的意识与能力，为自己和他人创造美好未来的意识与能力等。

二是自我发展，即“立己”的道德智慧。具有进行正确的自我判断和合理定位自我发展水平的能力，能够找准自己的位置；具有在自己的位置上积极进取，奋发努力，尽全力展现出最好的自己的意识与能力。

三是欣赏别人和助人成功，即“达人”的道德智慧。能发现他人优势，能鼓励他人发展，能为他人的发展创造条件，能在力所能及的范围内帮助他人克服困难，具有助人成长的意识与能力。

四是成就团队发展的道德智慧。能很好地融入自己所在的团队，能以团队的发展为己任，能积极主动地参与团队建设，能和团队的其他成员友好相处、精诚团结，共谋发展，具有为团队发展贡献自己最大力量的意识与行动。

道德智慧，是维护正义，追求和实现向真、向善、向美等价值标准与精神的艺术。“锦一”的智慧型团队，除具备道德智慧外，还必须以强有力的专业智慧做支撑。“锦一”教师的专业智慧，是促进自身专业发展、提高专业水平、发挥专业效能的有效的意识、方法与能力等，具体体现在五个方面。

一是彰显专业价值的智慧。能够理解不同专业在生命培育方面的价值，能通过教育教学改革，在目标确定、学习单设计、教育教学实施过程的优化等方面，深度发掘本学科的专业价值，帮助学生认识、理解和实现学科价值，提高生命成长的效益与质量。

Golden Apple Jincheng No.1 Secondary School

兼容并包　革故鼎新

Golden Apple Jincheng No.1 Secondary School

刘欢

张晓梅

Golden Apple Jincheng No.1 Secondary School

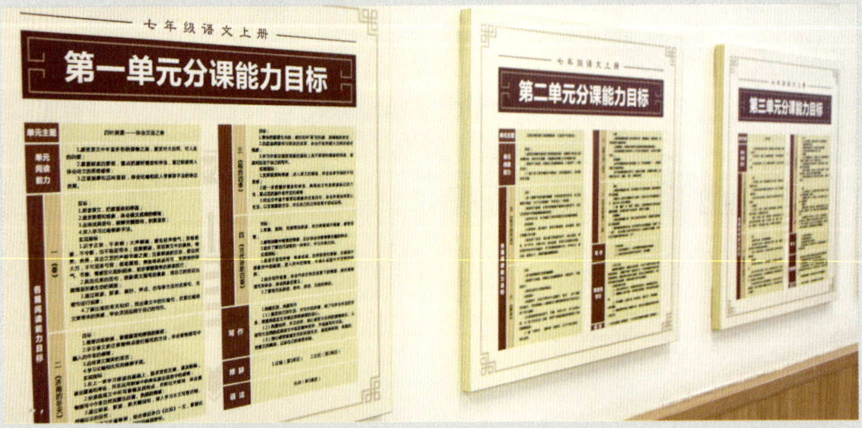

二是提升专业育人效益的智慧。能整体把握专业的核心知识与能力，能理解和把握专业知识与能力的内在逻辑联系，能在整合专业思想、专业方法、专业知识与专业能力的基础上，巧妙施教，提高教育教学效益。

三是建构优质课程的智慧。具有强烈的课程意识，能站在课程的高度上思考教学或活动等的设计与实施，避免教学或活动的零散、随意；也能根据学生实际和国家课程校本化的需要，整合多种资源，具有设计、建构和实施优质校本课程的能力。

四是跨界整合的专业智慧。能在整体把握本学科或本专业价值、思想、内容与方法等框架的基础上，合理而有一定深度地促进跨学科整合，较大地提高跨界教学和跨界发展的效益。

五是研究问题并突破困境的专业智慧。能在实施"全景德育""全息课堂""全息课程"等战略规划的过程中，发现问题和难点，并能在聚焦问题和难点的过程中，结合自己和所在团队的实际，研究和使用解决办法，克服改革难点，突破改革瓶颈，提高在实践改革中研究和解决问题的智慧。

"锦一"教师的道德智慧和专业智慧是交融发展、彼此促进的。"锦一"培育智慧型改革团队，是以道德智慧为根基，以专业智慧为支柱，两线并进，螺旋式上升，既不空谈个人道德，也不"唯专业是尊"。

2. 提高"全景德育""全息课堂"和"全息课程"的研究与实践能力

"全景德育""全息课堂"和"全息课程"三项战略规划的研究与实施，是培育智慧型改革团队的阵地和渠道，"锦一"教师的改革智慧，应主要集中和体现在这三个方面。"锦一"在培育智慧型改革团队时，要不断深化所有教师对"全景德育""全息课堂"和"全息课程"的认识与理解，逐步把握三项战略规划中学生、教师和学校的发展价值；逐步提高在日常德育活动、课堂教学和课程建设中落实战略规划，突显规划价值的学术研究能力；逐步强化在专项研究中提高德育品牌、课堂品牌和课程品牌的建设能力。

3. 提高在系列化的改革中持续发展的学术能力

以"全景德育""全息课堂"和"全息课程"的建设为主线，提高不同教师和团队的如下改革能力：一是教育教学改革的设计能力。能根据学校的三项战略规划，结合所在团队的专业特点、改革方向和学生实际等，规划本专业、所在团队和自己的教育教学改革节点与重点，并据此设计出教育教学改革的具体方案。二是行动研究能力。能把设计出的具体改革方案付诸实践，并在具体实践中不断调整和优化，在不断提高实践效益的过程中，形成具有可推广性的解决问题的主张与经验，并在其他不同领域继续运用和优化这些主张与经验。三是学术性教育教学能力。能在研究中开展教育教学实践，能在教育教学实践中展开研究，实现理性研究与感性实践的互动发展。四是持续改革的意识与能力。树立在教育教学实践中持续改革的意识，能在持续性的研究与改革中不断超越自己，持续发展自己的学术与实践能力。

根据以上的战略愿景和教师发展目标，金苹果锦城第一中学的教师与团队，将逐步体现出如下特质（表5.1）。

表5.1 金苹果锦城第一中学教师团队的发展目标与特质

发展维度	发展目标	团队特质
“四为”信念	1. 提高生生不息的正气涵养能力	◎好学 ◎力行 ◎知耻
	2. 提高“立己达人”的生命自觉品质	◎夯实专业根基 ◎盘活自身优势 ◎彰显生命价值
	3. 培育广纳中外圣贤之学的格局	◎弘扬“绝学” ◎生成智慧 ◎创造“绝学”
	4. 发展成就未来的素质	◎成就自己的未来 ◎成就学生的未来 ◎成就同行的未来 ◎成就学校的未来 ◎成就社会的未来
生命境界	5. 提高常态工作的生命境界	◎提高在“全景德育”中促进“全人”发展的生命境界 ◎提高在“全息课堂”中促进全体发展的生命境界 ◎提高在“全息课程”中促进个性发展的生命境界
	6. 提高覆盖全球时空的生命境界	◎提升联结古今世界的能力与境界 ◎提升联结中外的能力与境界 ◎提升联结学校内外世界的能力与境界 ◎提升跨界教学（工作）的能力与境界
	7. 提高创造未来的生命境界	◎预测未来 ◎有效转型 ◎创造未来 ◎引领未来

续表

发展维度	发展目标	团队特质
智慧改革	8. 培养道德智慧和专业智慧交融发展的改革团队	◎具有道德智慧 ◎具有专业智慧 ◎道德智慧和专业智慧交融发展
	9. 提高“全景德育”“全息课堂”和“全息课程”的研究与实践能力	◎对三项战略规划的认识与理解深入 ◎把握了三项战略规划的发展价值 ◎落实三项规划的能力强 ◎建设德育、课堂和课程品牌的能力强
	10. 提高在系列化的改革中持续发展的学术能力	◎改革设计能力强 ◎行动研究能力强 ◎学术性教育教学能力强 ◎持续改革能力强

二、建设思路：在立体式发展生态的建设中涵养改革智慧

立体式发展生态，是指从不同侧面和不同层面创造发展条件，形成全体教师的良性发展生态，在和谐、奋进的发展氛围中，引导、帮助和促进全体教师不断发展。为了更好地建设立体式发展生态，实现教师团队的建设目标，学校的队伍建设主要采用以下思路。

（一）珍视个体价值，提高每位教师的核心发展力

“锦一”重视每一位教师的发展，注重培育每位教师的核心发展力。教师的核心发展力，是教师在自己的岗位上表现出来的优秀特质和无可替代的精神与能力。“锦一”有信念、有情怀、有本领、高境界、大格局、宽视野的智慧型改革团队，是由有信念、有情怀、有本领、高境界、大格局、宽视野的智慧型改革教师和员工构成的。因此，“锦一”教师队伍建设的首要思路是珍视个体价值，提高每位教师的核心发展力。

1. 珍视每位教师的独特价值，提高个体的能动发展水平

学校始终相信：“锦一”的每一位教师都是独特的，都有自己的优势和闪光点，都能为学生和学校的发展做出自己的贡献。学校将发掘每位教师的优点，培育每位教师的优势领域，激活每位教师积极进取的精神和潜能，为每位教师搭建展示自我的平台，创造发挥自我独特价值的机会。

每位教师要发挥自己的独特价值，必须提高能动发展水平。能动发展水平，是主动积极发展的愿望与能力所能达到的程度。教师的发展是一种主体性发展和内生式发展，其发展程度主要取决于教师的自主、能动与创造性发展水平。只有从心底里涌现出自我发展的动力，提高自主发展的能力，才能为自己、学生和学校的发展努力拼搏，才能在自己的岗位上创造出令人自豪的业绩，书写出辉煌的事业篇章。

为了提高每位教师自主发展的动力与能力，实现教师与学校的共同发展，学校将以条件、机会、平等、自信、尊重、欣赏、主动、创造为关键词，与每位教师形成如下约定。

金苹果锦城第一中学教师自主发展的八条公约

条件。学校会为我们的发展创造各种条件；我们能充分珍惜和利用学校为我们提供的各种发展条件，在“锦一”搭建的各种平台上不断超越、持续发展。

机会。学校会为我们的发展提供多种机会；我们能抓住“锦一”为我们提供的各种发展机会，并为创造更多的发展机会而不断努力。

平等。我们每位教师都是平等的，学校会平等地对待我们，我们也会平等地对待他人和学生。无论我们身处何种岗位，都能认识到自己所在岗位的重要性，都能在自己的岗位上熠熠生辉，为“锦一”和自己的发展竭尽全力。

自信。我们都能自信阳光地行走，都对自己的工作和未来发展充满信心，都能在持之以恒的艰苦奋斗与不断超越中变得更加优秀，在变得更加优秀的过程中更加自信。

尊重。我们都是值得尊重的，都能以自己的工作和业绩赢得他人的尊重。既自尊自爱，也尊重他人的劳动和价值。

欣赏。我们都有值得欣赏的地方，都能在自己的岗位上创造出令人欣赏的业绩，也能欣赏和帮助别人创造出令人欣赏的业绩。

主动。我们能够主动思考自己、同行、学生和学校的发展，为了自己和学校的发展努力奋斗，用自己的努力成就学校，以学校的发展提高自己。

创造。我们会在研究与实践改革的过程中，提高自我创造的能力，并以自己的创造成果提高团队的发展水平，在团队与自我的共同发展中，发挥自己的独特价值。

学校将珍视每位教师的自主发展愿望与行动，并全力支持和帮助具有自主发展愿望和主动改革教育、教学、管理、服务等工作的教师，让具有自主发展意识与能力的教师更快更好地提高能动发展水平。

2. 抓实智慧型改革的关键要素，提高个体的持续发展能力

除夯实行为常规与专业根基外，“锦一”的教师团队将根据智慧型改革的基本要求，引领教师树立关键理念，改善关键行为，营造改革氛围，为有效落实“全景德育”“全息课堂”和“全息课程”的战略规划创造条件。

（1）树立研究意识，优化改革思维

根据“全景德育”“全息课堂”和“全息课程”的战略要求，在研究中逐步改变日常惯性思维，走出经验主义的封闭圈子，以变革的意识和思路思考和形成落实“锦一”三项战略规划的教育理念、思维方式、操作策略和评价办法，在持续推进的日常研究中优化改革思维，保持敏锐的研究意识和较强的改革能力，为建设“锦一”的智慧型改革团队创造条件。“锦一”的研究意识和改革思维将着力强化如下元素。

生命意识和生态理念。从知识到素养，从学科到学生，从静态到动态，从单一到多元，以生命的优质发展和学校教育的生态建设为改革旨归，以此确立改革意识，优化改革思维。

全景追求和全息理念。从局部到整体，从主体聚焦到全角视野，从零散突破到全息发展，以大视角、整体观观照生命发展，审视学校教育，在全景、全息的理念和实践中确立改革意识，优化改革思维。

策略能力和思维品质。策略能力，是树立学生方法意识和提高学生总结、运用方法的能力的教学水平。教师的策略能力包括三个方面：一是提高学生待人接物的方法意识与能力；二是提高学生学习方法的积累与运用的意识和能力；三是提高学生利用学科（跨学科）知识解决问题的方法的意识与能力等。“全景德育”“全息课堂”和“全息课程”的改革，采用了“策略大于知识”的思路，在推进课程改革时，要以策略优先的思路改革教学方法。同时“锦一”的各项改革重视学生思维品质的发展，要以“发展思维能力”为重要任务确立改革意识，优化改革思维。

世界意识和全球素养。全体老师能在持续性的改革中培养中观、宏观意

识，能观照全球的教育改革，并能吸取全球的优秀教育经验，以此提高自己的专业水平和改革智慧。

(2) 强化教学（教育）决策意识，提高课程（教学）领导力

影响智慧型改革的重要因素之一，是在教学（教育）决策的过程中体现出来的教学领导力和课程领导力。美国学者亨特认为：“专业性的教学决策远不同于单一的奉献和热爱学生。”“教学可以看作是不断做出影响学习可能性的决策过程：在与学生互动之前、互动中以及互动后做出和执行决策。教学决策过程包括教学目标的确定、教学内容的选择、教学过程的调控以及教学后的反思。教学决策的目的是提高教学的有效性。”①

教学决策的质量在较大程度上影响着教育教学过程的质量。“锦一”教师的教学（教育）决策能力，主要体现在三个方面：一是如何将“四为”信念和生命境界的提升落实到教育教学的全过程；二是如何将“全景德育”“全息课堂”“全息课程”的有关目标和理念落实到教育教学的全过程；三是如何在教育教学改革的过程中，根据阶段目标不断调整自己的决策。要提高每位教师的改革智慧，需要在教学计划决策、教学互动决策和教学评价决策三个环节中落实上述三个方面。

在教学计划的决策中落实“四为”信念、生命境界和战略规划的相关要求。不少专家认为，教师对教学计划的决策，其内容主要包括：“教师对先前教学经验的反思，对自身与学生以及教与学的认识，对可以使用的知识来源及其背景的了解，对长期的一般性的目标的确定，对课程的内容及重点的思考，以及对班级与学校的社会文化情境的理解，等等。教学计划决策可能是经过充分的反思后做出的，因而不必匆忙。在这一过程中，教师有时间充分利用一些教学原则、研究成果和那些与教学意图相关的理论来提出一些有待研究的问题。这些问题包括：这样的主题或活动对此时的学生是否最有价值？学生与教学内容相关的准备状态怎样？这些主题或活动怎样与课程目标建立联系？其他问题包括：引导学生思维指向课堂教学目标的关键问题是什么？怎样导课最有效？等等。”②

在教学互动的决策中落实“四为”信念、生命境界和战略规划的相关要

① 宋德云，李森. 教师的教学决策：内涵、构成及意义［J］. 课程·教材·教法，2008（12）：21～26.

② 宋德云，李森. 教师的教学决策：内涵、构成及意义［J］. 课程·教材·教法，2008（12）：21～26.

求。不少专家认为，教学互动的决策“很大程度上受到教学计划决策的影响”，“在教学互动阶段，教师每隔 2 到 6 分钟就需要做出一个互动性决策。而且，由于时间有限，教师在教学互动阶段需要做出快速的决策。一名成功的教师很大程度上取决于这些决策的质量。经验丰富的教师具有优势，他们已经遭遇了许多情况，并且通过某些方式（如试误），学会了做出适当反应。但是，教师不可能就或许要出现的所有情形进行准备。那么教师应该怎样做呢？有几种不太具体的策略可以在这些情况下应用：停一停，稍作反思，即使可能会产生短暂的尴尬；坦率地向全班同学承认对这些问题需做进一步思考；如果后果可以弥补，就要果敢地做出逆转的决策，并将此决策作为以后的参考。”[①] “全景德育”“全息课堂”和“全息课程”的互动决策水平，直接影响“锦一”团队的改革智慧和改革成效，是智慧型改革团队培育的重要内容。

在教学评价的决策中落实“四为”信念、生命境界和战略规划的相关要求。“教学评价决策的内容主要包括对教学方法评价的决策，对教学效果评价的决策以及对学生学习情况评价的决策。”[②] 这些决策对激励学生持续学习、优化学生学习过程等具有重要作用。

在三个环节的教学（教育）决策中，要不断提高教学领导力和课程领导力。教师的教学领导力，“体现在教师的课堂教学活动中，体现在师生互动中，教师通过对学生个体和群体的领导，形成教学吸引力、教学凝聚力、教学影响力”[③]。优秀教师的教学领导力，一般要发挥四个方面的功能：“一是教师作为课程专家、教学专家为学校管理提供教学改进建议，跟管理者合作提升学校管理的能力；二是教师教学领导力催生促进学生学习的策略与支持方法，支持其他教师的教学实践；三是创建了学校协同文化，充分发挥教师的主导地位，促进学校教育教学质量的提升；四是让学校有望建立新的结构与角色，促进学校的可持续发展。”[④] “教研组长的教学领导主要是针对本学科、本教研组内教师

---

① 宋德云，李森．教师的教学决策：内涵、构成及意义［J］．课程·教材·教法，2008（12）：21～26.

② 宋德云，李森．教师的教学决策：内涵、构成及意义［J］．课程·教材·教法，2008（12）：21～26.

③ 李冲锋．教师教学领导力的开发［J］．当代教育科学，2009（24）：3～7.

④ 郑燕林，李卢一．MOOC 教师教学领导力：内涵与自我提升策略［J］．中国电化教育，2016（01）：116～123.

的教学工作展开的，主要通过制订教学计划，组织集体备课、教学研讨，协调教学进程等活动来实现的。”①

教师的课程领导力，是教师“以提高学生学习成效、促进自我专业发展及学校课程发展为目的，表现出来的个体参与和设计课程的能力、团体合作能力、决策和实施课程的能力”②。要提高课程领导力，需要所有教师在教学决策中树立课程标准意识和提高课程标准的执行能力。课程标准意识，是“在备课、上课、课后等教学环节中，对课程标准的本质与内容、意义与价值等认识和运用的自觉性，并以此不断调整自身的教学行为、学生、课程标准、教材、环境之间相互关系的敏感性”，“具有自觉敏锐的课程标准意识，能及时反思并修正自身学养结构，加深对国家课程标准的认同、理解和尊崇，有利于提高教学质量，培养全面发展的人才”③。课程标准的执行能力，包括课程目标的分解与实现能力、课程理念的理解与落实能力、课程资源的收集与创造性利用能力、课程评价的设计与实施能力、校本课程的建设与优化能力等。

（3）强化现代意识，提升数据智慧

“联结世界，引领未来”的教育教学和管理，必须以现代教育技术为支撑，提升每位教师的数据智慧。“除了上帝，任何人都必须用数据来说话。”④ 数据智慧是学校和教师未来必备的技能。数据智慧，“是在收集学生学习数据、利用数据、分析数据、依据数据进行教学决策的过程中形成的。通过教学决策形成的数据智慧能够引领教师设定具体的教学目标，改进教学策略，并促进教师自身的专业发展”，“在教育领域中，教师获取数据智慧的过程，本质上是数据经过分析处理后，逐步提升为信息和知识，并最终成为头脑中极为个性化的智慧的过程”⑤。

要提升数据智慧，就要发展自身的数据素养。数据素养，是教师对学校数据的理解和运用，主要由数据意识、数据能力和数据伦理三大部分组成。

数据意识，是指“能积极主动地分析数据，及时地发现数据的相关性，并

① 李冲锋．教师教学领导力的开发［J］．当代教育科学，2009（24）：3～7.

② 张琼，傅岩．教师课程领导力的发展表征探析［J］．江苏师范大学学报（教育科学版），2013（3）：26～28.

③ 杨晓．教师课程标准意识的内涵、生成与评价［J］．教师教育研究．2013（11）：35～40.

④ 许芳杰．数据智慧：大数据时代教师专业发展新路向［J］．中国电化教育，2016：18～23.

⑤ 许芳杰．数据智慧：大数据时代教师专业发展新路向［J］．中国电化教育，2016：18～23.

超越数据本身诠释数据的意义"[①]。

数据能力，包括数据定位与采集能力、数据分析与解读能力、数据反思与决策能力等。数据定位与采集能力，是"在日常教学工作中利用必要的数据采集工具或系统，在复杂的表格和图表中收集学生学习的各种数据，并将其分类汇总，操作数据以支持合理的教学"[②] 等。数据分析与解读能力包括"准确地应用最基础的测量工具；利用常见的数据可视化工具制作数据信息图，准确地解释折线图、饼图和散点图等；把分析结果和过程通过不同的方式演示或展示；识别并理解在分析过程中产生的模式和趋势；理解数据的可信性、有效性、价值性、文化敏感性和公平的重要性等"[③]。数据反思与决策能力，主要是"通过学生学习行为数据，发现处在问题边缘的学生，或者分辨自己在教学中的不足和问题"[④]，及时调整教学。

数据伦理，是指挖掘和利用数据时，要注意数据的隐私和安全等道德和法律问题。

要提升数据智慧，还需要学会建立学生模型。学生模型，"是一种表征学习者认知状态的数据结构，是智能教学系统进行智能化教学的依据"[⑤]。目前国外建构的典型的学生模型包括"分组模型、覆盖模型、微分模型、摄动模型、基于约束的学生模型和贝叶斯网络学生模型等"[⑥]。国内的学生模型建构研究也取得了很大进展，"有学者从教学设计的角度提出了用学生模型描述学生的个体差异，并据此增加教学方案的可选择性。有学者建立两层动态学生模型，提出建立在该模型基础之上的模糊综合评价算法，实现了学生学习特征的综合评价机制。有学者依据 CELTS-11 学生模型规范提出了一种动态学生模

---

① 张进良，李保臻．大数据背景下教师数据素养的内涵、价值与发展路径［J］．电化教育研究 2015，07（36）：14～19.

② 张进良，李保臻．大数据背景下教师数据素养的内涵、价值与发展路径［J］．电化教育研究 2015，07（36）：14～19.

③ 张进良，李保臻．大数据背景下教师数据素养的内涵、价值与发展路径［J］．电化教育研究 2015，07（36）：14～19.

④ 张进良，李保臻．大数据背景下教师数据素养的内涵、价值与发展路径［J］．电化教育研究 2015，07（36）：14～19.

⑤ 刘宇，何丽萍．基于动态学生模型的支持服务系统设计与实现［J］．技术应用，2006（12）上。

⑥ 刘宇，何丽萍．基于动态学生模型的支持服务系统设计与实现［J］．技术应用，2006（12）上。

型，具体包括基本信息库、学生知识结构库、认知能力评价库、学习历史库和学习绩效库。它采用模糊评价的方法来评价学生的认知综合能力，主要应用于智能答疑。在最近的研究中，有学者提出根据不同学生模型的特点，以基于决策树的遗传算法，将学生的学习标准、兴趣、爱好、知识状态、学习历史、心理因素和认知能力等信息进行数据挖掘和分类，从而构建一个综合覆盖模型、偏差模型、认知型模型或是几种模型的组合的全面学生模型。有学者提出了基于语义网的自适应学习系统中的用户模型，包括用户学习风格、认知水平和兴趣偏好”①。要真正落实“全景德育”“全息课堂”和“全息课程”的各项要求，需要认真研究和建构适宜于落实三项战略规划的“锦一”学生模型，完善适应性和发展性学习支持系统的建设，只有这样，才能在提升数据智慧的过程中为学生的个性化发展和精准化发展服务。

（二）培育团队优势，提升团队的专业引领力

“锦一”的队伍建设，既要珍视每位教师的独特价值，也要着力培育团队优势，提升团队的专业引领力，实现个体和团队的共同发展。“锦一”的团队，既包括备课组、教研组、年级组、信息技术小组、学生发展指导小组、校外导师小组、学校形象小组、行政组、后勤组、工会小组等规范性团队，也包括教师社团、教师项目组、课题研究联盟、教师沙龙等非规范性团队。不同团队具有不同功能，需要培育不同优势。只有实现不同优势的组合与叠加，才能提升学校的专业引领力和整体竞争力。

1. 强化规范性团队建设，提升规范性团队的专业引领力

规范性团队，是由学校确立的具有固定工作和长期存在的团队。“锦一”的规范性团队主要包括教学改革型团队、学生成长型团队、学校管理型团队、后勤保障型团队、学校推介型团队、综合型团队等，每一类团队承担不同功能，培育不同优势，提升不同的专业引领力。

（1）教学改革型团队

教学改革型团队主要包括教研组和备课组。

教研组。建立组长负责的工作机制，主要由学科教师组成，主要对学校课

---

① 陈仕品，张剑平. 适应性学习支持系统的学生模型研究［J］. 中国电化教育，2010（5）：112～117.

程与教学部和教师发展部负责，接受课程与教学部和教师发展部考核。主要负责本学科的教学研究、课堂改革、课程建设、教学质量、教学资源、学科教学与课程品牌建设等方面的工作，需要培育的团队专业引领能力是：学科（跨学科）专项研究能力、学科“全息课堂”建设能力、学科（跨学科）“全息课程”建设能力、学科（跨学科）“全景德育”建设能力、学科教学（课程）的质量监控与评价能力、学科教学资源库的建设与优化能力、学科课堂品牌与课程品牌的建设能力等。

备课组。建立组长负责的工作机制，由本年级的学科教师组成，对教研组负责。在教研组的统一安排下，负责分析所在年级的学生情况，根据所在年级的学生情况，调整和优化教学目标、学习单、PPT 和其他学习资源，形成具有年级适应性的教学目标与教学方案，推进本年级的教学实践改革，监控和提高本年级的教育教学质量，接受教研组的考核。

（2）学生成长型团队

学生成长型团队主要包括年级组和学生发展指导小组。

年级组。建立组长负责的工作机制，由年级组长和本年级班主任组成，对学校学生工作部和教师发展部负责，接受学生工作部和教师发展部考核。主要负责本年级学生管理、日常事务、学生活动和班务工作等，需要培育的团队专业引领能力是：本年级“全景德育”的规划与实施能力、年级文化和班级文化建设的研究与实践能力、本年级学情分析与处置能力、本年级学生教育内容与方式的体系建构和实施能力、本年级学生发展质量的监控与提高能力、本年级班务研究与协调能力等。

学生发展指导小组。建立组长负责的工作机制，由学生工作部、学生发展指导中心、年级组长等组成，对学生工作部负责，接受学生工作部考核。主要负责学生心理、生涯规划、自主发展、道德信仰、团队适应等方面的研究与指导，需要培育的团队核心能力是：学生成长的现状与对策研究能力、学生评价体系的建构与实施能力、学生发展指导内容与方式的体系建构能力、学生发展指导的校本教材编写与使用能力、学生发展指导的专项研究与实践改革能力、家长教育的专项研究与实践能力等。

（3）综合型团队

综合型团队是兼顾教学、德育等多个领域的团队，包括信息技术小组和校外导师小组。

信息技术小组。建立组长负责的工作机制，由课程与教学部、学生工作部、信息技术教师、校外专业人员和各学科组负责信息技术的老师组成，对学校课程与教学部、学生工作部负责，接受课程与教学部、学生工作部考核。主要负责全校信息技术中心的运转和利用信息技术改进教与学的方式、学生评价的研究与实践工作，需要培育的团队专业引领能力是：熟练使用现代信息技术的能力、把握信息技术发展趋势与现状的意识和能力、利用现代信息技术改进教与学的方式的研究与实践能力、学生评价系统的完善与使用的研究和实践能力、提高学科教师利用现代信息技术改进教学质量的能力、监控和评价各学科教师与班主任利用现代信息技术改进教育教学质量的能力、利用现代信息技术落实“全景德育”“全息课堂”“全息课程”的规划与实施的能力、建设和优化“锦一”教与学资源库的能力等。

校外导师小组。建立组长负责的工作机制，由课程与教学部、学生工作部、校外教师和校外导师组成，对课程与教学部和学生工作部负责，接受课程与教学部和学生工作部考核。主要负责校外导师和教师的遴选、联系、工作安排、质量考核、报酬发放、校外导师和教师工作机制的建设等，需要培育的团队专业引领能力是：校内外课程与活动的整合研究与实践能力，校内外导师的功能研究与协调运行的组织能力，校外导师的识别、沟通与推动工作的能力，校外导师的工作机制建设与有效实施机制的能力等。

（4）学校管理型团队

学校管理型团队包括行政小组和工会小组。

行政小组。建立校长负责的工作机制，由各部门的行政领导组成，对校长和董事会负责，接受校长和董事会考核。主要负责学校战略规划的制订与实施，日常事务的管理与协调，接受和处理师生、家长、同行、上级部门、社会各界的反馈意见等，需要培育的团队专业引领能力是：世界一流中学的研究与建设能力、学校发展战略规划的制订与实施能力、“锦一”品牌建设的研究与实施能力、学校管理与服务的研究和实施能力、教师发展与评价的研究和实施能力、学校重大活动的策划与实施能力、学校发展难点攻坚与问题解决能力、学校日常管理研究与改革能力等。

工会小组。建立主席负责的工作机制，由工会主席、副主席和工会委员组成，负责联系工会会员、收集、处理工会会员意见等工作，需要培育的团队专业引领能力是：联系、沟通全员和收集、处理会员意见的能力，协调会员事务与福利的能力，营造“教工之家”氛围的能力，增进教师团队凝聚力的能力，设计和开展教师活动的能力等。

（5）后勤保障型团队

后勤保障型团队即后勤小组。建立组长负责的工作机制，由所有后勤人员组成，对综合服务部负责，接受综合服务部考核。主要负责学校的各项保障工作，需要培育的团队专业引领能力是：根据教育教学改革需要，整体规划后勤事务的能力；分析和预测后勤管理需求，并据此进行后勤管理改革的能力；高品质精准服务的研究与实践能力；处理突发事件的能力等。

（6）学校推介型小组

学校推介型小组即学校形象小组。建立组长负责的工作机制，由学校领导、学校宣传小组成员、各部门负责宣传的老师等组成，对校长负责，接受校长考核。主要负责学校形象塑造、宣传等的系统设计与实施，需要培育的团队核心能力主要是：学校形象的整体策划与外宣设计能力，不同形式的宣传报道与后续跟踪能力，宣传政策和纪律的把控能力，深度报道的专业能力与学术水平等。

2. 建设非规范性团队，增强教师发展活力

非规范性团队，是根据兴趣、爱好等组建的临时性团队，没有固定任务，存在的形式和时间长短根据需要确定。“锦一”的非规范性团队主要有教师社团、教师项目组、课题研究联盟、教师沙龙等。

教师社团。根据教师的不同兴趣和潜能成立的非正式组织，如摄影小组、书画小组、运动小组等，学校支持有利于教师身心和特长发展的教师社团开展活动，教师社团由学校工会组织、协调。

教师项目组。是学校根据临时任务组建的项目组，主要负责学校的专项工作，需要培育的团队核心能力根据项目的具体任务确定。

课题研究联盟。是跨越教研组、备课组、年级组等成立的非正式组织，是由兴趣相同或相近的教师组成的研究联盟，联盟成员共同研究和解决某一问题，对教师发展部负责。需要培育的团队专业引领能力是：跨学科、跨领域的研究与实践能力，高质量的成果表达与推广能力等。

教师沙龙。临时组织的读书与研讨等活动，主要由教师发展部负责。需要培育的团队专业引领能力是：读书、思考、表达与质疑能力，理论与实践的转化能力，实践经验的分享与提炼能力等。

综上，“锦一”的不同团队需要实现如下功能，提升如下专业引领能力。（表 5.2）

表 5.2　金苹果锦城第一中学团队类别、功能、引领能力与工作机制

团队名称	团队构成	团队任务	重点发展的专业引领能力	工作机制
教研组	主要由学科教师组成	主要负责本学科的教学研究、课堂改革、课程建设、教学质量、教学资源、学科教学与课程品牌建设等方面的工作	◎学科（跨学科）专项研究能力 ◎学科“全息课堂”建设能力 ◎学科（跨学科）“全息课程”建设能力 ◎学科（跨学科）“全景德育”建设能力 ◎学科教学（课程）的质量监控与评价能力 ◎学科教学资源库的建设与优化能力 ◎学科课堂品牌与课程品牌的建设能力……	组长负责，对学校课程与教学部和教师发展部负责，接受课程与教学部和教师发展部考核
备课组	由本年级的学科教师组成	在教研组的统一安排下，负责分析所在年级的学生情况，根据所在年级的学生情况，调整和优化教学目标、学习单、PPT 和其他学习资源，形成具有年级适应性的教学目标与教学方案，推进本年级的教学实践改革，监控和提高本年级的教育教学质量	除具备教研组的核心能力外，还应具备调整和丰富本年级学科教学的研究与改革的能力	组长负责，对教研组负责，接受教研组考核
年级组	由年级组长和本年级班主任组成	主要负责本年级学生管理、日常事务、学生活动和班务等工作	◎本年级“全景德育”的规划与实施能力 ◎年级文化和班级文化建设的研究与实践能力 ◎本年级学情分析与处置能力 ◎本年级学生教育内容与方式的体系建构和实施能力 ◎本年级学生发展质量的监控与提高能力 ◎本年级班务研究与协调能力等	组长负责，对学生工作部和教师发展部负责，接受学生工作部和教师发展部考核

续表

团队名称	团队构成	团队任务	重点发展的专业引领能力	工作机制
学生发展指导小组	由学生工作部、学生发展指导中心、年级组长等组成	主要负责学生心理、生涯规划、自主发展、道德信仰、团队适应等方面的研究与指导	◎学生成长的现状与对策研究能力 ◎学生评价体系的建构与实施能力 ◎学生发展指导内容与方式的体系建构能力 ◎学生发展指导的校本教材编写与使用能力 ◎学生发展指导的专项研究与实践改革能力 ◎家长教育的专项研究与实践能力等	组长负责，对学生工作部负责，接受学生工作部考核
信息技术小组	由教学部、信息技术教师、校外专业人员和各学科组负责信息技术的老师组成	主要负责全校信息技术中心的运转和利用信息技术改进教与学的方式的研究与实践工作	◎运用现代信息技术的能力 ◎把握信息技术发展趋势与现状的意识和能力 ◎利用现代信息技术改进教与学的方式的研究与实践能力 ◎完善学生评价的信息技术平台的能力 ◎提高学科教师利用现代信息技术改进教学质量的能力 ◎监控和评价各学科教师与班主任利用现代信息技术改进教育教学质量的能力 ◎利用现代信息技术落实“全景德育”“全息课堂”“全息课程”的规划与实施的能力 ◎建设和优化“锦一”教与学资源库的能力 ……	组长负责，对学校课程与教学部负责，接受课程与教学部考核
校外导师小组	由课程与教学部、学生工作部、校外教师和校外导师组成	主要负责校外导师和教师的遴选、联系、工作安排、质量考核、报酬发放、校外导师和教师工作机制的建设等	◎校内外课程与活动的整合研究与实践能力 ◎校内外导师的功能研究与协调运行的组织能力 ◎校外导师的识别、沟通与推动工作的能力 ◎校外导师的工作机制建设与有效实施机制的能力等	组长负责，对课程与教学部和学生工作部负责，并接受其考核

续表

团队名称	团队构成	团队任务	重点发展的专业引领能力	工作机制
学校形象小组	由学校领导、学校宣传小组成员、各部门负责宣传的老师等组成	主要负责学校形象塑造、宣传等的系统设计与实施等工作	◎学校形象的整体策划与外宣设计能力 ◎不同形式的宣传报道与后续跟踪能力 ◎宣传政策和纪律的把控能力、深度报道的专业能力与学术水平 ……	组长负责，对校长负责，接受校长考核
行政小组	由各部门的行政领导组成	主要负责学校战略规划的制订与实施，日常事务的管理与协调，接受和处理师生、家长、同行、上级部门、社会各界的反馈意见等	◎世界一流中学的研究与建设能力、学校发展战略规划的制订与实施能力 ◎“锦一”品牌建设的研究与实施能力 ◎学校管理与服务的研究和实施能力 ◎教师发展与评价的研究和实施能力 ◎学校重大活动的策划与实施能力 ◎学校发展难点攻坚与问题解决能力 ◎学校日常管理研究与改革能力 ……	校长负责，对校长和董事会负责，接受校长和董事会考核
工会小组	由工会主席、副主席和工会委员组成	负责联系工会会员、收集处理工会会员意见等工作	◎联系、沟通全员和收集处理会员意见的能力 ◎协调会员事务与福利的能力 ◎营造“教工之家”氛围的能力 ◎增进教师团队凝聚力的能力 ◎设计和开展教师活动的能力	主席负责
后勤小组	由所有后勤人员组成	主要负责学校的各项保障工作	◎根据教育教学改革需要整体规划后勤事务的能力 ◎分析和预测后勤管理需求并据此进行后勤管理改革的能力 ◎高品质精准服务的研究与实践能力 ◎处理突发事件的能力等	组长负责，对综合服务部负责，接受综合服务部考核

续表

团队名称	团队构成	团队任务	重点发展的专业引领能力	工作机制
教师社团	根据教师的不同兴趣和潜能成立的非正式组织	和谐身心 发展特长	◎促进身心健康发展的能力 ◎培养兴趣或特长的能力	由学校工会组织、协调
教师项目组	根据临时任务组建的项目组	主要负责学校临时性的专项工作	根据项目的具体任务确定	由学校组建
课题研究联盟	由兴趣相似的教师组成的研究联盟	联盟成员共同研究和解决某一问题	◎跨学科、跨领域的研究与实践能力 ◎高质量的成果表达与推广能力等	对教师发展部负责
教师沙龙	临时组织的读书与研讨活动等		◎读书、思考、表达与质疑能力 ◎理论与实践的转化能力 ◎实践经验的分享与提炼能力等	主要由教师发展部负责

根据不同团队的不同功能与专业引领能力的发展要求，制订不同团队的发展规划与建设标准，以此确立不同团队的发展目标，以团队目标引领和凝聚团队力量，聚合团队智慧，提高团队发展的整体能力和生态效应。

（三）建立阶梯式培育体系，提升团队发展的可持续性

根据教师的不同入职年限和发展基础，建立教师队伍的层级培育体系和分层考核制度，促进教师的分层发展和持续发展。“锦一”的教师队伍主要分为实践优化型、改革提升型、学术教学型、风格培育型四个层级（图 5.1），每个层级有不同的发展目标和任务，采取不同的培养措施，以形成学校队伍的梯度发展格局和持续发展局面。

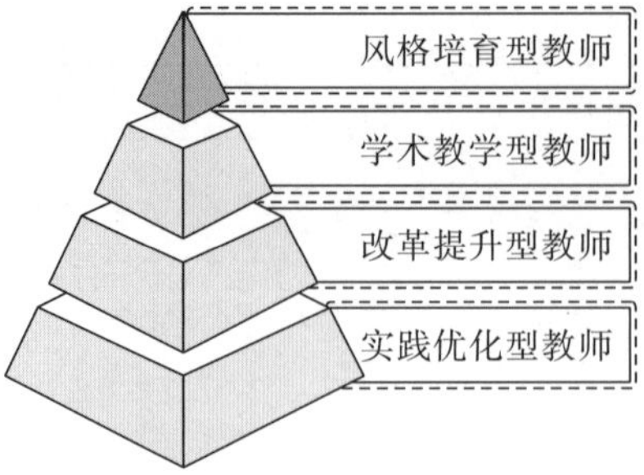

图 5.1　金苹果锦城第一中学教师发展的四个层级

实践优化型教师，是从合格到“熟手”阶段的教师；改革提升型教师，是从“熟手”到优秀阶段的教师；学术教学型教师，是从优秀到骨干阶段的教师；风格培育型教师，是从骨干到专家阶段的教师。每一个阶段的教师有不同的特点，串起了“锦一”专家型教师的成长轨迹，这一轨迹构成了教师团队的发展和培养体系。

1. 实践优化型教师：优化实践过程，提高实践效益

“锦一”的实践优化型教师主要具有如下特征：入职时间不长，具备较好的专业基础，工作勤奋努力，能认真学习、领会和运用别人的有益经验，能顺利完成教育教学工作，能参与并完成团队交给的任务。但是，本类型教师还存在需要改进的空间：整体把握“锦一”目标体系的能力需要提升，课标、考纲和教材解读的深度与宽度不够，整合教学目标、教材内容、教学资源、教学过程的能力不足，使用备课组提供的学习单、PPT 时缺乏力度，管理和引导学生的能力欠佳，灵活处理现场突发事件和有效生成的能力欠缺，对“全景德育”“全息课堂”“全息课程”的理解欠深入，自我反思和及时调整自我的意识与能力有待加强。

根据实践优化型教师的主要特征，学校对处于这一阶段的教师的发展提出如下目标：一是夯实专业基础，进一步丰富专业知识，提高理解专业知识的能力和拓展理解专业知识的深度，拓展专业能力发展的宽度，切实发展学段学科教学的整体把握能力；二是丰富教育教学技能，通过多种方式和渠道，学习和运用有效的教育教学技能，逐步提高巧妙处理教育教学过程的技巧；三是拓展学科教学的专业深度，逐步提高对课程标准、考纲、教材、“锦一”目标体系、学习单、PPT、其他学习资源的理解程度，并在教育教学的过程中得以体现；四是加深对“三全”（“全景德育”“全息课堂”“全息课程”）战略的理解，根据学校阶段推进的重点，不断理解“三全”战略的理念与实质，提高“三全”

战略的实施能力；五是提高教育教学过程的管理能力，不断摸索、总结和学习与学生相处的技能、课堂现场的管理技能等；六是提高教育教学目标的实现能力，不断提高理解目标、学习单、PPT 的能力，并能在实施过程中提高利用细节有效实现目标的能力。

根据上述发展目标，针对实践优化型教师的培训的内容主要是：管理，即如何提高学科教学、学生教育、课堂管理和班级管理的认识与能力；知识，即有关学科、学生、课程，“全息德育”“全息教学”“全息课程”等知识；技能，即编制和使用“锦一”学科目标体系、学习单和 PPT 的技能，学情分析、学生评价和激励学生的技能，教学决策和课程决策技能，信息化技术使用的技能等；研究，即提高反思教育教学过程、及时总结经验、分析教训并及时改进的能力，在教研组、备课组、年级组和学校的统一要求下提高专项研究的能力等。

表 5.3　金苹果锦城第一中学实践优化型教师的主要特点、发展目标、培养重点和方式

<table>
<tr><th>主要特点</th><th>发展目标</th><th>培养重点</th><th>培养方式</th></tr>
<tr><td>主要优点：
◎具备较好的专业基础
◎工作勤奋努力，积极进取
◎认真学习、领会和运用别人的有益经验
◎能顺利完成教育教学工作
◎能参与并完成团队交给的任务</td><td rowspan="2">◎夯实专业功底
◎丰富教育教学技能
◎拓展学科教学的专业深度
◎加深对“三全”战略的理解
◎提高教育教学过程的管理能力
◎提高教育教学目标的实现能力</td><td rowspan="2">◎管理
◎知识
◎技能
◎研究
……</td><td rowspan="2">◎专题讲座
◎问题研讨
◎岗位跟踪
◎师徒结对
◎经验总结
◎专项研究
……</td></tr>
<tr><td>需要发展的方面：
◎整体把握“锦一”目标体系的能力
◎拓展对课标、考纲和教材解读的深度与宽度
◎整合教学目标、教材内容、教学资源、教学过程
◎有力度地使用备课组提供的学习单、PPT、教学资料等
◎管理和引导学生
◎灵活处理现场突发事件和有效生成
◎深入对“全景德育”“全息课堂”“全息课程”的理解
◎自我反思和及时调整……</td></tr>
</table>

2. 改革提升型教师：强化研究意识，提升改革能力

改革提升型教师的主要特征是：形成了一定的“四为”信念和生命境界；能熟练教学和从事班级管理；能够较为熟练地把握和使用“锦一”目标体系；

能够较好地设计学习单、PPT；能够在学科教学中逐步渗透“全景德育”的育人要求；能较为熟练地设计和实施校本课程，指导项目学习，落实“全息课程”的相关理念；能为团队发展提出建议，并对团队发展做出了贡献；积累了较为丰富的教育教学资源和经验；教育教学效果良好。但是，改革提升型教师还需要在六个方面实现突破：一是教育教学的高度需要提升，“四为”信念和生命境界还需要在教育教学过程中有效落实；二是教育教学的改革力度需要进一步加大，研究意识和改革能力需要进一步提升；三是落实学校战略的能力需要进一步提高，基于“全景德育”“全息课堂”“全息课程”的教学理解、教学决策、教学领导力和课程领导力需要逐步提升；四是“四力”课堂特色需要进一步突显，课堂上对学生的学习内生力、自主学习力、资源整合力、成果表达力的培养还需要进一步强化；五是教学效益需要进一步提升，“锦一”目标体系的优化能力，教材整合、跨学科整合、资源整合的能力，目标使用和有效落实的能力需要继续提升；六是数据智慧需要进一步强化，特别是利用现代信息技术进行精细跟踪和反馈调节，提高德育、教学等的能力需要进一步强化。

根据上述特征，改革提升型教师的发展目标主要有四个方面：一是提升高度。提升教育教学的高度，将“四为”信念和生命境界的有关要求落实到教育教学的关键环节；将课程标准和考试改革的有关精神落实到教育教学活动中，实现分数与生命的协调发展；将“全景德育”“全息课堂”和“全息课程”的有关要求落实到核心（基础）素养课、差异发展（综合素养）课、优势增值课、项目学习、社团活动、德育活动中，提高落实战略规划的高度。二是增强效度。进一步提高目标定位的精准度、目标体系的科学性和目标使用的实效性；进一步提高精致编制学习单和有深度地使用学习单的能力；进一步提高优化学习单的质量、精准反馈学生学习情况、引导学生自主调节的能力；进一步加大课堂上的落实力度，在较大程度上将“轻负高质”落到实处。三是加大改革力度。在熟练把握教育教学技能的基础上，总结前三年的教育教学经验，反思得失，结合学校的战略规划和教研组、备课组、年级组的总体部署，提出自己的改革重点，把握改革方法，积累改革经验，在改革中不断超越，把自己变为具有改革意识和能力的优秀教师。四是提高现代化程度。提高用好用活现代教育技术的能力，进一步发展数据智慧。

要实现上述发展目标，针对改革提升型教师的培养的内容主要应集中在四个方面。一是如何提升理性水平。如何提高对“四为”信念、生命境界、课程标准、学校战略的理性思考与实践建构能力；如何理性地推进实践，提高实践中的理性水平等。二是如何增强改革能力。如何进行教育教学经验的自我总结和反思；如何确定改革内容和设计实践改革方案；如何有效实施改革和评价改革质量；如何就“全景德育”“全息课堂”“全息课程”等进行专项研究与改革等。三是如何提升教育教学品质。如何对“锦一”目标体系、学习单、PPT和教学（课程）资源的开发与优化进行深入研究；如何进一步提高教学决策和课程领导力、教学领导力；如何提高教学经验的理性提炼能力；如何切实提高“轻负高质”的水平等。

表 5.4　金苹果锦城第一中学改革提升型教师的主要特点、发展目标、培养重点和方式

主要特点	发展目标	培养重点	培养方式
主要优点： ◎形成了一定的“四为”信念和生命境界 ◎能熟练教学和从事班级管理 ◎能够较为熟练地把握和使用“锦一”目标体系 ◎能够较好地设计学习单、PPT ◎能够在学科教学中逐步渗透“全景德育”的育人要求 ◎能较为熟练地设计和实施校本课程，指导项目学习，落实“全息课程”的相关理念 ◎能为团队发展提出建议，并对团队发展做出了贡献 ◎积累了较为丰富的教育教学资源和经验 ◎教育教学效果良好	◎提升高度 ◎增强效度 ◎加大改革力度 ◎提高现代化程度	◎如何提升理性水平 ◎如何增强改革能力 ◎如何提升教育教学品质	◎专家引领 ◎专题探讨 ◎互动交流 ◎跟踪诊断 ◎经验推广 ……
需要发展的方面： ◎教育教学的高度需要提升 ◎教育教学的改革力度需要进一步加大 ◎落实学校战略的能力需要进一步提高 ◎“四力”课堂特色需要进一步突显 ◎教学效益需要进一步提升 ◎数据智慧需要进一步强化			

3. 学术教学型教师：在思想中行动，在行动中思想

学术教学型教师，是在研究中教学，在教学中研究，实现研究与教学、理论与实践螺旋式上升发展的教师。学术教学型教师的主要特征是：有较高的教

育教学境界，逐步拥有了“四为”信念和生命境界；有较强的战略规划落实能力，“三全”战略在教育教学过程中得到了很好落实；有较强的教育教学吸引力，学生喜欢程度高；有优质的教育教学效果；有很强的教育教学改革能力。但是，学术教学型教师还需要突破以下方面：一是学术水平，在理论与实践的相互转化中，在提出问题、解决问题的研究过程中提高学术水平；二是创新能力，在研究与改革中不断超越现有实践，打破发展瓶颈，克服专业发展的“高原现象”；三是课程建构，根据学生发展需要，提高设计、实施和优化现有课程的能力；四是结构化能力，在理论与实践的相互转化中，提高完善知识与能力等结构的能力；五是对外展示，提高在不同方式中展示自我发展成果的能力。

根据学术教学型教师的上述特征，其发展目标主要有五个方面：一是提高理论与实践的转化能力。逐步达到“化实践为理论，化理论为思想，化思想为智慧，化智慧为方法，化方法为实践艺术”的水平，灵动而有理据地推进教育教学实践。二是提高学术研究能力。逐步提高在自己的实践领域内进行学术研究的能力，逐步发展学术感悟能力、学术思维能力、学术创造能力、学术规范能力和学术运用能力。学术感悟能力，是指敏锐地发现问题的能力；学术思维能力，是指从现象到本质、从方法到原理、从局部到整体、从现在到未来的分析与概括能力；学术创造能力，是指提出新观点、新方法和新方案的能力；学术规范能力，是指规范研究的能力；学术运用能力，是指将研究成果应用于实践的能力。三是提高实践创新能力。逐步提高运用先进理论或学术研究成果自主反思和批判地看待现有实践的能力，及时发现实践中存在的问题，寻找解决问题和超越现实的有效方法，实现教育教学管理实践的持续改进与不断创新。四是提高课程建构能力。提高将学科知识转化为课程知识，根据已有的学科知识和学科教学的改革方向，结合学生的发展需求，设计、开发和实施课程的能力；提高站在课程的高度思考和改革课堂教学，实现学科知识和课程知识、课堂教学与课程理解的互动发展的能力。五是提高创造性反思能力。提高对自我的教育教学目的、教育教学过程、教育教学内容、教育教学方法、教育教学环境、教育教学资源、教育教学理念等的反思能力，培育在成功中看出问题，在完满中看出缺陷，在前行中看出隐忧，并据此提出解决问题的方案的能力。六是提高多元化知识结构的建构能力。提高本学科知识结构和跨学科知识结构的建构能力，提高学科知识、课程知识、教学实践知识和学生知识等的综合发展能力。

根据学术教学型教师的上述特点和发展目标，针对学术教学型教师的培养的内容主要是：如何提高规范性研究质量；如何促进理论与实践的螺旋式上升发展、教学实践的突破与超越；如何实现“四为”信念和生命境界的深度运用；如何深度落实和创新“三全”战略；如何提高教学成果的表达与推广能力等。

表 5.5 金苹果锦城第一中学学术教学型教师的主要特点、发展目标、培养重点和方式

主要特点	发展目标	培养重点	培养方式
主要优点： ◎有较高的教育教学境界 ◎有较强的战略规划落实能力 ◎有较强的教育教学吸引力 ◎有优质的教育教学效果 ◎有很强的教育教学改革能力	◎提高理论与实践的转化能力 ◎提高学术研究能力 ◎提高实践创新能力 ◎提高课程建构能力 ◎提高创造性反思能力 ◎提高多元化知识结构的建构能力 ……	◎如何提高规范性研究的质量 ◎如何促进理论与实践的螺旋式上升发展、教学实践的突破与超越 ◎如何实现“四为”信念和生命境界的深度运用 ◎如何深度落实和创新“三全”战略 ◎如何提高教学成果的表达与推广能力 ……	◎搭建更大的舞台 ◎建立名师研究室 ◎支持学术出版 ◎促进成果推广 ……
需要发展的方面： ◎学术水平 ◎创新能力 ◎课程建构能力 ◎结构化能力 ◎对外展示能力 ……			

4. 风格培育型教师：让特色成为风格

风格培育型教师，是“锦一”着力培养的专家型教师，培养对象主要从学术教学型教师中产生。学校将重点支持在“三全”战略方面探索出了较为系统做法的教师，特别是在学科整合、跨学科整合、书本知识与生活世界整合等方面有突出贡献的教师和团队，将他们培养成风格培育型教师。

风格培育型教师主要具有如下特征：教育教学具有高度、深度和效度，能把“四为”信念、生命境界和“三全”战略较好地落实到日常的教育教学中，教育教学效果好；教育教学改革具有引领力和影响力，能引领“锦一”教师进行有质量的改革，在某些领域形成了自己的优势，对外有一定影响力；教育教学视野有宽度，具有“联结世界，引领未来”的格局；对“锦一”的教育教学改革和教师发展做出了重要贡献。但风格培育型教师还需要实现四个方面的突破。一是理论。把经验上升为理论，建构具有自身特色的教育教学理论。二是体系。把理论和实践体系化，形成有体系的教育教学成果。三是创新。在某一个领域内不断深入，让理论和实践在某一方面取得实质性突破，为风格培育做准备。四是影响。进一步促进成果宣传、推广与深化，力求在更大范围内提升学术影响力。

“锦一”风格培育型教师的发展目标是：将实践理论化，提升由理入道、由技进道的能力；将成果体系化，提升由散到聚、由点到面的能力；将体系创新化，提升选点突破、缓步创新的能力；将创新品牌化，提升引领中国、走向世界的能力。

根据上述特征和发展目标，针对风格培育型教师的培养的主要内容是：如何进行教学经验的建模与理论提炼；如何建构理论与实践的成果体系；如何在“全景德育”“全息课堂”“全息课程”的某一个领域内做深、做宽、做新；如何包装和推广体系化成果等。

表 5.6　金苹果锦城第一中学风格培育型教师的主要特点、发展目标、培养重点和方式

主要特点	发展目标	培养重点	培养方式
主要优点： ◎教育教学具有高度、深度和效度 ◎教育教学改革具有引领力和影响力 ◎教育教学视野有宽度 ◎对“锦一”的教育教学改革和教师发展做出了重要贡献	◎将实践理论化 ◎将成果体系化 ◎将体系创新化 ◎将创新品牌化	◎如何进行教学经验的建模与理论提炼 ◎如何建构理论与实践的成果体系 ◎如何在“全景德育”“全息课堂”“全息课程”的某一个领域内做深、做宽、做新 ◎如何包装和推广体系化成果	◎专家帮扶 ◎专项研究 ◎专项支持 ……
需要发展的方面： ◎理论 ◎体系 ◎创新 ◎影响			

第二部分　实践篇

为了实现上述愿景，落实上述思路，学校将在管理、评价、激励和支持系统建设方面，立体推进改革，以形成全面提升教师专业水平、全面优化学校发展的“世界一流中学”建设态势，为“让世界聆听金苹果的声音”奠定坚实的基础。

一、实施和完善“1+4+N”的管理模式，提升管理效益

“1+4+N”的管理模式，是在校长领导团队的统一领导下，以四个工作部为枢纽，以不同的小组为具体实施载体，强化小组功能，落实小组责任，不同小组对不同工作部负责，不同工作部对校长领导团队负责。

“1”，指一个校长领导团队，由校长、副校长和校长助理组成，主要负责学校发展战略规划的制订、整体布局、重大决策、内部协调、质量监控、外部资源整合等关涉学校发展全局和战略意义的事项。

“4”，指四个工作部门，即课程与教学部、学生工作部、教师发展部、综合服务部四个工作部门。

“N”，是上文谈及的各个小组，“锦一”的工作小组根据学校发展需要设置，不限定个数和规模。

“锦一”的学校管理框架如图 5.2。

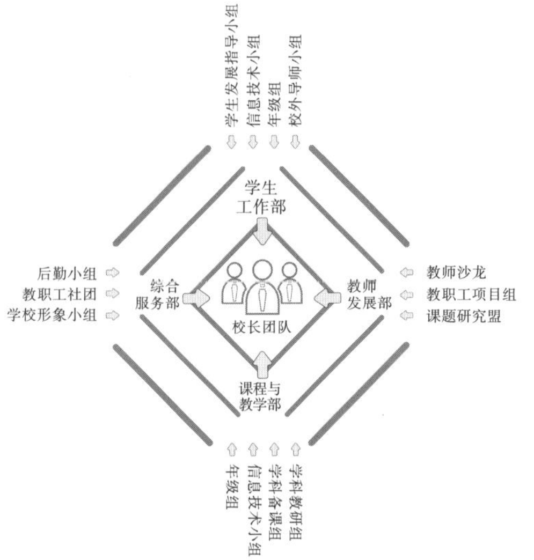

图 5.2　金苹果锦城第一中学“1+4+N”管理框架

课程与教学部主要负责教研组、备课组和其他类型的教学改革小组的建设与管理；“全息课堂”和“全息课程”的研究与实施；课堂教学过程质量的监测与提升，课堂教学结果质量的监督与保障；校内教师课堂教学改革研究与实践能力的培养、指导、监测与考核，校外教师和校外导师的聘用、管理与考

核；学生学习习惯的培养和学习方法的指导；信息技术中心（小组）的建设与考核；学习资源库的建设、优化、更新与使用；校本教材的开发与使用，校外优秀教学资源的引进与使用；校内大型教学研讨活动的策划、组织与管理；教学改革与成果的宣传；教务工作、学校安排的临时性工作等。

学生工作部主要负责年级组、学生发展指导中心（小组）、学生干部团队、学生社团、其他学生组织、家长委员会的建设与管理；学校文化、年级文化和班级文化建设，细化和落实学校文化理念；研究、落实和发展“全景德育”战略规划；完善学生管理规范和管理机制，培养学生良好的一日学习习惯和一日生活习惯，形成良好的学风和校风；学生综合素质评价及结果分析与利用；校内大型学生活动的策划、组织与管理；根据“全景德育”战略开发和使用系列化的德育校本教材，修订和用好《“锦一”范儿的五项修炼》《习惯是最好的名片》《“锦一”学霸养成记》等德育校本教材，引进和使用校外德育资源，以此为基础建构“全景德育”课程；校内德育工作者和班主任的培养、指导、管理和考核，校外导师的选聘、管理和考核；学生活动与成长的宣传；其他德育事务和学校安排的临时事务等。

教师发展部主要负责统筹大型学术活动的策划与实施；统筹各级教育教学研究课题的发布、指导与管理；统筹校本教材的策划、指导、审定、评价与奖励；统筹教育教学改革的成果提炼与深度宣传的策划、指导；统筹“锦一”系列学术成果和品牌打造的策划、指导、实施与管理；教师个人发展规划的跟踪与指导；统筹教师团队的专业发展与改革绩效考核，制订奖励方案，提交校长领导团队；编印系列化的教师学习资料等。

综合服务部主要负责统筹教师招聘、管理、考核、绩效评定、职称晋升等人事工作；统筹招生工作；统筹工会工作；各种后勤服务工作；临时事项等。

每一个部门下设数量不同的小组，职责、分工与考核方式见表 5.2。

二、建构分层分级评价模式，发挥评价的增值效应

从教师个体发展、团队发展两个维度，建立分层分级评价模式，通过分层分级评价标准的设立，引领教师和学校团队持续发展。

（一）教师个体发展评价

根据实践优化型、改革提升型、学术教学型、风格培育型四个教师发展层级，对教师个体进行评价，评价结果作为教师个人评优晋级的基本依据。

1. 评价周期

一年评价一次。

2. 评价思路

根据实践优化型、改革提升型、学术教学型、风格培育型教师的不同要求，分级制定评价标准。

学校、教研组和教师协商选定教师个体参加的评定等级，根据选定的评价等级进行评价，选定的等级及其评价结果作为该教师评职晋级的依据。

强调评价的公平公正，注重评价的事实依据，用事实说话，不凭主观臆断得出评价结论。

充分发挥评价的诊断与激励功能，根据评价结果，为每位教师提供年度发展建议书，为教师的自我发展与不断提升提供参考依据。

3. 评价内容和标准

（1）“锦一”全体教师的评价内容参考框架

学校制定全体教师的评价内容参考框架，这一参考框架主要由专业任务完成情况、专业水平发展情况、对教研组和备课组改革的贡献情况、对学校发展的贡献情况、学生评价五个板块组成，每一个板块由几个基本要素构成。

表 5.7　金苹果锦城第一中学教师评价内容框架

评价教师__________　评价时间__________　评价者__________

<table>
<tr><th rowspan="2">评价维度</th><th rowspan="2">评价要点</th><th rowspan="2">评价依据</th><th colspan="4">评价结果</th><th rowspan="2">备注</th></tr>
<tr><th>优秀</th><th>良好</th><th>合格</th><th>不合格</th></tr>
<tr><td rowspan="2">专业任务（55%）</td><td>完成数量</td><td></td><td rowspan="2"></td><td rowspan="2"></td><td rowspan="2"></td><td rowspan="2"></td><td rowspan="2"></td></tr>
<tr><td>完成质量</td><td></td></tr>
<tr><td rowspan="4">专业发展（20%）</td><td>与申报评价阶段的匹配情况</td><td></td><td rowspan="4"></td><td rowspan="4"></td><td rowspan="4"></td><td rowspan="4"></td><td rowspan="4"></td></tr>
<tr><td>业务学习情况</td><td></td></tr>
<tr><td>教育科研情况</td><td></td></tr>
<tr><td>进一步发展的潜力</td><td></td></tr>
</table>

续表

评价维度	评价要点	评价依据	评价结果				备注
			优秀	良好	合格	不合格	
对教研组和备课组教学改革做出的贡献（10%）	完成教研组、备课组布置任务的情况						
	主动为教研组、备课组教学改革出谋划策的情况						
	为教研组上改革研究课的情况						
	为教研组的改革储备和整理资料的情况						
	与教研组、备课组改革有关的研究成果完成情况						
对学校发展做出的贡献（10%）	落实学校战略规划的情况						
	参与学校大型活动的情况						
	参与对外交流的情况						
	担任班主任的情况						
	获得的各级各类荣誉						
学生评价（5%）							
班主任工作	担任了班主任工作的老师，班主任年度考核“合格”的，加 5 分；“良好”的加 8 分；“优秀”的加 10 分。						
年度综合结论							

表 5.7 中的“评价依据”，是根据各项内容记录的相关材料，根据数量多少和级别高低，确定每一板块的考核结论，综合每一板块的考核结论，得出该教师的年度考核结果。

(2)“锦一”教师分级评价标准

表 5.7 中“与申报评价阶段的匹配情况”，是指教师个体根据自身的发展情况申报的评价阶段。不同的评价阶段有不同的评价标准，学校根据教师申报的评价阶段的标准进行评价，确定“专业发展”这一板块的得分情况。

申报实践优化型教师，主要参照以下标准评价“与申报评价阶段的匹配情况”。

表 5.8　金苹果锦城第一中学实践优化型教师的年度评价框架

评价要点	评价依据	评价结论	备注
1. 能顺利完成教育教学工作			
2. 工作勤奋努力，积极进取			
3. 认真学习、领会和运用别人的有益经验			
4. 对课标、考纲和教材的解读有一定深度和宽度			
5. 能认真使用学习单			
6. 能有效管理和引导学生			
7. 对“全景德育”“全息课堂”“全息课程”有所理解			
8. 有一定的改革意识			
9. 能不断反思和调整自己			

申报改革提升型教师，主要参照以下标准评价“与申报评价阶段的匹配情况”。

表 5.9　金苹果锦城第一中学改革提升型教师的年度评价框架

评价要点	评价依据	评价结论	备注
1. 形成了一定的“四为”信念和生命境界			
2. 能熟练教学和从事班级管理			
3. 能够较为熟练地把握和使用“锦一”目标体系			
4. 能够较好地设计学习单、PPT			

续表

评价要点	评价依据	评价结论	备注
5. 能够在学科教学中逐步渗透“全景德育”的育人要求			
6. 能较为熟练地设计和实施校本课程，指导项目学习，落实“全息课程”的相关理念			
7. 教育教学效果良好			
8. 改革意识强，改革效果良好			

申报学术教学型教师，主要参照以下标准评价“与申报评价阶段的匹配情况”。

表 5.10　金苹果锦城第一中学学术教学型教师的年度评价框架

评价要点	评价依据	评价	培养方式
1. 有较高的教育教学境界			
2. 有较强的战略规划落实能力			
3. 有较强的教育教学吸引力			
4. 有优质的教育教学效果			
5. 有很强的教育教学改革能力			
6. 有较强的课程建构能力			
7. 有较高的学术水平			
8. 对外交流能力强			

申报风格培育型教师，主要参照以下标准评价“与申报评价阶段的匹配情况”。

表 5.11　金苹果锦城第一中学风格培育型教师的年度评价框架

评价要点	评价依据	评价结论	备注
1. 教育教学具有高度、深度和效度			
2. 教育教学改革具有引领力和影响力			
3. 教育教学视野有宽度			

续表

评价要点	评价依据	评价结论	备注
4. 对“锦一”的教育教学改革和教师发展做出了重要贡献			
5. 有一定的理论化成果			
6. 对教育教学改革经验有较为系统的总结			
7. 创新能力强			
8. 对外有一定影响力			

（3）职称评聘、认定与调整

建立校内职称评聘、认定与调整制度，根据校内聘用和认定的职称等级计发薪酬。

实践优化型教师原则上聘为中学二级及其以下，改革提升型教师原则上聘为中学一级及其以下，学术教学型教师原则上聘为中学高级及其以下，风格培育型教师原则上聘为中学正高级及其以下。符合破格条件的教师经本人申请，学校审核合格后准予破格聘用。

评聘为相应职称后，每三年认定一次，符合所聘职称要求的，继续聘用为相同职称。低于所聘职称要求的，降一级职称聘用，三年后按降一级职称要求考核；被考核者也可以申请降级前的职称考核，考核合格后，恢复原聘职称；如果按降一级考核仍不合格者，再降一级或解聘；高于所聘职称要求的，在本人同意的情况下，可以申请评定高一级职称，学校评定委员会通过后，聘为高一级职称。

学校根据校内评聘情况，推荐教师参加省、市的相应职称评定。

校内评聘的基本框架和主要认定标准见表 5.12。

表 5.12　金苹果锦城第一中学职称认定的内容框架与主要标准

认定维度	中学二级以下	中学二级	中学一级	中学高级	中学正高级
工作任务完成情况（30%）	保质保量完成全部任务	保质保量完成全部任务	保质保量完成全部任务	保质保量完成全部任务	保质保量完成全部任务
教育教学质量（30%）	合格	良好	良好	优秀	优秀

续表

认定维度	中学二级以下	中学二级	中学一级	中学高级	中学正高级
教育教学改革（15%）	能根据学校、教研组、备课组、年级组要求改革教育教学，能完成指定的改革任务	能根据学校、教研组、备课组、年级组要求改革教育教学，能主动承担并较好地完成备课组和教研组的改革任务	能主动推进备课组或教研组改革，能为教研组、备课组、年级组的改革出谋划策，高质量完成改革任务	能引领改革，能承担改革研究项目，能为学校的教育教学改革出谋划策，能高质量完成教育教学改革任务	能根据学校战略规划创造性地开展工作，能引领和影响本学科乃至全校的教育教学改革，承担高级别的教育教学改革项目
教育教学研究（15%）	能围绕“三全”规划研究和解决小问题，并形成3～5个解决小问题的方案，在校内外杂志上发表3～5篇落实“三全”规划的教育教学改革论文、教育教学案例、随笔或故事	能围绕“三全”规划研究1～2个专题和1～2项校级或区级课题，课题年度考核等级在“合格”以上；在校内外杂志上发表5～7篇落实“三全”规划的教育教学改革论文、教育教学案例、随笔或故事	能围绕“三全”规划研究1～2项专题和1～2项区级或市级课题，课题年度考核等级在“合格”以上；在校内外杂志上发表5～7篇落实“三全”规划的教育教学改革论文	能围绕“三全”规划研究1～2项专题和1～2项市级或省级课题，课题年度考核等级在“合格”以上；在校内外杂志上发表7～9篇落实“三全”规划的教育教学改革论文；在校外上公开课或做专题讲座2～3次	能围绕“三全”规划研究、组织1～2项专题，研究1～2项省级或国家级课题，课题年度考核等级在“合格”以上；在校外杂志上发表7～9篇落实“三全”规划的教育教学改革论文，其中至少有2篇文章在核心期刊上发表；在校外上公开课或做专题讲座3～5次
学校贡献力（10%）	能保质保量完成学校临时交办的任务	能主动承担学校的临时性任务，为学校的优质形象做出了贡献	在学校举办的大型活动中做出了贡献，在某一方面为学校争得了荣誉	提高了学校的对外影响力，为学校争得了荣誉	从多方面为学校争得了荣誉，提高了学校的社会影响力
班主任工作情况	承担了班主任工作，年度考核均为“合格”的，加5分；一年获得“优秀”的，加8分；两年获得“优秀”的，加10分；三年均获得“优秀”的，加15分。				

走向远方

GOING THE DISTANCE

Golden Apple Jincheng No.1 Secondary School

Golden Apple Jincheng No.1 Secondary School

Golden Apple Jincheng No.1 Secondary School

学校将按照以上框架，根据省、市、区对不同职称的有关要求，制定详细的认定标准，认定标准的具体内容根据学校的发展需要调整。

年度考核和职称认定实行师德或重大安全事故一票否决制，因师德或安全问题受到区级及以上教育行政部门（教研部门）通报批评及以上处分的，年度考核不合格，三年认定时降一级职称聘任。

4. 评价流程

学校制定年度评价标准和三年认定标准，并在全校公布，征求全校教师的意见，汇总全校教师意见后，根据学校发展要求确定年度教师具体评价标准和三年认定的具体标准。

教师个体申报年度评价层级，由教研组、学校、教师共同协商后，确定教师个体的年度考核层级。

教师个体提交年度考核评价资料，并保证年度评价资料的真实性。

考核评价小组收集考核资料，进行年度评价。

得出年度评价结论，学校公示。

得出三年认定结论，学校公示。

公示结束后，根据规定进行表彰奖励和公布聘任结果。

为每位教师提供年度发展建议书和三年发展建议书。（表 5.13）

表 5.13 金苹果锦城第一中学教师年度发展建议书

年度＿＿＿＿＿＿＿＿ 教师姓名＿＿＿＿＿＿＿＿

主要维度	内容要点	备注
恭喜你，本年度你取得了如下进展		
根据“锦一”发展的高要求，我们期待你来年在以下方面有新作为、新成就		
你的反思和在来年的发展打算		
要在来年有这些新作为、新成就，你需要教研组和备课组提供的帮助		
要在来年有这些新作为、新成就，你需要学校提供的帮助		

5. 评价管理

学校成立教师考核评价和认定小组，组长由校长担任，成员由校级干部、中层干部、工会小组、教研组、年级组和教师代表组成。

考核评价小组和认定小组实行届别管理，一届三年，三年期满后根据需要调整。

考核评价小组和认定小组主要负责以下事项：修订年度考核和三年认定标准；收集整理考核和认定资料；调控和监督考核、认定过程，确保考核评价和职称认定的公平公正；做出考核和认定结论，解释考核与认定结果；对考核与认定结论负责，并对被考核或被认定者的进一步发展提出具体建议。

教师发展部根据考核和认定小组的评价结果，为每位教师建立成长档案，收集教师的年度荣誉与代表作，以便持续跟踪教师的发展。

教师发展部、课程与教学部、学生工作部等根据教师年度发展建议书和三年认定建议书，力所能及地为教师发展提供服务，并和教研组、备课组一道，及时为教师的发展提供反馈意见。

（二）教师团队发展评价

“锦一”的教师团队发展评价，主要包括教研组的专业发展评价和其他小组的工作贡献评价。

1. 教研组的专业发展评价

教研组的专业发展评价一年举行一次，包括两个部分：一是教育教学研究能力的发展评价，引导和督促各教研组建设智慧型改革团队；二是教研组专业情意与水平的整体发展评价，引导教研组持续发展，不断提高教育教学改革的挑战难度。

（1）教研组教育教学研究能力发展评价

“锦一”教研组的教育教学研究能力评价，主要是考查各教研组为在本教研组有效落实“全景德育”“全息课堂”和“全息课程”而进行研究，并将这些研究应用于本教研组，形成本教研组改革特色，提高本教研组全体教师改革能力与学术水平的情况。

这一评价主要包含如下内容：一是研究和落实“三全”规划的意识、态度与行为；二是是否确定了本教研组的改革项目，形成了本教研组的改革特色；

三是教育教学改革是否促进了学校文化、“四为”精神和世界一流中学的建设；四是教育教学改革成果是否丰硕；五是教研组教师参与教育教学改革的覆盖面；六是本教研组教育教学改革产生的成效；七是教研组教育教学改革产生的社会影响。学校考核评价小组可以根据这七个评价维度，结合学校各年度的教育教学改革重点，修改调整具体的评价内容，形成年度评价标准。评价维度和要点见表 5.14。

表 5.14 金苹果锦城第一中学教研组教育教学改革能力年度评价框架

评价维度	评价要点	评价结果				备注
		优秀	良好	合格	不合格	
落实“三全”规划的意识、态度与行为(30%)	1. 认真研读学校的“三全”战略规划，积极探寻“三全”规划与本学科教学改革的结合点					
	2. 主动探索本学科的教育教学改革路径和方法，并在不断尝试中调整完善，公开课和常态课基本保持一致，都有很好提升					
	3. 学科目标体系的研发日益完善					
	4. 学习单不断优化，更能体现本学科不同课型的特点，更加符合“全息课堂”的要求					
	5. 学习单、PPT、教学辅导资料、多媒体教学资源建设等的整合性日益加强，使用质量日益提高					
	6. 必选课和任选课的种类开发较为丰富，且实施效果好					

续表

评价维度	评价要点	评价结果				备注
		优秀	良好	合格	不合格	
教研组的改革项目与特色(10%)	7. 确立了体现学校战略规划和本教研组特色的教育教学改革项目，得到了学校、区、市、省或国家的批准					
	8. 在日常教育教学工作中研究和改进项目，通过项目研究促进了本组的教育教学改革，提高了教育教学质量					
	9. 本教研组各位老师能根据教研组的研究项目，选择自己的研究点，并有一定的研究成果					
	10. 研究项目带动了本教研组的特色建设					
教研组的改革与学校文化建设、办学目标实现的关联度(10%)	11. 推动了学校“三全”战略的有效和深度落实					
	12. 突显了学校整合发展的教育教学改革特色					
	13. 彰显了学校的“四为”精神和育人的生命境界					
	14. 为学校的品牌建设做出了贡献					
教育教学研究成果丰硕(15%)	15. 教研组老师承担各级各类课题研究的情况					
	16. 在各级各类杂志上发表文章的情况					

续表

评价维度	评价要点	评价结果				备注
		优秀	良好	合格	不合格	
教研组教师参与教育教学改革的覆盖面(10%)	17. 参与课题研究的覆盖面					
	18. 发表研究成果的教师覆盖面					
教研组教育教学改革成效(15%)	19. 学生“轻负高质”目标的实现情况					
	20. 教师在本教研组的改革中获得了良好发展					
教研组教育教学改革产生的社会影响(10%)	21. 教研组对外交流情况					
	22. 对外上示范课情况					
	23. 研究成果的对外影响力					
总体评价						

教研组的教育教学改革能力评价，注重全体教师参与，年度评价得分的计算方法是：根据各项指标累加得出总分，然后除以教研组人数得出平均分，教研组的平均分乘以参与率得出本教研组的最后得分。学校确定每年教研组评奖的基点分数，未达到基点分数的教研组不参加评奖。

在评价教研组的教育教学改革能力时，首先统计各教研组老师的研究与改革成果，并根据研究项目和研究成果的级别确定分数，具体计算方法见表 5.15。

表 5.15　金苹果锦城第一中学教师年度成果统计和计分表

成果项目	成果内容	成果得分						备注
		国际级(40分)	国家级(30分)	省级(20分)	市级(15分)	区级(10分)	校级(5分)	
1. 承担的课题								
2. 发表的研究成果								
3. 对外交流								
4. 上研究课与示范课								
5. 各种比赛获奖								
6. 获得的荣誉								
7. 其他								

国际级、国家级、省级、市级、区级，一般以组织单位的级别为准，组织单位是政府、教育行政部门、各级教研部门或依托教研部门的学会；其他单位组织的活动，由学校统一认定。

每年度统计的教师个人得分，在全校公示，公示无争议后，纳入教研组评估考核的基础数据。

成果统计与计分的对象，必须与学校发展战略密切相关，与学校发展战略无关的各项研究及其成果，不计分。

(2) 教研组专业情意与水平的整体发展评价

教研组专业情意与水平的整体发展评价，是对教研组进行的综合评估，重点评价教研组的精神风貌、常规工作、专业水平与学校布置的临时性任务的完成情况等。评价内容及办法见表 5.16。

表 5.16　金苹果锦城第一中学教研组专业情意与水平的整体发展评价

评价维度	内容要点	评价结论				备注
		优秀	良好	合格	不合格	
教研组的精神风貌（30%）	1. 教研组团结协作，集体攻关，互帮互助					
	2. 集体备课任务完成好，质量高					
	3. 热爱学生，认真教书育人					
	4. 保质保量按时完成学校布置的任务，积极承担学校的各项工作					
	5. 积极进取，教研组研究氛围浓厚					
	6. 乐于展示教研组成果，态度积极阳光					

续表

评价维度	内容要点	评价结论				备注
		优秀	良好	合格	不合格	
教研组的常规工作（40%）	7. 日常教学任务完成好、质量高					
	8. 教学目标的制定、使用和优化任务完成好					
	9. 学习单的建设、使用和优化任务完成好					
	10. 教研组教学资料库建设、使用和优化情况好					
	11. 任选课、必选课的开发、实施和调整情况好					
	12. 常规教研活动开展情况好					
教研组的专业发展水平（20%）	13. 教研组队伍建设情况好					
	14. 教研组常规建设情况好					
	15. 教研组学风浓厚					
	16. 教研组每位教师专业发展规划清晰，善于反思和调整					
	17. 现代信息技术运用好，数据智慧有明显提高					
	18. 教研组在省、市、区有影响力					
学校布置的临时任务（10%）	19. 保质保量按时完成了学校布置的临时性任务					
	20. 为学校发展出谋划策					
其他						

教研组的年度考核评价，综合教育教学改革能力和专业情意与水平整体发展的评估结果生成。其中，教育教学改革能力占60%，专业情意与水平的整体发展情况占40%。学校将根据发展需要，在不同年度调整上述指标和比例，以制定出具体的年度评价指标。

在全面铺开教师个体和教研组年度评价工作的过程中，学校将根据教研组建设的需要，采取分类评估教研组的方式对教研组进行评估，以提高年度评价的科学性与针对性。

教研组的年度评估也由学校考核评估小组完成，评估流程和教师个体的评价流程大致相当，年度评价完成后，学校将为教研组提供年度发展建议书，为教研组的进一步发展提供参考依据。

2. 其他团队的年度评价

其他团队，是指学校为了工作需要，成立的各个工作小组。对各个工作小组的评估，以其在本年度所做出的主要贡献为评估依据，根据该小组对学校所做出的贡献大小进行评价。

三、建立过程与结果并重的激励机制，激发个体发展与团队发展的活力

根据评价和认定结果，建立过程与结果并重的激励机制，从不同侧面和层面激发教师个体与团队的成长活力。

（一）建立教师个体发展的激励机制

1. 年度考核奖励办法

在年度评价中获得优秀的风格培育型教师，一次性奖励10000元人民币，在下一年度根据需要提供5～6次省外学习机会。在年度评价中获得良好的风格培育型教师，一次性奖励8000元人民币，在下一年度根据需要提供3～5次省外学习机会。

在年度评价中获得优秀的学术教学型教师，一次性奖励6000元人民币，在下一年度根据需要提供3～5次省外学习机会。在年度评价中获得良好的学术教学型教师，一次性奖励4000元人民币，在下一年度根据需要提供3～4次省外学习机会。

在年度评价中获得优秀的改革提升型教师，一次性奖励 4000 元人民币，在下一年度根据需要提供 2～4 次省外学习机会。在年度评价中获得良好的改革提升型教师，一次性奖励 2000 元人民币，在下一年度根据需要提供 2～3 次省外学习机会。

在年度评价中获得优秀的实践优化型教师，一次性奖励 3000 元人民币，在下一年度根据需要提供 1～2 次省外学习机会。

2. 教育教学改革能力评价的奖励办法

根据教育教学改革能力评价的内容框架，对每位教师的教育教学改革成果进行年度统计，对总分排在全校前 10 名的老师分三个等级进行奖励：1～3 名为一等奖，奖金各 10000 元；4～6 名为二等奖，奖金各 6000 元；7～10 名为三等奖，奖金各 4000 元。列为前 10 名的总分最低为 100 分。

3. 特殊贡献奖

教师个体或指导学生获得国家级和国际级大奖的，根据获奖等次，给予 5～10 万元的特殊贡献奖。

4. 对校本教材和学术专著出版的奖励

经审核出版并在校内使用的校本教材，根据质量、数量、使用范围、反响程度和社会影响等，每本教材给予 5000～15000 元的奖励。

与“三全”战略、学校文化建设或建设世界一流中学相匹配，并具有较高质量，经学校审核出版的学术专著，根据其对学校实际建设的贡献大小、社会影响等，一本专著给予 5000～20000 元的奖励。

5. 获得各级政府奖的配套奖励

获得各级各类政府奖的项目，学校根据政府奖励经费进行 1∶1 配套奖励。

（二）建立教师团队发展激励机制

1. 教研组年度考核的奖励办法

根据年度考核评价结果，评出教研组的一、二、三等奖，特别优秀的教研组评为特等奖，学校对获得特等奖、一等奖和二等奖的教研组颁发证书并进行物质奖励，三等奖只颁发证书。

获得特等奖的教研组，以教研组人均 2000 元的奖金计发教研组奖金总额，其中一半用于教研组个人分配奖金，一半用于教研组集体活动。

获得一等奖的教研组，以教研组人均 1500 元的奖金计发教研组奖金总额，其中一半用于教研组个人分配奖金，一半用于教研组集体活动。

获得二等奖的教研组，以教研组人均 1000 元的奖金计发教研组奖金总额，其中一半用于教研组个人分配奖金，一半用于教研组集体活动。

2. 课题组考核的奖励办法

承担校级、区级、市级、省级、国家级课题研究的课题组，顺利结题或获得优秀的给予一定奖励。

承担国家级课题的课题组，顺利结题的，给予课题组 20000 元奖励；获得优秀的，给予课题组 30000 元奖励，以最高限额为准。

承担省级课题的课题组，顺利结题的，给予课题组 10000 元奖励；获得优秀的，给予课题组 15000 元奖励，以最高限额为准。

承担市级课题的课题组，顺利结题的，给予课题组 6000 元奖励；获得优秀的，给予课题组 10000 元奖励，以最高限额为准。

承担区级课题的课题组，顺利结题的，给予课题组 3000 元奖励；获得优秀的，给予课题组 5000 元奖励，以最高限额为准。

承担校级课题的课题组，顺利结题的，给予课题组 2000 元奖励；获得优秀的，给予课题组 3000 元奖励，以最高限额为准。

3. 其他工作小组考核的奖励办法

学校成立的其他工作小组，对学校发展做出了巨大贡献，评为了优秀工作小组的，根据小组的贡献大小和参与人员规模，给予 5000～20000 元的奖励。

以上奖项为学校发展的基本奖项，学校可根据发展需要和工作重心的调整，对以上奖项进行增删合并，以确定每年的具体奖项。每年奖项的评定标准由学校考核小组根据本规划提出的基本框架，制定具体评奖办法。考核评奖过程由学校考核小组负责，考核结果以不同形式在全校公示，公示无异议后进行表彰奖励。

四、建立多维度的支持系统，为教师及其团队的发展护航

为了培育智慧型改革团队，促进每位教师更好地发展，学校将从建设事业成长的正向促进系统、学术发展的良性支持系统和“锦一”团队知识库三个方面，为每位教师及其团队发展护航。

（一）建设事业成长的正向促进系统

鼓励全体教师积极进取，为所有积极进取的教师创造发展条件，营造个体积极进取的事业发展氛围。

倡导和促进全体教师集体攻坚，坚决贯彻和落实集体备课、集体研讨、集体改进、集体发展的思路，避免“只突出个人，不兼顾集体；只追求自己成绩，不顾及团队发展”的个人竞争发展模式，营造团队进取的事业发展氛围。

公平公正地对待每一位教师，以客观事实为依据考核和评价每位教师，以客观事实和考核结果为评职晋级的凭据，倡导全校教师正确认识自己，客观对待他人，营造公平公正的事业发展氛围。

倡导高雅的人际交往氛围，树立正向积极的思维方式。在教师的日常交往中，不谈流俗或低级趣味的话题，禁止出现说东道西、东家长西家短的小人，市井俗人式的嘴脸；避免以“不好的心思”或“最坏的恶意”在背后猜测学校的举措或同事的某些做法，坚决制止个别教师以“好心”为名传播学校发展和教师发展的负能量；支持教师之间开诚布公交流意见，真心实意解决问题，以保持每位老师的高雅格调和优秀的精神格局，营造高雅、坦诚、正向的事业发展氛围。

倡导教师之间互帮互助、互相关心。对在事业发展上暂时遇到困难的老师，学校、教研组和其他发展较好的教师要无私提供帮助，帮助暂时遇到困难的老师克服困难；暂时遇到发展困难的老师，不能灰心气馁，而应主动寻求帮助、反思自我，不断明确自己的改进点和改进办法，刻苦努力，不断发展，营造互帮互助、共渡难关的事业发展氛围。

（二）建设学术发展的良性支持系统

1. 建立课题研究支持系统

建立校级、区级、市级、省级、国家级课题研究网络。成立校级课题研究制度，校级课题可以由个人单独申报，也可以组建团队申报，申报的内容必须与落实学校“三全”规划、学校文化建设和世界一流中学建设有关；对个人喜欢但与学校发展不吻合的课题，个人可以自行研究，学校不支持立项，不计入科研成果，也不进行奖励。学校立项后，给予校级课题 1000 元的前期课题资助，用于购买资料和其他研究需要的材料；对课题研究进行年度评估，获得年度优秀的，给予 2000 元奖励；课题结题后的奖励同前；对于前期资助和受过奖励的课题，最后不能结题的，追回资助和奖励经费。

在优秀的校级课题中推荐区级课题，区级课题立项后，学校给予区级课题2000元的前期课题资助，用于购买资料和其他研究需要的材料；课题研究在区级年度评估中获得优秀的，给予3000元奖励；课题结题后的奖励同前；对于前期资助和受过奖励的课题，最后不能结题的，追回资助和奖励经费。

在优秀的区级课题中推荐市级课题，市级课题立项后，学校给予市级课题3000元的前期课题资助，用于购买资料和其他研究需要的材料；课题研究在市级年度评估中获得优秀的，给予4000元奖励；课题结题后的奖励同前；对于前期资助和受过奖励的课题，最后不能结题的，追回资助和奖励经费。

在优秀的市级课题中推荐省级课题，省级课题立项后，学校给予省级课题4000元的前期课题资助，用于购买资料和其他研究需要的材料；课题研究在省级年度评估中获得优秀的，给予5000元奖励；课题结题后的奖励同前；对于前期资助和受过奖励的课题，最后不能结题的，追回资助和奖励经费。

在优秀的省级课题中推荐国家级课题，国家课题立项后，学校给予国家级课题20000元的前期课题资助，用于购买资料和其他研究需要的材料；课题结题后的奖励同前；对于前期资助和受过奖励的课题，最后不能结题的，追回资助和奖励经费。

同一项课题获批多个级别的，以最高级别为准，不重复计算。

2. 建立学术出版支持系统

依托学校发展战略和各级课题展开的研究，其研究成果作为校本教材或学术著作出版；与学校发展战略无关的个人研究成果，学校不单列经费支持出版。

学校支持出版的校本教材和学术著作，统一标识为"'三全'书系"，由学校统一主编，各分册的编著者与著作权属于作者或课题组。

学校支持出版的校本教材和学术专著，提交学校审核，学校请专家审定并提出修改意见，修改且质量达标后，学校联系出版社出版。

对于学校攻坚性的校本教材和学术专著，学校将根据实际情况计发一定稿费。

出版的校本教材和学术专著的奖励，同前。

3. 完善学术研究与实践改革的专家支持系统

拓宽多层次的专家对话平台，完善专家到校讲课制度，建立专家跟踪指导制度，让不同层面和侧面的专家为每位教师的发展护航。

完善和用好《“锦一”读书慧》，形成教师个体和团队共读、共用《“锦一”读书慧》的氛围。“锦一”全体教师要像苏霍姆林斯基所说的那样：“集体的智力财富之源首先在于教师的个人阅读，真正的教师一定是读书的爱好者。”劳凯声教授说：“阅读的边界就是我的世界的边界。阅读不同则边界不同，边界不同则各人的世界也就不同，并且这个世界是以阅读经历的不断丰富而不断扩大的。”我们将通过《“锦一”读书慧》编撰质量的不断提高，为每位教师和教研组拓展阅读边界和世界，让《“锦一”读书慧》作为“专家”的重要组成部分，为每位教师的发展提供专业养料。

（三）建立“锦一”团队知识库

以目标体系、学习单、PPT、教学辅导资料的集体建设为基础，利用信息技术平台，建立“锦一”团队知识库，以制度促进“锦一”团队知识库的共建、共用、共享，并不断优化升级，使之成为“锦一”的宝贵财富和教师减轻各项负担的凭借。

附件：成都金苹果锦城第一中学教育科研指南

（试行）

为了全面落实“三全”教育战略规划，提升学校办学品质，培育学校办学个性，创办世界一流中学，培养高素质、高品位、高境界的智慧型教师团队，特制定本科研指南。

第一部分　指导思想与科研境界

一、教育科研指导思想

1. 服从学校发展战略。学校教育科研必须围绕学校发展战略规划来具体实施，与学校战略规划无关的研究方向，不列入学校教育科研行政管理体系。

2. 服务学校教育实践。学校教育科研将与学校发展、教师发展（教师培训、教师风格的形成等）一体化推进。要求各级各类研究都要做实研究、真研究，以研究促实践，在实践中提炼研究成果。

二、提升教育科研的生命境界

1. 大视角。根据“创办世界一流中学，做好受益终身的教育”的办学定位，结合“全景德育”“全息课堂”和“全息课程”的建设要求，关注学校、教师和学生的发展，认识和开展课题研究。

2. 高起点。以推动学校建设品牌德育、特色课程、品牌课堂，培育世界一流师资为逻辑起点，关注学校、教师和学生的发展，为推动学校高位发展，提出课题研究。

3. 实目标。以教育科研为载体，培养一大批富有较高教育艺术水平、能教能研的教师；以教育科研为动力，提高教育教学质量，提升学校办学声望，打造世界一流中学的锦城样态，以切实行动多出成果，出高质量的成果。

三、教育科研的多层设计

学校的教育研究分为三个层面：问题研究、专题研究、课题研究。从本质上讲，三类研究都源于问题。但这三类问题在研究周期、研究难度、研究价值、采取措施，以及最后得出的成果和效果上都会有很大的差异。因此，它们是本校教育科研的三个层面。

1. 问题研究。教师在教育教学中会遇到大量的问题，这些问题可能是原始的、具体的，也有可能是动态发展的，如一个题目的讲解、在限定的课时内教长课文、练习的设计、某节内容的课堂教学结构设计，学生上课不专心、作业安排有困难等等。有一些问题可以依靠教师个人经验解决，但有一些问题仅凭教师的经验不能解决，或这些问题一时不能解决。但这些问题，通过教师的研究，或通过理论学习，或与他人合作，可以通过一定时间的研究后得以解决。这种研究可以归类为问题研究。

2. 专题研究。有一些问题不是短时间能解决的，可能要经过较长时间的研究，或者经过多人的努力，必须借助一定的教育教学理论才能解决。这些问题可能是典型的，具有普遍性，必须解决才能提高教育教学质量。那么可以把它作为专题来研究。

3. 课题研究。有一类研究与专题研究相比，问题的难度更大，研究的周期更长，研究的价值更高，采取的措施更多，必须经过精心设计，明确它的研究目标、研究内容、采取的措施，预设出它的研究成果和效果，精心选择研究方法才能完成。这类研究归于课题研究。

四、教育科研的形态与要求

1. 问题研究常态化，专题研究规范化。用研究的视角、研究的习惯、研究的方法对待教育教学工作，解决教育教学中的微观问题，并有强烈的成果意识，做好研究记录，提高撰写问题研究报告的能力等。

2. 课题研究特色化。以学校教育发展战略为核心，以学校发展、教师发展、学生发展为价值取向，以解决学校中、宏观问题为实践取向，结合学科特点、教师群体特征，选择有特色的研究点展开研究。教师在课题研究中学会研究的设计、研究方法的运用、研究成果的提炼、研究报告的撰写等。学校教育科研的形态与要求见表 5.17。

表 5.17　金苹果锦城第一中学教育科研的形态与要求

研究层次	要求	实践取向	载体	成果形态	是否立项
问题研究	常态化	研究工作化 解决教育教学中的微观问题	研究记录单	问题研究报告（一年总结一次）	在教研组立项 在教务处备案
专题研究	规范化	研究工作化 解决教育教学中的中观问题	研究记录单	专题研究报告 论文	在年级组立项 在教师发展部备案
课题研究	特色化	校级课题解决中观问题 其他课题解决宏观问题 形成学校研究文化	多种载体	研究报告 论文	在学校或上级立项和备案

五、不同研究层次的适用对象

以研究的不同层次，即问题、专题、课题（校级课题、区级课题、市级课题、省级课题、国家级课题）为横轴，以研究主体（个人、教研组、年级组、部门、学校）为纵轴，构建出一个教育科研层次矩阵。在这个矩阵中，不同的研究者可以找到自己的教育科研位置（表 5.18）。

表 5.18　金苹果锦城第一中学教育科研层次矩阵

	问　题	专　题	校级课题	区级课题	市级课题	省级课题	国家级课题
个　人	★	★	★				
教研组	★	★	★	★	★	★	
年级组		★	★	★	★	★	
部　门				★	★	★	
学　校						★	★

续表

	问　题	专　题	校级课题	区级课题	市级课题	省级课题	国家级课题
模　式	计划	计划	规划	规划	规划	战略规划	重大战略规划
规划时限	1个月	6个月	1～2年	2～3年	2～3年	3年	3～5年

第二部分　选题原则

一、根据学校发展战略规划选题

以“全景德育”“全息课堂”“全息课程”和智慧型团队建设的战略规划为依据，选择实施规划的热点和难点，并结合自己的需要和兴趣确定研究题目。

二、根据选题参考内容选题

教师可以依据选题参考内容，结合自己的教育教学工作选题。主要有以下几种。

1. 教学中的难点问题。如学校要求大面积设计和使用学习单，教师可以根据难点选择问题、专题或课题，如学习单的内容设计研究、学习单的实施策略研究、学习单的评价研究等。

2. 班级管理问题。班级管理涉及诸多教育因素，会遇到很多实际问题，这是教育科研课题的重要来源。如班干部培养研究、班风建设研究、班会活动设计与实施研究等。

3. 学校的教改实验问题。学校改革的力度大、层次多，而且改革还在动态发展，往往冲击教师的观念，影响老师们的行为，可能还有部分教师难于理解，行为难于跟进，教师可试图从中找一个点来研究。

4. 根据理论学习的感悟选题。学校会印制一些理论学习材料，教师也有一些自己的学习资源。教师在提高理论水平、更新教育观念的同时，也能从中发现值得深入研究的问题。如教师在学习了《“锦一”读书慧——课堂的组织与管理》之后，对其中的某些内容有了感悟，可以结合自己的工作，设计与课堂组织和管理相关的研究课题。

三、应遵循的选题原则

1. 研究的可行性。是指选择的研究主题，经过研究以后，应当是可以实现的或有可能被解决的问题。主要考虑以下三个因素。

（1）研究者个人的具体情况。如知识基础、专业特长、教育工作的实践经验、教育科研经验、志趣和可以利用的时间等。

（2）选题的难易、大小是否合适。小而容易的主题研究成功率高，就一般情况而言，选题应从易到难，从小到大。

（3）教育情报资料是否充实。关键考虑是否容易占有相关资料。

2. 实践的创造性。教育科研的目的，是要认识前人没有认识或没有充分认识的教育规律，解决他人虽然认识但还没有解决或没有完全解决的教育问题。主要考虑三个层次。

（1）独创性。从教育实践提出的新问题中、新生事物的萌芽中、新鲜经验中选题；从学校发展战略规划中选题；从教育领域里的新概念、新理论、新思维、新设计、新方案中选题；还可以从不同观点的争议中、不同学派的对立中、原有理论和新的实践的尖锐矛盾中选题；还可以从教育科学的知识空白中选题。

（2）再创性。这是中等层次的创新课题，其中，有的是将别人的研究课题加以组装、分解和改造后再生出的新课题；有的是将已有的研究课题运用到新的领域、情境、学科等实践中，又在某方面有所创新。

（3）自创性。这是低层次的创新课题，它只要求对自己是前所未有的，对自我发展是有利的，但并不要求对社会或对别人有什么创新价值。

3. 实践的本土性。选择本校教育教学中需要解决的问题来研究。选真问题、做真研究、出真成果，对本校教育教学工作要有指导和改进作用。

第三部分 组织与管理

一、成立领导机构，明确各部门职责

1. 成立金苹果锦城第一中学教育科研领导小组

教育科研领导小组负责学校教育科研的整体规划、课题审批、管理和指导等。

金苹果锦城第一中学教育科研领导小组

组　长：杨斌

副组长：张新民　何刚　雷国亮

成员：张伟　罗丽容　黄悦　唐杨　程瑜　张晓梅　晏学渊　朱莉　黄晓芳　陈玉芳　陈子斌

2. 课程与教学工作部、学生工作部和教师发展部的主要职责

（1）课程与教学工作部负责全校教师所进行的有关课程与教学的问题研究，负责立项、审批、验收、经费管理等；负责协调教师与专家的关系，管理与指导教师做好问题和课题研究。

（2）学生工作部负责全校教师所进行的有关德育方面的问题研究，负责立项、审批、验收、经费管理等；负责协调教师与专家的关系，管理与指导教师做好问题和课题研究。

（3）教师发展部负责全校教育科研的日常研究、指导、管理工作。其主要职能是：协助上级教育科研部门管理本校各级各类课题，并承担其下达的教育科研任务；负责本校教育科研的统一规划、组织、指导、立项研究、评审验收等管理工作；组织对优秀科研成果进行鉴定、评奖和推广运用；抓好教育科研队伍建设和科研基地校建设。

二、立项管理

问题研究、专题研究、课题研究均须立项。问题研究在教研组立项，由课程与教学工作部统一管理；专题研究在年级组立项，由学生工作部统一管理；课题研究在教师发展部立项并由教师发展部管理。

问题研究和专题研究，由教研组和年级组负责人根据研究的价值审核立项，分别报课程与教学工作部和学生工作部备案；校级课题分个人课题、合作课题、备课组课题、教研组课题、年级组课题，无论哪类课题都须由教研组或年级组讨论，并签署相关讨论意见，填写校级课题申报书后报教师发展部审批。区级、市级、省级、国家级课题实行逐级推荐申报的制度。

三、撰写研究方案

问题研究、专题研究、校级课题研究需根据设计填写“问题研究登记表”（见附件1）、“专题研究登记表”（见附件2）、“校级课题申报表”（见附件3）；其他各级课题根据相关要求办理。

四、研究经费

课题研究必需的差旅费、资料费、会议费、印刷费、鉴定费等根据需要实报实销。奖励制度见教师发展规划。

五、成果验收与考核

根据研究成果考核标准（见附件4）进行成果验收和考核。

第四部分 选题参考内容

一、课程与教学

1. “全息课堂”的特征、规律和实践方法研究
2. “全息课堂”的学科教学策略研究
3. 基于“全息课堂”的学习设计研究
4. “全息课堂”的教学评价研究
5. 基于“全息课堂”的项目学习研究
6. 基于“全息课堂”的合作学习中常见问题及解决策略研究
7. “全息课堂”的有效提问与讨论研究
8. “全息课堂”实践经验、案例与个案研究
9. 影响“全息课堂”有效实践的因素及对策研究
10. “全息课程”的特征、规律和实践方法研究
11. 学科（跨学科）“全息课程”开发的研究
12. “全息课程”实施中的问题研究
13. “全息课程”实践中课程多样化实施模式研究
14. 教师合作开发与实施“全息课程”的研究
15. 面向社会、来源于社会的“全息课程”资源的开发与利用研究
16. “全息课程”的质量监控与评价研究
17. 选修课质量评价与提升策略研究
18. 短学程的实施策略与质量评价研究
19. 学科学习目标的整合与优化使用研究
20. 学习单的有效设计与优化使用研究
21. 基于“全息课堂”的整合教学研究
22. 学习资源建设研究

……

二、德育

1. “全景德育”的特征、规律、方法与策略研究
2. 年级组“全景德育”的规划与实施研究
3. 学科（跨学科）“全景德育”研究
4. 提高“全景德育”工作实效性研究
5. “全景德育”班级实践及个案研究
6. “全景德育”叙事研究与个案研究
7. 年级文化和班级文化建设研究
8. “全景德育”年级特色或品牌建设研究
9. “全景德育”内容体系研究
10. “全景德育”课程研究
11. 学生自我教育与自我管理的案例研究
12. “全景德育”课程开发与实施研究
13. “全景德育”评价研究
14. 年级学情分析与处置能力研究
15. 本年级学生发展质量的监控与提高研究
16. 本年级班务与协调研究
17. 学科教学质量的班级监控与评价研究
18. 德育教育资源库的建设与优化研究

……

三、学生发展指导

1. “全息课堂”中学生学习方法指导研究
2. “全息课堂”中培养学生自学能力的研究
3. 学生成长的现状与对策研究
4. 学生评价体系的建构与实施研究
5. 学生发展指导内容与方式的体系建构研究
6. 学生发展指导的校本教材编写与使用研究

7. 学生发展指导的专项研究与实践改革研究
8. 家长教育的专项研究
……

四、信息技术

1. 利用现代信息技术改进教与学的方式的研究
2. 利用现代信息技术进行学生评价的研究
3. 利用现代信息技术落实“全景德育”的研究
4. 利用现代信息技术推进“全息课堂”建设的研究
5. 利用现代信息技术推进“全息课程”建设的研究
6. 利用现代信息技术优化“锦一”教与学的资源库的研究
7. “互联网+教学”环境下的“全息课堂”教学方法与策略研究
8. “互联网+”背景下“全景德育”的有效实践研究
……

五、行政管理

1. 世界一流中学的样态研究
2. “锦一”品牌建设研究
3. 学校管理与服务研究
4. 教师发展与评价研究
5. 学校重大活动的策划与实施研究
6. 学校发展难点与问题研究
7. 学校日常管理研究
8. 校内外课程与活动的整合研究
9. 校内外导师的功能与运行方式研究
10. 校外导师的识别、沟通与工作运行研究
11. 校外导师的工作机制建设与有效实施研究
12. 卓越教师发展研究
……

附件 1：金苹果锦城第一中学问题研究登记表

附件 2：金苹果锦城第一中学专题研究登记表

附件 3：金苹果锦城第一中学课题申报表

附件 4：金苹果锦城第一中学教育科研考核标准（试行）

附件 1：金苹果锦城第一中学问题研究登记表

金苹果锦城第一中学问题研究登记表

<table>
<tr><td>教研组</td><td></td><td>研究人</td><td></td><td>周期</td><td></td></tr>
<tr><td>问题名称</td><td colspan="5"></td></tr>
<tr><td>问题描述</td><td colspan="5"></td></tr>
<tr><td>难点分析</td><td colspan="5"></td></tr>
<tr><td>价值分析</td><td colspan="5"></td></tr>
<tr><td>拟实施措施</td><td colspan="5"></td></tr>
<tr><td rowspan="3">研究过程记录</td><td colspan="5"></td></tr>
<tr><td colspan="5"></td></tr>
<tr><td colspan="5"></td></tr>
<tr><td>问题解决效果</td><td colspan="5"></td></tr>
<tr><td>研究反思</td><td colspan="5"></td></tr>
<tr><td>立项审批意见</td><td colspan="5"></td></tr>
<tr><td>结题意见</td><td colspan="5"></td></tr>
</table>

附件 2：金苹果锦城第一中学专题研究记录表

金苹果锦城第一中学专题研究记录表

教研组		研究人		周期	
专题名称					
专题起源及价值					
研究目标					
研究内容					
拟实施措施					
研究过程记录					
专题研究效果					
研究反思					
立项审批意见					
结题意见					

附件 3：金苹果锦城第一中学课题申报表

年度	
编号	

金苹果锦城第一中学教育科研课题
申请书·评审表

课题名称：______________________________

课题负责人：______________________________

研究人员：______________________________

填表日期：______________________________

成都金苹果锦城第一中学教师发展部制

一、课题组负责人和主要成员近三年内取得的与本课题有关的研究成果

成果名称	著作者	成果形式	发表刊物、出版部门或公开交流的学术会议名称	发表、出版或交流时间

二、课题组负责人和主要成员近五年承担的区级及以上研究课题

课题名称	批准单位	完成情况	推广情况

三、课题设计论证

1. 本课题要解决的主要问题（主要说明本研究所针对的主要问题、基本主张、研究内容、教改实践意义、研究的重难点及创新点。800～1000 字）

2. 解决上述问题的主要思路和改革措施（主要说明本研究准备以什么样的策略、途径、方式、措施展开研究或教育改革活动，着重阐释改革思路及措施。800～1000 字）

3. 相关研究述评（主要说明本项研究在本领域内的研究现状，特别是本地或本单位根据自身实际需要借鉴和发展的理念、思路与措施。800～1000 字）

4. 预期的改革成效（主要说明本研究可能对学生、教师、学校发展和教育决策等产生的效益及影响。500 字左右）

5. 研究组织管理及保障措施（主要说明开展本研究的组织管理措施及条件保障情况等。400 字左右）

四、研究计划

研究计划（1）（研究改革实施范围及对样本选择的说明）
研究计划（2）（主要研究阶段及时间、各阶段拟解决的主要问题、学术活动方式及成果形式）

研究计划（3）	
序号	最终成果内容及形式

五、评审意见

评审专家意见
立项意见

我是光荣的人民教师，
我将忠诚党的教育事业，
维护社会正义，
博明厚德，爱生树人，
修身乐群，敬业精艺，
革故鼎新，
为中华民族的
倾尽毕生之力，

成都金苹果锦城第一中学研学活动

成都金苹果锦城第一中学研学活动
红色路·三农情·中国梦

走向远方

GOING
THE DISTANCE

Golden Apple Jincheng No.1 Secondary School

Golden Apple Jincheng No.1 Secondary School

走向远方
GOING THE DISTANCE

“中国脊梁”是“锦一”学生的灵魂与底色，“世界担当”是“锦一”学生的格局与气度。在这里，你将看到我们走向远方的理想、理念、情怀与行动……

附件 4：金苹果锦城第一中学教育科研考核标准（试行）

项目	内容	完全符合	基本符合	符合	不符合
选题（10 分）	选题符合“三全”战略和学校建设需要（4 分）				
	选题具有可操作性（3 分）				
	选题适用于“锦一”的教育教学（3 分）				
设计（10 分）	研究方向明确（3 分）				
	研究价值分析到位（3 分）				
	预设措施可操作（4 分）				
过程（40 分）	研究过程有资料可查（10 分）				
	研究活动有针对性（10 分）				
	研究推进了实践改革（20 分）				
成果（20 分）	基于实践的总结（5 分）				
	成果有操作价值（5 分）				
	成果有推广价值（10 分）				
效果（20 分）	能反映学生的变化（10 分）				
	能反映教师的变化（10 分）				

续表

项目	内容	完全符合	基本符合	符合	不符合
说明	1. “问题研究”一年考核一次，考核内容为一年来问题研究总结报告。 2. “专题研究”一年考核一次，考核内容为专题报告。 3. “课题研究”，对已结题的课题考核研究报告；对没有结题的课题考核阶段成果报告。 4. “完全符合”计全分，“不符合”计0分。				

注：选题不符合要求的，其余各项不给分。

实践掠影

金苹果锦城第一中学教师发展规划实践掠影（一）
语文组的整合教学改革

语文组积极开展群文阅读研究，师生围绕着一个或多个议题选择一组文本，然后围绕议题进行阅读和集体建构，最终达成共识。群文阅读教学使阅读教学由单一文本的阅读教学走向多文本的阅读教学，而且与“主题阅读”不同，以“能力点为突破”的整合教学并不是单单涉及多文本的阅读教学，而是用开放性的议题，发挥学生的主体性，让自主、探究成为阅读常态。

- ✩ 黄悦老师从《朝花夕拾》探名著阅读方式
- ✩ 王潇旭老师从“想象”人手探究诗歌的境界的拓展
- ✩ 李月月老师从“心声”入手探究写人叙事作品中人物心理刻画技巧
- ✩ 朱莉、刘媛岑从文言文短篇小说的“简”与“丰”同课异构入手走进古典文言小说世界
- ✩ 黄晓芳老师从“主题”入手思考动物类小说的主题价值
- ✩ 胡荣老师从“贴切”入手精读写月诗歌中的比喻

金苹果锦城第一中学教师发展规划实践掠影（二）
青年教师的改革探索

何耀宏老师开展了“一例贯穿法”教学实践——人教社《道德与法治》七年级上册第四单元第八课《生命可以永恒吗?》，他以“小岗村党委第一书记沈浩，在职期间一心为民，换来了小岗村人的三次红手印”展开情景教学，让学生在故事中学习知识，在与老师一问一答中升华情感，达到对学生价值观的引领。

龙洲老师通过《创新思维》的教学，提出三条有效理答策略，即“理答假设”“合理理答”“理答反思”，明显看出老师的教学研究能力得到锻炼。

刘媛岑老师在“一语见形象之鲜活”文言文整合阅读教学中，对教学中文本的选择策略进行了有效的探索，并有独到的见解。

英语组张迷老师尝试将 PBL 教学模式融合在初中英语语法教学中，将二者有机地结合起来服务于英语课堂的整体性与有效性。

……

金苹果锦城第一中学教师发展规划实践掠影（三）
学科团队建设

在学科团队建设方面，老师们能倾听别人意见，能整合大家的智慧。不少老师能把评议结果迅速转化为自己的行动，教师教学转换能力得到了提高。青年教师进步很快，教学能力提高明显。第一阶段的改革为第二个阶段的课堂改革铺垫了基础，同时形成了不少物化成果。比如语文组的早读教材、群文阅读读本，数学组梳理了课堂使用的提升学习单、课后使用的尝试学习单和优化学习单，英语组的半期学生复习指导、后期优化学习单等；各组也精心编制了假期作业。

金苹果锦城第一中学教师发展规划实践掠影（四）

师生读本

学校组织专家、教师编写学生发展指导丛书《锦源》，全面指导学生学习生活；编写《锦一读书慧》指导课堂管理，营造良好学习氛围。

金苹果锦城第一中学教师发展规划实践掠影（五）
语文组朱莉老师在成都市群文阅读大赛中获得一等奖

语文教研组组长朱莉老师在2017年11月成都市举行的群文阅读教学大赛中获得一等奖。她以“言简意丰”为品读点，引导学生在一节课内阅读了《咏雪》《王子猷、子敬曾俱坐一室》《狼》《大蝎》四则文言短篇小说，通过适宜的朗读、品读、对比活动，以及充分的生生交流、师生对话，由浅入深，步步深入，获得了学生、评委和观课老师的一致好评。

金苹果锦城第一中学教师发展规划实践掠影（六）

英语组程瑜老师在教改科研年会上献课

2017 年 12 月 25 日，学校首席教师、英语教研组组长程瑜老师，采用 EIM Unit 5 Period 4 *Culture in Mind* 的内容在教改科研年会上进行教学。在“全息课堂”理念的引领下，程瑜老师聚焦目标，关注语言和文体结构本身，注意文本主题意义的挖掘，抓住“文化”这个关键词，关注文本中表层信息与深层含义的关系；注意文本语言特点的解读和训练，引导学生运用目标语言来整理、加工信息，表达自己的观点；关注学习过程与学生认知规律的关系，让学习发生在学生已有的学习经验和生活经验基础之上，并有机渗透了学科核心素养的训练，受到学生、观课老师和参会专家的一致好评。

金苹果锦城第一中学教师发展规划实践掠影（七）
数学组晏学渊老师在教改科研年会上献课

2017 年 12 月 25 日，数学教研组组长晏学渊老师在金苹果锦城第一中学第一届教育研讨会上献课——幂的性质探究。本节课首先从幂的定义 $a^n=\underbrace{a\cdot a\cdot\cdots\cdot a}_{n个a}$出发，提出问题：怎样进行幂的性质探究？从而激发学生的探究欲。在师生互动完成 $a^m\cdot a^n=a^{m+n}$的性质探究后，归纳出探究的方法和策略：尝试、猜想、推理、验证。然后，再让学生进行自主探究。学生有了以上活动的体验和经验后，自主生成了幂的其他所有运算性质，即 $(ab)^m=a^m\cdot b^m$；$a^m\div a^n=a^{m-n}$ $(a\neq0)$；$\left(\frac{b}{a}\right)^m=\frac{b^m}{a^m}$ $(a\neq0)$； $(a^m)^n=a^{mn}$以及两个规定：$a^0=1$ $(a\neq0)$ 和 $a^{-p}=\frac{1}{a^p}$ $(a\neq0)$。从而实现了整合下的深度学习，效果显著，受到专家和观课教师的高度肯定。

金苹果锦城第一中学教师发展规划实践掠影（八）
语文组胡荣老师在教改科研年会上献课

2017 年 12 月 25 日，语文组胡荣老师在金苹果锦城第一中学第一届教育研讨会上以“以‘月’探情——用贴切的比喻来表情达意”为主题进行了教学。这堂课以激烈紧张的“飞月令”终极 PK 赛拉开了“以月探情”诗歌整合阅读课的序幕。通过吟读“月”诗，引导学生初步感知诗人表达的情感，把握好诗歌的感情基调，了解诗歌的朗读技巧；诗中看“月”，胡荣老师通过引导学生对“月”的探寻，让学生明白在不同的诗人笔下，“月”被比喻成了完全不同的物体，诗人的情感不同，笔下“月”的特点也不同；“月”中悟情，胡荣老师引导学生抓住喻体，感知诗人是如何运用比喻贴切地表达出诗人情感的；情中探“月”，在充分的生生交流、师生对话中，通过比较、合议，前后勾连，运用情景还原、想象联想诗人的处境等，引导学生从不同层面和角度领悟“月”这一意象所营造的意境，受到与会专家和观课教师的高度肯定。

金苹果锦城第一中学教师发展规划实践掠影（九）

心理组陈玉芳老师在教改科研年会上献课

2017 年 12 月 25 日，心理教研组组长陈玉芳老师在金苹果锦城第一中学第一届教育研讨会上以“看我 72 变——与不同‘色彩’的人沟通”为内容进行了教学。本节课以运用“FPA 性格色彩”的钻石法则处理生活中的沟通问题为学习目标，借助合作学习策略、卡内基训练模式、案例讨论和角色扮演等教学方法，通过“呈现沟通困惑—揭秘困惑之源—钻石法则运用训练—沟通中的变与不变”四个主要环节的学习和体验，引导学生认识到，在人际沟通中，面对不同国家、不同文化、不同性格的人，我们要变换沟通方式，方能达到良好的沟通效果，但变化之中有不变的因素，那便是——真诚、微笑等卡内基人际沟通的 9 条原则……本节课亲切和谐，循循善诱，受到与会专家和观课教师的一致好评。

金苹果锦城第一中学教师发展规划实践掠影（十）
英语组青年教师张迷在外研社教材培训活动中献课

2017 年 11 月 28 日，英语组青年教师张迷在外研社教材培训活动中献课。本堂课以“全息课堂”理念为指引，引导学生进行项目式学习，促进学生的“全人”发展。课堂设计以即将到来的圣诞节为主线，要求学生完成圣诞派对计划。这个设计充分地激发了学生的兴趣，为接下来的语法教学做好了合理的情境铺设，实现了学生“二语”学习与现实生活的同步。同时教师注重充分反馈，尤其是对于错误的纠正与处理，解决了学生在语言输出方面出现的流畅性等问题，受到专家和与会教师的一致好评。

金苹果锦城第一中学教师发展规划实践掠影（十一）
思品组青年教师何耀宏在高新区献课

2017 年 10 月，何耀宏老师在高新区政治学科教研活动上献课。他以人教版《道德与法治》七年级上第四单元为主，整合了该单元三个课时内容，借助小岗村改革与发展及其第一书记沈浩的人物事迹，运用“一例贯穿”的主情境教学法，引导学生深刻领悟了什么是正确的生命道德观念，如何增强其生命的责任感与使命感等，成功实现了“政治认同”与“公共参与”的核心素养培育目标，受到了与会教师和专家的一致好评。

金苹果锦城第一中学教师发展规划实践掠影（十二）
数学组付松老师在全校分享课堂改革经验

2017 年 10 月 15 日，数学组付松老师在全校分享课堂改革经验。他以“怎样营造良好的课堂氛围”为主题介绍了他的思考与实践。他认为，如果把课堂教学比作一条抛物线，高效课堂则应该是——课前“起得快”，课中“抛得高”，课后“收得顺”。要想“起得快”，课前务必进行精心准备：塑造良好的教师形象，使学生“亲其师，信其道”；提前候课，引导学生做好上课准备；利用师生问好的契机观察学生，待其进入最佳状态，才能启动教学。课中，可以通过声音控制法、表情控制法、停顿吸引法、目光注视法、短暂休息法、巡视表扬法等策略帮助学生集中精力，认真听讲，把课堂效率“抛到”制高点。同时精心设计结课，不仅能复习巩固知识，还能带给学生余兴未消、意犹未尽之感。

金苹果锦城第一中学教师发展规划实践掠影（十三）
体育组颜敏老师在全校分享优势增值课经验

2017年9月，体育组颜敏老师在全校分享“健美操优势增值课”的开课经验。分享内容主要包括：对学生的学情分析以及对教材的再次整合，对教学内容进行合理的规划，以及思考如何达到预期的目标，让学生有更多的收获；在课堂上做到尊重学生，珍惜课堂，珍惜每一次上课的机会以及课上的每一分钟；重视这个课程，虽然只是选修课，但这个课程对于学生的发展很重要，也希望学生能树立更积极乐观的人生态度；培养学生积极参与体育运动的乐趣；老师要坚持在课上和孩子们一起运动，体会学生在课堂中的感受与成长；一切既为了学生的发展，也为了教师自己的成长。

成都金苹果锦城第一中学简介

成都金苹果锦城第一中学是金苹果教育集团集多年兴办优质教育之大成，整合国内外高端优质资源，以世界著名公学和中国顶级中学为标杆，着力打造的世界一流中学。

成都金苹果锦城第一中学采用理事会领导下的校长负责制办学模式，以“教育家办学、专家理校、名师治教、名流辅学”等大格局、大视野、大境界、大智慧的办学思路确保学校的高品质发展。聘请著名教育专家和社会各界的领军人才组成理事会，引领学校的发展方向，确保学校教育与世界人才需求趋势有效对接。聘请具有先进办学思想、丰富实践经验和卓著办学业绩的专家型管理人才担任管理职务，确保学校高位打造、高效运行、高能发展。聘请学科教学专家和青少年教育专家长期驻校指导，确保办学的先进性、创造性与持续性。聘请师德高尚、业务精湛、思维敏锐、勇于改革的各类名师执教，确保教育教学的高质高效与创新活力。聘请社会名流担任学生导师，开设连接未来发展和与世界对话的特色课程，塑造学生适应未来与行走全球的能力，确保学生的培养质量和发展品质。

成都金苹果锦城第一中学着力打造个性化学习空间、世界性融通课程、全球化学习伙伴、顶尖级教育资源和多元化成功路径，为培养未来治国之栋梁、学术之大师、商界之领袖和各行各业的精英人才创造了优质条件和实践载体，是一所在国际教育平台上引领孩子未来，为孩子卓越发展奠定身体、品格和智慧基础的，立足中国、比肩世界的一流中学。